상담과 돌봄

상담과 돌봄

김경수 지음

상담과 돌봄

· 초판 1쇄 발행 2007년 8월 25일

· 지은이 김경수
· 펴낸이 정종현
· 펴낸곳 도서출판 누가

· 등록번호 제 20-342호
· 등록일자 2000. 8. 30.
· 서울시 동작구 상도 2동 186-7(3층)
· Tel (02)826-8802, Fax (02)825-0079

· 정가 11,000원
· ISBN 978-89-92735-03-2 03230

· 파본은 교환해 드립니다.
· 이 출판물은 저작권법에 의해 보호를 받는
  저작물이므로 무단 복제할 수 없습니다.
· 독자의 의견을 기다립니다.
· lukevision@hanmail.net

우리의 이웃들

어느 아파트 단지에 다정한 이웃이 살고 있었습니다. 그런데 옆집에 큰 어려움이 생겼습니다. 그 집의 어린 아들을 교통사고로 잃게 되었던 것입니다. 그 소식은 옆집에게도 전해졌고, 다섯 살 먹은 딸을 둔 옆집의 어머니가 "얘야, 옆집 아줌마가 큰 상처를 입었으니까 괴롭히면 안 된단다" 하고 단단히 주의를 주었습니다.

어느 날 이 아이가 큰 슬픔을 당한 옆집에 가서 초인종을 눌렀습니다. 주인 아줌마가 나와 보니까 옆집 아이가 밴드에이드(Band-Aid)를 하나 가져와서 말하기를 "우리 엄마가요, 아줌마가 큰 상처를 입었다고 하는데요. 이 벤드에이드를 부쳐보세요. 꼭 상처가 나을 거예요"하는 것이었습니다.

철모르는 어린 소녀가 건네준 벤드에이드를 받은 아줌마는 가슴이 뭉클해졌습니다.

"그래, 참 고맙구나.
아줌마가 이 벤드에이드를 아픈 상처에 붙여서 꼭 낫도록 할게" 하고는 꼭 껴안아 주었다고 합니다.

우리는 서로의 돌봄이 없이는 살수 없는 시대에 살고 있습니다. 옛날에는 돌봄 그러면 어려운 처지에 있는 사람, 위기에 처한 사람을 돕는 것이라고 생각했지만 지금은 서로가 서로를 돕지 않으면 안 되는 시대에 살고 있습니다. 그만큼 각박한 세상에서 살고 있다는 것입니다. 그러면서도 가까이 있는 사람들에게서 상처를 받고 그 속에서도 간절할 위로를 원하고 있기 때문입니다.

예수님께서 빈들에서 배고픈 자들을 돌보신 것처럼, 골고다 언덕을 오르면서도 우는 여인들을 돌보신 것처럼 이제 목회도 영혼들을 돌보는 돌봄이야말로 이시대의 사명입니다. 그런 면에서 이 책은 마음의 상처를 받고 낙심한 성도들을 돌보기 위해서 쓴 것입니다..

예수님께서 지치고 힘들어하는 성도들을 격려하고 위로하였듯이 이 책은 주님의 양무리인 청중 한 사람, 한 사람을 어떻게 돌볼 것인가를 목회의 현장에서 필요한 부분들을 살펴보았습니다. 물론 여기에서 소개한 돌봄의 이론들은 원리이며 실천해야 할 규범으로 가야할 현장입니다.

그런 점에서 이 책은 돌봄 사역을 전문화하기 원하시는 분들과 또는 목회자들, 셀 그룹 속에서 돌봄을 효과적으로 전달하기 원하는 분들에게, 셀 리더가 상담과 목회적인 돌봄으로 탈진하지 않고 역동적인 힘을 부여받을 수 있으면서 실천하기 위한 실제적이고 효과적인 방법을 제시해 주는 책입니다. 이런 의미에 있어서 목회 신학적인 차원에서 가장 중요한 것은 돌봄 목회를 어떻게 할 수 있는가를 정리해 놓은 책입니다.

  끝으로 이 책이 돌봄 사역을 원하시는 분들에게 핸드북 같은 책이 되었으면 하는 간절할 바람입니다.

하나님의 손을 잡고 가는 사람
저자 김경수

목차

Care and counselling

서문 ...5

돌봄은 필요한가? ...10

1. 돌봄 사역의 역사 ...19
2. 돌봄 사역의 의미 ...35
3. 칼빈의 목회적인 돌봄 ...49
4. 돌봄 예배 ...65
5. 돌봄 기도 ...79
6. 돌봄 설교 ...95
7. 소그룹의 돌봄 ...111
8. 심방과 돌봄 ...131
9. 새신자 돌봄 ...151
10. 장기 결석자의 돌봄 ...169
11. 탈진에 빠진 사람에 대한 돌봄 ...185
12. 영적 무기력의 돌봄 ...213
13. 죽음의 영적 침체의 돌봄 ...225
14. 장기적인 돌봄 ...243
15. 성인아이의 돌봄 ...257
16. 중년부부의 위기의 돌봄 ...291
17. 돌봄의 방문과 상황 종결 ...315

참고문헌 ...323

돌봄은 필요한가?

　지나간 시대에 한국 교회의 패러다임은 그때그때마다 자기 변신을 이루며 하나님을 섬겨왔다. 그래서 1950년대에는 민족의 상처 속에서 위로의 목회를 하여야 했고, 1960년대에는 가난 극복이 목회의 최대 관심사이였기 때문에 삼박자 설교를 해야 했다. 1970년대에는 독재에 항거한 정의의 목회 패러다임과 그리고 성령의 목회가 동시에 공존한 시대였다.
　1980년대에는 성경 교육의 중요성을 강조한(베델 성서, 크로스웨이 네비게이트) 목회였고, 1990년대에는 열린 목회와 찬양이 강조된 목회였다. 그러나 21세기에는 개인의 인격을 존중하는 치유와 돌봄으로 가야 한다.
　지금 이 시대는 이혼과 자살, 우울증, 외로운 노인 문제 등으로 인해서 너무나 빠르게 우리 사회를 혼란스럽게 하고 있다. 그래서 교회는 어려운 이웃들을 돌보는 현장이 되어야 하고 하나님의 치유가 일어나는 돌봄의 장(Care Ministry)이 되어야 한다. 이러한 사회 속에서 목사는 성도들에게 마음의 상처를 치유 할 수 있는 돌봄의 목회가 필요하다.
　현재(2007년) 우리나라는 전체인구 대비 65세 이상 노인인구의 비율이

7.1%를 차지함으로 고령화 사회에 돌입하였다. 이것은 돌봄을 필요로 하는 노인의 수가 많아지고 있다는 사실이다. 즉 인구의 고령화와 함께 사회적으로 돌봄을 필요로 하는 노인이 상대적으로 늘어나고 있다는 사실이다.

이런 시대에 전통적인 목회 방법인 권위적인 목회, 개 교회 중심적인 목회, 성장주의적인 목회, 양으로 결정하는 목회, 심방목회, 은사 목회도 중요 하지만 보다 능률적인 목회 효과를 위해서 돌봄 목회가 필요하다. 그 동안 한국 교회는 피라미트 형태의 목회를 해 왔다. 이러한 목회는 전통적으로 권위적인 당회장 중심의 목회이다.

역사가 있는 교회들을 보면 젊은이에 비해 고령자들이 많다 보니 목회적 돌봄이 필요하다는 것을 느끼게 된다. 물론 목회라는 단어 속에 예수 그리스도의 돌봄이라는 단어가 포함되어 있다. 즉 "여호와는 나의 목자시니 내가 부족함이 없으리로다"(시 23:1)라고 할 때 이 속에 돌봄이 들어가 있는 것을 보게 된다.

돌봄(care)이라는 뜻은 '보호', '간호' '인도' 라는 의미이다. 즉 이 말은 걱정, 불안, 슬픔, 괴로움을 가진 성도들을 목회 적으로 돕는 것을 의미한다. 다변화 된 고령화 시대에 이제 한국 교회는 시대적인 과제를 안고 원하든, 원치 안든 돌봄 목회 사역이 필요하기 때문이다.

그러면 목회 현장에서 상담에 대한 돌봄은 무엇인가? 질문을 할 수가 있다. 그 대답은 한마디로 오케이(OK)다. 즉 "신앙과 기도만으로 성도를 돌보던 것을 철저히 개인화 하여 목회자가 성도들을 돕는 사역이기 때문이다" 라고 할 수가 있다. 이러한 돌봄의 사역은 목회자들이 성도들의 아픔을 듣고 대안이나 방법을 제시하는 것이 아니라 성도들의 문제를 들어주면서 돌보는 위로와 치유사역이기 때문이다. 그러기 때문에 전통적인 방법에 의해서 움직이는 교회에서 이제는 목적이 분명한 사역을 통해서 힘들고 어려워하는 사람들을 예수님의 사랑의 돌봄으로 이끌어 가는 교회가 되어야 한다. 이러한 점에서 목회상담과 돌봄은 분명한 목회사역에 중요한 부분이다. 그렇기 때문에 돌봄 사역의 지평을 넓혀야 한다.

어떤 교회든지 움직이는 힘을 보면 전통, 재정, 프로그램, 인물, 행사, 구도자 건물에 의해서 움직이는 힘이 있었다. 하지만 새들백 교회의 릭 워렌은 교회가 건강하게 되려면 반드시 목적이 이끌어 가는 교회가 되어야 한다고 말한다.

"문제는 교회의 성장이 아니라 교회의 건강이다"이기 때문이다. "교회가 건강하려면 복음적인 구조 틀 안에서 작은 구역에 이르기까지 목회적인 돌봄이 밑바탕에 깔려 있어야 한다. 다시 말해 지속적인 성장을 하기 위해서는 목회철학과 돌봄이 교회 안에 균형 있게 유지해 나갈 때 가능한 것이다."

이러한 성장을 위해서 주님께서 "네 마음을 다하여 하나님을 사랑하고 네 이웃을 네 몸과 같이 사랑하라"(마 22:37-40)라고 말씀하신 것이다. 이런 바탕 위에 우리가 세워야 할 목회철학은 5가지다. 첫째는 네 마음을 다하여 주님을 사랑하는 것이며(예배). 둘째는 네 이웃을 네 자신처럼 사랑하는 것이고(사역). 셋째는 가서 제자를 삼는 것이며(전도). 넷째는 세례를 주고(교제). 다섯째는 지키도록 가르치(돌봄)는 것이다. 이런 사역을 가지고 돌봄이라는 전제 아래서 세워주고, 격려하며, 예배하고, 준비시키고, 전도하기 위해 존재케 해야 한다.

돌봄이 필요한 사람들

어느 교회든지 보면 돌봄이 필요한 사람들이 많다. 즉 병원에 입원하고 있는 환자들, 불치의 병으로 시한부 생을 사는 사람들, 사랑하는 사람을 잃고 슬픔에 잠긴 사람들, 독거 노인들, 장애인들, 직장을 잃고 위기에 빠진 사람들, 고독한 사람들, 무력감에서 헤어 나오지 못하는 사람들, 집안에만 갇혀 살아가는 사람들, 알코올 중독자들, 교회에 새롭게 나온 사람들, 영적인 위기에 빠져 있는 사람들, 장기 결석자들, 인터넷 중독에 빠진 사람들, 영적 무기력증에 빠진 사람들, 임종을 기다리고 있는 환자들, 선교사의 자녀들, 등등으로 돌봄을 요청하는 사람이 많다. 이렇게 교회 안에 돌봄을 주어야하는 사람들이 많이 있다는 것에 주의해야 한다.

하나님은 돌봄이 필요한 사람들을 향해서 이렇게 말씀하신다

> 내가 주릴 때에 너희가 먹을 것을 주지 아니하였고 목마를 때에 마시게 하지 아니하였고 병들었을 때와 옥에 갇혔을 때에 돌아보지 아니하였느니라(마 25:42-43)

또한 시편 기자는 말한다.

> 네 짐을 여호와께 맡겨 버리라 너를 붙드시고 의인의 요동함을 영영히 허락지 아니하시리로다"(시 55:22)

예수님의 돌봄의 사역은 분명하다. 소외된 사람, 병든 사람, 새 신자, 중

풍병자, 어려운 일을 만난 사람, 장기적인 환자. 알코올 중독자. 이혼한 사람. 사별한 사람, 직장에서 실직한 사람들을 모두 돌보아 주셨다. 이뿐 아니라 사도 바울도 "이같이 수고하여 약한 사람들을 돕고 또 주 예수의 친히 말씀하신 바 주는 것이 받는 것보다 복이 있다 하심을 기억하여야 할지니라"(행 20:35). 이렇게 예수님의 영향을 받아서 사도 바울도 돌봄의 사역을 가장 중요하게 생각했다. 그 이유는 성도들을 "하나님의 사람으로 온전케 하며 모든 선한 일을 행하기에 온전케"(딤후 3:17)하기 위해서 였다. 그런데 한국 교회는 믿다가 낙심한 사람들, 실족한 사람들, 장기 결석자들, 이혼자들, 영적 불량자들을 소외시 한채, 돌봄을 새 신자에게 만 역점을 두고 있는 실정이다. 새 신자는 중요하고, 믿다가 잃어버린 양들에게는 관심을 집중하지 못하는 이유는 무엇일까. 목회 상담적인 돌봄 사역이 부족하기 때문이다. 우리 주님은 사역자들을 향해서 이렇게 말씀하신다.

> 내가 주릴 때에 너희가 먹을 것을 주었고 목마를 때에 마시게 하였고 나그네 되었을 때에 영접하였고 벗었을 때에 옷을 입혔고 병들었을 때에 돌아보았고 옥에 갇혔을 때에 와서 보았느니라 이에 의인들이 대답하여 가로되 주여 우리가 어느 때에 주의 주리신 것을 보고 공궤하였으며 목마르신 것을 보고 마시게 하였나이까 어느 때에 나그네 되신 것을 보고 영접하였으며 벗으신 것을 보고 옷 입혔나이까 어느 때에 병드신 것이나 옥에 갇히신 것을 보고 가서 뵈었나이까 하리니 임금이 대답하여 가라사대 내가 진실로 너희에게 이르노니 너희가 여기 내 형제 중에 지극히 작은 자 하나에 …… 내가 주릴 때에 너희가 먹을 것을 주지 아니하였고 목마를 때에 마시게 하지 아니하였고 나그네 되었을 때에 영접하지 아니하였고 벗었을 때에 옷 입히지 아니하였고 병들었을 때에 옥에 갇혔을 때에 돌아보지 아니하였느니라 하시니 저희도 대답하여 가로되 주여

> 우리가 어느 때에 주의 주리신 것이나 목마르신 것이나 나그네 되신 것이나 벗으신 것이나 병드신 것이나 옥에 갇히신 것을 보고 공양치 아니하더이까 이에 임금이 대답하여 가라사대 내가 진실로 너희에게 이르노니 이 지극히 작은 자 하나에게 하지 아니한 것이 곧 내게 하지 아니한 것이니라 하시리니
> (마 25:35-45)

옥중에 있을 때, 병들었을 때, 낙심하고 절망하고 있을 때. 나그네 되었을 때, 벗었을 때, 끊임없이 돌아보았느냐는 말씀 속에 주님의 돌봄의 기준을 볼 수가 있다.

이제 한국 교회는 돌봄 사역으로의 목회 패러다임(Paradigm Shift)을 전환해야 한다. 그러기 위해서 돌봄의 사역(Care Ministry)의 필요성을 통해서 교회 안에 어려움을 겪는 사람들에게 더 가까이 가서 함께 있어(be there) 줌으로 예수 그리스도의 사랑을 증거 하는 사역이 되어야 하기 때문이다.

돌봄 사역의 역사

Care and Counselling
1. 돌봄 사역의 역사

돌봄 사역이란 무엇일까? 마음의 상처로 인해 고통스러워하는 사람들에게 예수님의 사랑의 돌봄을 통해서 온전한 그리스도인으로 회복 되게 하는 사역이다. 성경은 그 원리를 이 말씀에서 찾을 수 있다.

> 새 계명을 너희에게 주노니 서로 사랑하라 내가 너희를 사랑한 것같이 너희도 서로 사랑하라(요 13:34)

이런 사랑의 원리를 가지고 하나님의 사랑을 통해서 그들이 가진 문제를 잘 극복 되도록 총체적으로 돕는 것을 돌봄 목회라고 할 수가 있다.

성경에서 돌봄이라는 용어는 "돌보다"의 히브리어 "다라쉬"의 어원에서 유래한다. 이 말은 행위 즉, 상대방 혹은 가족의 안식을 위해 일거리를 살피고 그들의 생활을 돌보는 것이다(잠 31:13). 이때 다라쉬(darash)는 영혼의 주관자이신 하나님께서 그의 백성들을 잊지 않으시고 항시 눈동자처럼 지키며 필요한 것을 공급하면서 영혼을 보호해 주는 것을 의미한다. 다라쉬 라는 이 단어가 사용된 유래를 보면 이스라엘 백성들이 애굽에서 노예로 400년간 종살이 하다가 홍해의 기적을 통하여 해방되어 광야에 이르렀을 때 하나님께서는 모세에게 "네가 거기서 네 하나님 여호와를 구하게 되리니 만일 마음을 다하고 성품을 다하여 그를 구하면 만나리라(신 4:29)"에서 여호와 하나님을 구하라(seek, search)라는 뜻은 히브리어로 '다라쉬'이다. 이 뜻은 의뢰하다, '(해답을)구하다, 찾다, 돌보다' 즉 하나님이 관심을 갖고 부족함이 없도록 하는 돌봄을 가리킨다(출 4:13, 렘 24:6, 삿 6:14, 욥 3:4, 스 5:5, 잠 19:17 룻 2:10).

이것이 신약에 와서는 돌봄의 의미인 희랍어 "프로노에오"(προνοεω)와 "프로이스테미"(προιστημι)이다. 프로노에오의 의미는 "앞장서다, 다스리다, 능가하다, 인도하다, 돕다, 보호하다"이다. 즉 프로이스테미는 신약에서 8회 나타나며 대체로 "인도하다", "보살피다"라는 의미로 사용된다. 종합적으로 돌봄 목회는 영혼의 주관자이신 하나님께서 성도들을 눈동자처럼 지키면서 보호하시고 인도하시는 사역이라고 말할 수가 있다.

1. 돌봄 사역의 역사적 유래

1) 예수님의 돌봄

예수님의 사역은 '선포', '가르침', '치유'라고 크게 세 가지로 나눌 수가 있다. 이러한 사역은 복음을 통한 말씀의 위로와 용서가 바로 목회적인 돌봄을 실천하신 것이다. 연약한 인간들을 가르치시고, 치유하여 주심으로 비천한 인간들의 필요를 채우시고 은혜로 인도하시는 주님의 사랑으로 나타나고 있다. 이러한 돌봄을 예수님은 "가족을 돌아보지 아니하면 믿음을 배반한 자요 불신자 보다 더 악 한자니라"(딤전 5:8)고 보았던 것이다. 가정은 사랑의 공동체이기에 더욱이 교회는 가정들을 돌봐야 한다. 그 이유는 이웃에 대한 관심이기 때문이다. 야고보 사도는 "참 다운 경건은 바로 하나님 앞에서 고아와 과부를 환난 중에 돌아보고 자기를 지키는 것이다(약 1:27)라고 하면서 예수님의 사역을 돌봄의 목회 사역이었다고 말한다.

신약 성경에 나와 있는 치유사역을 자세히 살펴 보면 대부분이 돌봄 목회 사역이었다. 귀신 들린 자들을 치유하셔서 죄로부터 자유케 하시고, 먹을 것이 없는 군중에게 이적을 통해서 먹이시고, 병든 자들을 치유하시고, 목자 없는 양들을 돌아보시고, 고아와 과부를 긍휼히 여기시는 참다운 목회의 모본을 보여 주셨던 것이다.

특히 작은 자 들을 향한 돌봄의 중요성을 마태복음 25장에서 "내가 주릴 때에 너희가 먹을 것을 주었고 목마를 때에 마시게 하였고 나그네 되었을 때에 영접하였고 벗었을 때에 옷을 입혔고 병들었을 때에 돌아보았고 옥에 갇혔을 때에 와서 보았느니라"고 돌봄 목회의 사역원리를 제시해 주셨다. 이러한 예수님의 돌봄 목회는 요한복음 4장에서 수가성 여인을 통해서 작은자 하나에게 목회적인 돌봄이 얼마나 중요한 것인가를 알게 한다.

예수님은 죄 가운데 있는 수가성 여인과의 만남을 통해서 버림받고 상처받은 인간을 어떻게 돌봐야 하는 가를 친히 보여 주셨다. 오늘날로 하자면 수가성 여인은 새신자의 한 모델이다. 이 여인이 예수님을 만나게 된 동기는 개인적인 필요에 의해서 한 낮에 물 길러 왔을 때 여인에게 물을 달라고 하면서 이 여인이 가진 모든 문제를 아시고 목회적인 돌봄으로 그 여인의 문제를 해결해 주셨다. 사실 예수님과 이 여인과의 만남은 오늘날로 하자면 한 인간이 갖는 갈등 관계를 해결해 주시는 돌봄의 목회 속에서 아름다운 관계를 맺은 것이다. 이러한 돌봄은 한 인간이 가지는 문제를 소중히 보시고 영원한 생명에의 확신과 소망의 변화를 체험하도록 돌봄을 통해서 베풀어주신 목회 사역이라고 할 수가 있다.

2) 초대교회의 돌봄.

초대교회에 사도들의 돌봄은 신약 성경에서 왕성하게 나타나고 있다. 인생의 문제를 가진 앉은뱅이(행 3:1-26), 은사를 돈으로 사려고 한 마술사 시몬(행 8:9), 하나님에 대한 관심은 있었으나 복음을 깨닫지 못했던 간다게의 내시(행 8:27), 주변 사람들에게 방해받는 서기오 바울(행 13) 등 다양한 사람들에게 목회적인 돌봄을 베풀었다. 이러한 돌봄은 성도들을 돌보는 초대교회의 한 모습으로 나타난다. 이것은 예수님의 명령을 따라서 공동체의 일원이 되게 하는 돌봄 목회이었다. 사도행전 2장 42-47절에서 공동체의 돌봄 목회를 "함께 통용하며, 음식을 나누며, 기도하며 찬양하며" 라고 초대교회의 돌봄 사역을 소개한다. 오늘날 교회에서도 이러한 사역을 통해서 서로의 돌봄이 이루어져야 한다. 그러기 위해서는 각 구역 별로, 각 전도회로별, 각 교구별로, 하나의 단위를 정해서 세분화된 돌봄이 이루어져야 한다.

초대교회는 그 조직이 거대하지만 구역 별로 왕성하게 서로 물건을 통용하면서 돌봄을 가졌던 것이다. 초대 교회 안에 내적 요소를 보면 성령 충만한 베드로의 설교는 삼천명이나 되는 결신자들을 얻게 되었고 이들로 하여금 교회는 시작되었다. 성령에 의하여 탄생된 교회는 성령의 지배를 받아 마음이 하나가 되어 물질을 통용하며 능동적으로 영적인 생활을 통해서 서로의 돌봄을 가졌던 것이다. 사도의 가르침을 받아서 성령이 충만한 제자들은 가는 곳곳마다 십자가의 도를 전하기에 여념이 없었다. 사도들은 복음을 가르쳤고, 백성들은 그 가르침을 따르며 진리 안에 거하는 삶을 배웠던 것이다. 또한 저들은 교제하며 떡을 떼는 것을 배웠고 하나님과 영적인 교제를 말하며 성도들끼리 하나가 되어 상부상조하는 삶이었다. 이는 단순히 떡을 떼었다는 의미보다는 예배에 참석하여 예배의 하나로서 공동 식사를 했다는 것이다. 즉 성찬을 통하여 주를 기념하는 은혜의 생활을 한 것 뿐만 아니라 기도하기에 전혀 힘쓰는 생활을 했다. 기도는 하나님과 영적인 교제를 나누는 것이다.

또한 그들은 나눔의 공동체로서 성전에 모이기를 힘쓰며, 자신의 모든 물건들을 서로 통용하고 또 재산과 소유를 팔아 각 사람의 필요에 따라 나눠주는 생활을 하였다. 즉 이것은 성령 충만의 결과로 자신의 욕심을 배제하고 공동체의 유익을 위하여 행해진 것이다. 또한 누구나 차별 없이 떡을 떼고 음식을 먹음으로 주안에서 모두가 한 가족임을 고백하기도 했다. 이런 돌봄의 결과로 구원받는 수가 늘어났던 것이다. 현대 교회에도 이러한 유형의 모습들이 나타나야 한다.

사도행전 9장에 보면 회심한 사울이 예루살렘 교회의 제자들과 만나서 연합해 가는 과정이 나온다. 이 때 회심자인 사울과 교회공동체 사이의 중재자로서 바나바가 등장하고 있다. 바나바는 우선 사울에게 관심을 가지고 찾아가 만났다. 그 당시 예루살렘 교회의 사람들은 사울을 두려워하며 교제를 피했지만 바나바 만은 사울을 먼저 찾아갔던 것이다. 그리고 바나바는 사울과 영적인 사랑의 교제를 나누며, 지나간 과거 속에서 주님을 만나게 된 경위를 듣고 사도들과 교제하도록 중재하였다.

결국 바나바의 노력으로 "사울이 제자들과 함께 있게" 되었고 예루살렘 교회에 출입하게 되었다. 사도행전 11장에도 바나바는 회심자인 사울을 찾아가 주의 일을 함께 할 것을 권하였으며, 함께 선교사역을 감당하게 된다. 이러한 바나바의 돌봄은 돌봄 목회의 구체적인 모델이라 할 수 있다.

3) 돌봄의 역사적 접근(Historical Perspectives)
 초대교회는 성직자와 평신도의 이원화된 구분이 없이 은사를 받은 사람들, 사도들, 선지자들, 목사들, 교사들이 공동으로 목회를 담당하다가 교회의 성장에 따라 감독, 장로, 집사의 직분으로 세분화하여 목회를 수행하였다. 성직의 개념이 점차 강화되면서 초대교회 초기의 공동목회의 유산이 상실되고 평신도는 목회에서 소외된 피동적인 존재로 전락하였다(은준관, 1988, 239).

 중세 시대에는 모든 기독교인들과 성직자들, 나아가 황제와 왕들에 대하여 절대적 권한을 갖는 교황권인 독재가 확립되면서 유기적 공동체로서의 교회의 모습은 심히 약화되고 경직되고 교회적인 제도로서의 교회가 되어갔다. 그리스도와 생명을 나누는 일은 교회제도를 통하게 되었으며, 개인적으로는 신앙적 순종만이 요구되었다. 그리하여 로마 가톨릭교회는 신약 성경에 나타난 교회와는 거리가 먼 교회가 되어갔다.

 종교개혁 시대에 들어서 루터는 교회를 말씀의 선포와 성례전을 통해 하나님의 은총이 집행되는 '신자들의 공동체'라고 봄으로써 초대교회의 공동체적인 모습으로 다시 개혁되어야 할 것을 주장하였다(Scott, 1988, 33). 또 만인 제사장설에서 모든 신자들은 신앙 안에서 '성도의 교제'를 통해 공동체 내에서 동등한 자리를 갖게 된 것이다. 이러한 모습을 칼빈은 기독교 강요에서 교회는 모든 경건한 자의 어머니이므로 우리는 교회와 하나가 되어야 한다고 하여 그리스도의 몸이요, 생명의 관계가 일어나는 유기적 교회론을 주장하였다(이종성, 1989, 471).

근대에 들어서면서 계몽주의, 이성주의 등의 영향으로 신앙이 개인적인 차원의 문제로 다시 변질되기도 하지만 슐라이어마허(F. D.Schleiermacher)와 리츨(A. Ritschl)의 영향으로 다시 "공동체", "모임"으로서의 교회개념이 등장하였으며, 최근에 이르러서는 그리스도의 몸, 생명의 공동체로서의 교회개념이 교회의 의미로서 이해되고 있다. 이러한 교회사적 맥락을 보면 개혁교회의 전통에 서 있는 우리의 교회 이해는 초대 교회적 교회, 즉 성령의 생명력으로 함께 돌보는 공동체적인 교회가 된 것이다. 그러나 제2차 대전 직후 세계교회는 목회신학에 새로운 도전을 주었다. 1940년 목회분야의 교수직 제도가 채택되면서 당대에 목회 신학자인 폴 존슨(Paul E, Johnson) 웨인 오츠(Wayne E, Oates), 시트 힐트너(Seward Hiltner), 하워드 크라인벨(Howard Clinebell) 등이 등장했다. 이들은 모두 심리학적인 배경을 가진 목회적인 돌봄 학자들이다. 이들의 영향으로 상담분야에 대한 신학적인 연구가 활발해지면서 1970년대와 1980년대에 이르러서는 실천 신학 속에 목회적인 돌봄이 대두되어 돌봄의 가치를 확신하고 목양적인 설교, 예배, 사회활동, 선교 등으로 구분하여 돌봄의 역사가 시작되었다고 할 수가 있다.

〈헨리 나우웬의 돌봄 사역〉

이 시대에 돌봄 목회 사역자로서 위대한 공헌을 한 사람은 헨리 나우웬(Henri J M. Nouwen)을 꼽을 수 있다. 헨리 나우웬은 20세기 가장 영향력을 많이 준 영적 거인이다. 그는 1932년 네덜란드의 네이께르끄 (Nijkerk)에서 태어나서 1957년 예수회 사제로 서품을 받았으며 그 뒤 다시 6년간 심리학을 공부하였다. 그 뒤 미국으로 건너가 2년 간 신학과 심리학을 통합하여 연구하였고, 마침내 삼십대에 노틀담 대학에서 심리학을 가르치기 시작하여 1971년부터는 예일대학 신학 교수로 재직했다.

　1981년 헨리 나우웬은 중대한 결심을 하고는 강단을 떠나 페루의 빈민가로 가서 민중들과 함께 하는 삶을 시작하였다. 그의 동기는 자신의 풍요로움에 대한 죄책감과 하나님의 뜻을 알고자 하는 진지한 노력이었다. 그후 다시 미국으로 돌아와 하버드에서 강의를 했지만 그곳에서도 영혼의 안식을 느끼지 못했다. 마침내 프랑스 파리에 본부를 둔 정신지체 장애인 공동체 라르쉬(L"Arche)의 캐나다 토론토 공동체인 데이브레이크 (Daybreak)에서 1996년 9월 심장마비로 세상을 떠나기까지 장애인들과 함께 생활해 왔다. 이러한 영향으로 복음주의자들의 큰 호응을 얻을 정도로 세속적인 명예를 멀리한 채 그리스도적인 사명감에 충실했던 학자이다. 그는 목회의 돌봄의 사역을 4가지로 말한다.

　가. 고통 받고 있는 세상의 상태의 사역: 단절된 세상에서의 사역
　인간은 개인주의를 선호하면서 혼자 있기를 좋아한다. 이 뿐만 아니라 자신의 새로운 방식의 불멸을 추구하고 있기 때문에 사람들은 외롭다. 그렇다고 사람들이 자신에게 다가오는 것을 싫어한다. 그러다 보면 자신의 한계를 초월하려는 방법이 신비주의적 방법과 혁명적 방법으로 세상에서 단절된 체 살아간다. 이러한 마음가짐을 가진 사람들에게 새로운 세계에 대한 비전을 주고 영적으로 무력기력증에 빠진 사람들을 향하여 자유롭게

사랑 할 수 있는 확신을 가지고 접근하는 것이 돌봄 목회이다.

2. 고통 받고 있는 시대의 상태의 사역: 뿌리 없는 세대를 위한 사역

이 시대는 고통 받고 있는 사람들이 많다. 교회 안을 들여다보면 사별한 사람, 이혼자, 질병으로 신음하는 사람, 정신적인 스트레스, 갈등과 반목 인한 정신병 등등 수많은 성도들이 있지만 노출이 안 된채 살아가고 있다. 이러한 문제를 가지고 성도들에게 영적인 돌봄을 줄 수 있는 사람은 오직 목회자이다. 즉 돌봄 목회다. 그래서 지도자는 기도의 사람, 항상 기도해야 하는 사람이다. 기도(돌보는 자)의 사람이 지도자가 될 수 있는 구체적 이유는 세 가지를 꼽을 수 있다. 첫째, 하나님의 역사를 정확하게 표현함으로 다른 사람들이 혼란으로부터 빠져나와 그들로 명료하게 안식하도록 해 주기 때문이다. 둘째, 긍휼 사역을 통해서 사람들이 배타적인 내부의 집단을 벗어나 전 인류의 넓은 세계로, 나아가도록 인도하기 때문이다. 셋째, 이 세대의 강박적인 파괴성이 다가올 때 새 세상을 위한 창조적 사역을 전환시킬 수 있기 때문이다.

다. 고통 받고 있는 개인의 상태의 사역: 소망 없는 사람을 위한 사역

내일을 기다리는 것은 크리스천 리더십에 속한 것입니다. 크리스천 리더십은 안으로 들어가는 길만이 바깥으로 나가는 길이다. 고통 받고 있는 사람들을 돌볼 수 있는 방법은 고통 받는 사람들에게 찾아가서 돌봄을 주면서 경청과 위로, 격려와 치유를 통한 지탱을 통해서 그들이 가지는 문제를 예수님의 사랑으로 나누고 온전케하여서 교제함으로써 자유의 길로 가게 하는 목회이다.

라. 고통 받고 있는 사역자의 상태의 사역: 외로운 사역자의 사역

목회자들은 자신의 상처를 먼저 돌보는 동시에 다른 사람들의 상처를 치유할 수 있도록 준비되어 있는 사람들이 되어야 한다. 그럴 때 상처 입은 자들을 예수님께서 치유하신 것처럼 공동체 안에서 어려움을 당하는 성도들을 돌볼 수 있도록 하는 사람들이기 때문이다(긍휼, 이해, 용서, 교제). 이러한 헨리 나우웬의 사역은 공동체적인 나눔에서 나왔다고 할 수가 있다. 그는 수도회 사제로서 나눔의 공동체를 운영하며 돌봄의 사역을 정립하는데 기여를 했다고 말할 수가 있다. 그는 목회 상담을 통해서 고통 받는 사람들을 돌보면서 예수님의 목회신학이라고 할 수 있는 돌봄의 신학을 본 받은 것이다.

이러한 돌봄은 누가복음 10장 25-37절에서 선한 사마리아인의 비유를 통해서 잘 나타나 있다. 선한 사마리아인의 비유는 목회적인 관점에서 보면 한 인간이 위기를 당 할 때 이웃으로서 상처를 싸매고 치료해 주는 과정이 하나님의 사랑과 이웃사랑, 그리고 사랑의 실천을 구체적으로 증거 하는 돌봄이라고 할 수가 있다. 그래서 목회 신학적인 돌봄 목회는 인간의 구원을 위해 성육신 하시어서 구체적인 인간의 모습으로 오신 그리스도의 인간을 향한 보살핌이라고 할 수가 있다

4) 돌봄 목회의 근원으로서의 교회

교회는 단순히 하나의 건물이나 여러 개인들의 합 이상의 개념으로 한 성령으로 말미암아 서로 연결되어 서로를 돌보고 치유하며 자라게 하는 유기적인 한 몸으로서의 돌봄 공동체이다(고전 12:12-27). 그래서 장로교의 창시자 존 칼빈은 『기독교 강요 제4권』에서 교회를 선택받은 자들의 무

리와 그리스도의 몸으로 보고 있다. 칼빈은 교회를 그리스도의 몸이라고 강조하는 데에는 교회는 머리되신 그리스도를 중심으로 자라며 성도는 지체로서 서로 도우며 유기적으로 연합된 공동체로서 보기 때문이다. 칼빈은 "하나님은 교회의 품속으로 그의 자녀들을 모으시기를 기뻐하시고, 이들이 유아와 어린이로 있을 동안 교회의 도움과 목회로서 양육시키고, 이들이 장성하여 신앙의 목표를 도달할 때까지 교회의 어머니다운 돌봄으로 인도하기 때문이다"라고 돌봄의 영역으로 보았다. 즉 교회는 어머니와 같은 돌봄이 필요하기 때문에 칼빈은 인간을 3가지로 이해한다. 첫째, 하나님의 형상으로서의 인간, 둘째, 전적 타락한 인간, 셋째, 하나님의 형상으로 회복되어야 하는 인간을 전제한다. 이렇게 칼빈이 목회의 성격을 규정하는 것은 어머니의 따듯한 돌봄이 목회의 현장에 필요하기 때문이다. 어머니들의 따뜻한 성품 속에서 자녀들이 자라나는 것처럼 하나님의 교회도 모성적인 돌봄으로 교회가 건강하게 자라나서 하나님의 형상을 회복해야 하기 때문이다.

5) 돌봄으로서의 사역

돌봄의 사역은 치유와 유지, 안내와 화해의 양육 5가지 기능으로 구성된 하나의 목회관을 형성해야 한다. 예수님의 목회 신학은 치유, 선포, 가르침 사역이다. 이 3가지 사역은 사람들을 돌보는 방편으로서 선한 목자이신 예수님께서 양무리들을 돌봄과 같은 역할을 목회상담학적인 의미에서 돌보는 목회이기 때문이다. 그러기 위해서는 우선 목회자들이 목회상담을 공부해야 한다. 돌봄은 목회상담의 일부분으로서 상담을 통한 돌봄이 지속적인 관계로 유지하면서, 성도들의 특정한 문제나 이슈에 대해 특정한 장소와 시간에 공식적으로도 조직적인 방법으로 특별히 대화를 통해 지원하고 해결하기 위한 총체적인 사역이기 때문이다. 목회라고 하는 것은 인간을 돌보는 것이다.

그래서 칼빈(John Calvin)은 목회라는 입장에서 인간의 영혼을 위해서 관심을 가지고 영적으로, 육체적으로, 사회적으로 신앙 안에서 조화로운 사람으로 살도록 돕는 것이라고 돌봄을 규정하였다. 그러기 때문에 목회적 돌봄은 말을 하거나 설교를 하는데 있지 않고 듣고 행하는 데 있다. 이 실천이 곧 사역의 현장에서 예수 그리스도의 돌봄을 통해서 화해와 용서, 치유와 돌봄을 경험하게 함으로서 한 사람에게 주어진 은사들을 실천하게 하고 서로 다르지만 교회 안에서 돌봄을 통해서 완성되어져야 한다. 이것이 기독교적인 돌봄의 실제 사역이다(고전 12:4-13:13).

목회적 돌봄 사역의 목표는 한 사람의 성도가 그리스도의 온전한 형상을 이루어 성장하기까지 필요한 모든 요소들을 목회적으로 돕는 것이다. 이런 의미에 있어서 칼빈의 목회관 속에 들어 있는 돌봄의 방법은 설교로서의 돌봄, 권징으로서의 돌봄, 심방으로서의 돌봄이라고 할 수가 있다. 이것을 구체적으로 칼빈은 설교로서의 돌봄은 말씀의 이해와 적용을 통해서 현장에서 적용된 말씀이어야 한다고 하면서 돌봄 적인 적용이 없는 것이 돌봄 설교의 문제라고 지적하였다. 이처럼 목회적 돌봄 설교는 성도들을 격려하고 위로해야 한다. 그 대표적인 돌봄은 돌봄 설교, 돌봄 기도, 돌봄 교육, 돌봄 치유사역이다.

성령의 근거를 찾아보면 요한복음 17장에 나오는 예수님의 '대제사장으로서의 중보기도'에 잘 나타나 있다. 주님 스스로는 십자가의 고난마저 능히 이기리라는 확신이 계셨으나 제자들의 믿음은 너무도 약하여 주님을 버리고 뿔뿔이 흩어질 것을 아셨다. 그럼에도 주님은 훗날 복음의 도구로 사용될 것을 내다보시고 그들을 위해 기도하셨다. 이 기도대로 훗날 제자들은 세상에 존재하되 세상에 속하지 않고 말씀으로 세상을 이기는 자들이 되게 했던 것이다. 믿음이 연약한 제자들은 언제 주님을 떠나갈지 모르는 상태이다. 그러나 그들을 위한 예수님의 중보기도는 연약한 제자들을 돌봄으로서 그리스도와 연합하게 하고 세상을 이기는 성도로 성장시키는 힘을 만들었기 때문이다. 이렇게 칼빈은 설교와 중보기도, 권징만이 성도들을 온전히 돌 볼 수 있다고 보았다.

이때 권징의 목적에는 3가지가 있다. 첫째는 추악하고 부끄러운 생활을 하는 자들에게서 그리스도인이라는 이름을 빼앗기지 않기 위해서이다. 둘째는 악한 사람들과의 교제로 인해 선한 사람들이 타락하는 일이 없도록 막기 위함이다. 적은 누룩이 온 덩이에 퍼지는(고전 5:6) 사귐을 금하였다(고전 5:11). 셋째는 죄를 범한 사람이 권징을 통해 회개하도록 하기 위함이다. 즉 권징의 목적은 교회의 권징과 징벌을 통해서 주 예수의 날에 구원을 얻도록 하기 위함(고전 5:5)이다. 이러한 목회적 돌봄은 복음의 능력으로 교회와 교인들을 변화시켜서 그 몸과 생각을 건강하게 성장시키는 것이다. 여기서 '복음의 능력'이란 인간을 구원시키며 인간을 변화시키는 능력이다. 이러한 복음의 능력은 현대인들에게 인생의 문제와 미래와 가치에 대한 궁극적인 해결이기 때문이다. 복음의 능력이 없이는 개인의 인격의 변화나 삶의 변화가 있을 수 없다. 그래서 칼빈은 목회적 돌봄의 방편들로서 설교, 심방, 권징(당회)의 문제를 제시한 것이다.

이제 돌봄 목회 신학을 위해서 예수님께서 양무리들을 돌보신 것처럼 돌봄의 이해와 신학 정립, 돌봄 예배, 돌봄의 설교, 돌봄 기도, 돌봄 구역,

돌봄의 심방, 장기결석자들의 돌봄, 영적 무기력증에 빠진 사람들의 돌봄, 돌봄의 시작과 종결을 돌봄의 방편으로서 어떤 원칙에서 행해져야 하며, 어떤 원리 속에서 해야 하는 가를 정리하고 소개하려고 한다.

무디 성경학교의 전 학장이었던 조지 스위팅(George Sweeting)이 테일러 대학에서 졸업반 학생들에게 "현대는 자기 잇속만 차리는 시대이다"라는 말을 했다. 즉 이 말은 우리 모두가 이기주의에 만연되어서 살고 있기 때문에 돌봄이라는 접근 방법으로 예수님의 사랑과 보살핌의 치유의 역사가 드러나기를 원하는 것이다. 그래서 바울 사도가 각각 자기 일을 돌아볼 뿐만 아니라 또한 각각 다른 사람들의 일도 돌아보라고 가르친 것처럼 예수님의 돌봄의 균형을 가지고 "이웃 사랑하기를 네 몸과 같이 하라"(레 19:18)는 구약의 율법을 이스라엘 농부들이 밭 모퉁이까지 다 거두지 않고 "가난한 사람과 타국인을 위하여 버려 두라"는 것이었다. 예수님은 남을 돌아보는 가장 위대한 모범이시다. 그분은 하나님이셨지만 인간으로 자신을 낮추시고 죽기까지 복종하시면서 우리 모두를 돌보고 계셨다.

각각 자기 일들 돌아볼 뿐더러 또한 각각 다른 사람들의 일을 돌아보아…(빌 2:4)

돌봄 사역의 의미

韓國行政의 理解

Care and Counselling
2. 돌봄 사역의 의미

미국의 어떤 고아원에서 있었던 일이다. 한 사람이 고아원을 찾아와서 "어느 누구도 원하지 않는 아이가 있습니까?"라고 물었다.

그 물음에 원장은 망설이지 않고

"네, 있어요. 열 살짜리 여자아이인 매우 흉한 꼽추예요. 이름은 머시 굿페이스(Mercy Goodfaith /훌륭한 믿음의 은혜)입니다."

그리고 그 사람은 이 아이를 소개받고 곧장 아이와 함께 떠났다. 그 이후 35년이 지난 후, 아이오와 주 고아원 감사실의 실장은 한 고아원에 대해서 다음과 같은 보고서를 작성하였다. 이곳은 매우 특별한 곳이며 깨끗하고, 음식도 훌륭하며 특히 원장은 사랑이 넘쳐흐르는 영혼을 가진 사람이다. 이곳에 수용된 모든 어린이는 잘 보살펴지고 있으며, 원장은 풍부한 사랑의 영향을 보여주고 있다.

그들이 저녁 식사 후에 피아노 앞에 모여 섰을 때 나는 다른 곳에서는 느낄 수 없었던 분위기를 느꼈다. 나는 결코 그 원장의 눈과 같은 아름다운 눈을 본 적이 없다. 그들은 내가 그 원장의 얼굴이 보기 흉한 곱추라는 사실을 잊고 있는 데에 놀라워했다. 그 원장의 이름은 머시 굿페이스이다. 한 사람의 돌봄이 또 다른 사람을 그렇게 돌보도록 인도했던 것이다. 목회적 돌봄은 이런 것이라고 생각된다. 선한 목자이신 예수님께서 어린양들을 돌보신 것처럼 교회 또한 이런 목양적인 돌봄이 필요하기 때문이다(시 121편, 요 10:10, 히 13:20).

1. 목회적 돌봄(Pastoral Care)의 의미

돌봄(Care)이라는 말은 전문적인 직업의 행위 과정을 나타내는 특수한 용어이다. 즉 이 말은 넓은 의미에서 목사가 집행하는 일체의 목회 활동, 설교, 예배, 사회활동, 선교 등을 통틀어 말할 수 있고, 좁은 의미로 구체적인 개인과 집단을 향한 목양적 관심과 활동을 목회적인 돌봄이라고 할 수 있다.

성경에서 목회적 돌봄의 의미는 "선한 사마리아 사람"의 비유(눅 10:25-37)에서 한 인간의 위기를 보고 공감적(empathic) 일치감에서 상처를 싸매고 치료해 주는 과정이라고 할 수가 있다. 즉 하나님의 사랑과 이웃사랑 그리고 이 사랑의 실천을 구체적으로 증거 하는 것을 의미한다.

신학자 폴 틸리히(Paul Tillich)는 "목회적 돌봄의 신학"(The Theology of Pastoral Care)의 근본적인 전제는 인간적(universally human)의 전제를 인 교류적(essential mutural)이라고 정의한다. 이 말은 누구도 자신을 돌보는 일에 홀로 자족할 수 있는 사람은 없다는 뜻이다. 즉 목회적 돌봄은 한 인간이 다른 인간으로부터 보살핌을 받는 다는 사실이 전제되어 있기 때문에 사람은 서로 돌보지 않고서는 균형 잡힌 삶을 살수가 없다는 뜻이다. 이처럼 목회적 돌봄은 위기 속에서 살아가는 사람들에게 인간의 영적 필요에 대한 새로운 목회의 방법인 것이다. 특별히 한국적 상황에서 목회적 돌봄의 필요성은 목회신학과 현장교육과 교회를 연결하는 실천적 신학교육으로 우선적인 과제이기도 하다.

목회적인 돌봄은 예배와 설교, 심방, 상담 등 집단을 대상으로 하는 것이기 때문에 한 영혼이 하나님과 긴밀한 신앙적 관계를 맺도록 할 뿐만 아니라 구원의 확신을 경험하도록 개인 대 집단의 갈등에서 균형 잡힌 조화를 이루도록 하는 돌봄이 되어야 한다.

2. 역사적 돌봄(historical Care)의 의미

제2차 세계대전은 목회와 목회신학 발전에 새로운 도전을 주었다. 이러한 시대적인 배경으로 미국은 1940년대에 목회 분야의 교수직 제도가 채택되었다. 그 당시에 대표하는 목회신학자로서는 폴 존슨(Paul E. Johnson), 캐롤 와이즈(Carrol A. Wise), 웨인 오츠(Wayne E. Oates), 시워드 힐트너(Seward Hiltner) 등이다. 그 이후에 하워드 클라인벨(Howard Clinebell), 제이 아담스(J. Adams) 등이 등장했다. 이들은 모두 심리학적 배경을 갖고 있으며, 심리학적 패러다임 안에서 고찰된 목회적 돌봄과 성경적 시각 혹은 신학적 시각에서 바라보는 목회적 돌봄 사이의 일치점에 대하여 연구하였다.

그 이후 목회적 상황을 점차 심리학적으로 더 많이 이해하게 되면서 상담사역의 구조와 질적 수준에 대한 요구가 일게 되었고 이러한 요구에 따라 상담의 신학적, 성경적 근거에 대한 연구가 활발해졌다.[1] 그 이후에 목회적 돌봄 과정의 진행은 20세기 중반 부흥기를 가져오면서 안톤 보이슨(Anton Boisen), 보스톤의 내과의사인 리차드 캐봇(Richard Cabot), 매사추세츠 종합 병원의 원목 러셀 딕스(Russel Dicks)의 활동과 1930년대 후반에서 1940년대 후반 사이에 있었던 여러 요소들이 사람들을 돌보는 것에 대한 새로운 관심을 불러 일으켰다.

그 이후 1940년대 후반에서 1950년대 초반에는 많은 신학교에서 목회적 돌봄과 관련된 과목들이 생겨나게 되었고 선구자적인 저서들이 목회적 돌봄 분야의 교과서로 등장하기 시작했으며, 1950년대에서 1970년 사이에 목회적 돌봄 분야가 급성장하는 시기였다. 이때 병원, 복지기관, 교도소, 약물 남용 치료를 위한 상담소, 그리고 지역 교구의 목회사역 프로그램 등 다양한 곳에서 임상 목회 교육 프로그램(clinical pastoral education program)이 실시되면서 목회적 돌봄이 실천적 학문으로 대두되었다. 이 시기에 실천 신학은 신앙생활의 가장 기본이 되는 회중을 연구하는 일에 두드러진 관심을 보이면서 목회신학은 드디어 목소리를 높이기 시작했고, 실천신학의 회복을 위해 노력하는 동시에 심리 치료적 패러다임 안에 있는 개인주의적인 유산으로부터 벗어나기 시작했다.

그리고 1980년대를 지나면서 목회적 돌봄의 경향은 근대의 신학자들이 주장하는 대로, 개방적이고 대중적인 대화를 통해 기독교 공동체의 언어가 아닌 다른 방법으로 인간의 상태에 대해 언급할 새로운 방법을 발견하면서 최근에 와서는 위기에 처한 사람들을 구체적으로 돕는 학문으로 자리 잡게 되었다.

---
1. 찰스 거킨, 「살아있는 인간문서」, 안석모 옮김, 한국 심리치료연구소 1998 p11

3. 목회적 돌봄과 교회 성장의 관계성

한국 교회는 양적으로 크게 성장하였다. 그러나 한국 교회의 모습 속에서는 목회와 신학의 괴리라는 상당한 문제에 봉착해 있다. 그리고 더 이상의 교회 성장은 기대할 수 없고 정체와 감소라는 현실 앞에 놓이게 되었다. 이러한 목회 현장 속에서 신학을 구체화시키면서 올바른 실천 목회관을 정립하기 위해서는 목회적인 돌봄이 필요하다.

지금도 어느 교회든지 보면 돌봄이 필요한 사람들이 많다. 즉 병원에 입원하고 있는 환자들, 불치의 병으로 시한부 생을 사는 사람들, 사랑하는 사람을 잃고 슬픔에 잠긴 사람들, 독거 노인들, 장애인들, 직장을 잃고 위기에 빠진 사람들, 고독한 사람들, 무력감에서 헤어 나오지 못하는 사람들, 집안에만 갇혀 살아가는 사람들, 알코올 중독자들, 교회에 새롭게 나온 사람들, 영적인 위기에 빠져 있는 사람들, 장기 결석자들, 인터넷 중독에 빠진 사람들, 영적 무기력증에 빠진 사람들, 임종을 기다리고 잇는 환자들, 선교사의 자녀들, 등등으로 돌봄을 요청하는 사람이 많다. 이렇게 교회가 목회적으로 돌봄을 주기 위해서는 전폭적인 목회자의 위로와 치유 사역이 필요하기 때문이다. 그러기 위해서 이제 목회의 돌봄 사역은 "신앙과 기도만으로 성도를 돌보던 것을 철저히 개인화하여 목회자가 성도들을 돕는 사역을 해야 한다".

지난해 일산의 모 교회에서 있었던 일이다. 한 교회에서 열심을 다해 봉사하고 헌신하던 성도가 가정내의 문제로 자살을 했다. 그때 교회는 성도가 자살을 택할 만큼 위태로운 상태였음을 아무도 예측하지 못했다. 뒤늦게 목회자와 성도들은 한 성도의 자살 사건으로 인해서 하나 같이 "진작에 알았더라면…" 하고 후회를 했지만 그야말로 소 잃고 외양간을 고치는 격이었다. 이러한 문제들이 목회의 현장에는 비일비제하다. 교회에서 충성하며 헌신적인 봉사를 하는 사람들이 어느 날 자신의 고통을 이기지 못하고 생을 마감하는 모습들을 보면서 이제 목회자들은 외향적인 돌봄보다도 성도들의 내면적인 문제까지 모두 돌봐야 한다. 이러한 돌봄이 예수님의 목양적인 돌봄이기 때문에 목자는 양을 알고 양은 목자를 알기에 위로와 격려의 목회가 곧 많은 생명을 얻게 하기 때문이다. 즉 돌봄 사역은 궁극적으로 예수님의 복음 정신을 실천하는 것이기 때문에 양들이 생명의 꼴을 얻고 풍성한 삶을 살게 하는 것이다. 그때 교회는 돌봄을 통해서 많은 열매를 거둘 수 있게 된다. 이러한 돌봄은 교회성장을 가져오고 교인들을 위로하고 격려하는 목회를 통해서 하나님의 온전한 뜻이 무엇인지 분별하는 계기가 되기 때문이다.

성경에서 하나님은 돌봄이 필요한 사람들에게 "내가 주릴 때에 너희가 먹을 것을 주지 아니하였고 목마를 때에 마시게 하지 아니하였고 병들었을 때와 옥에 갇혔을 때에 돌아보지 아니하였느니라"(마 25:42-43). 또한 시편 기자는 "네 짐을 여호와께 맡겨 버리라 너를 붙드시고 의인의 요동함을 영영히 허락지 아니하시리로다"(시 55:22)라고 말씀하신다.

예수님의 돌봄의 사역은 분명하다. 소외된 사람, 병든 사람, 새 신자, 중풍병자, 어려운 일을 만난 사람, 장기적인 환자. 알코올 중독자. 이혼한 사람. 사별한 사람, 직장에서 실직한 사람들 모두를 돌보아 주셨다. 이뿐 아니라 사도 바울도 "이같이 수고하여 약한 사람들을 돕고"(행 20:35)라고 말한다. 이러한 예수님의 영향을 받아서 사도 바울도 목양적인 돌봄의 사역을 가장 중요하게 생각했다. 그 이유는 성도들을 "하나님의 사람으로 온전케 하며 모든 선한 일을 행하기에 온전케"(딤후 3:17)하기 때문이다. 지금도 목회의 현장에는 온전한 돌봄이 있는 곳에서는 예수 그리스도의 사랑이 나타나서 많은 사람들이 주님의 사랑을 체험하게 된다. 이처럼 돌봄목회는 치유와 함께 연약한 자들이 보호를 받기 때문에 사랑 안에서 자유를 누림과 동시에 영혼이 회복되기에 많은 사람들을 주안에 들어오게 하는 능력이 있다.

4. 목회적 돌봄에 대한 학자의 견해

1) 돌봄의 목회신학원론

시워드 힐트너(Seward Hiltner)는 논리중심의 이론적 신학 분야와 기능 중심의 실천적 신학 분야를 연결시켜서 목회자가 목회현장에서 기능화할 수 있도록 연결시킨 학자이다. 이뿐만이아니라 전통적인 목사의 직무인 교리문답, 목양, 설교 등을 조직적(organizing), 대화적(communication), 목양적(shepherding)[2]으로 분류한 학자이다. 여기서 "조직적"이란 교회행정이나 교회의 집단적 행위(organization behavior)를 말하고, 조직적인 활동은 회중의 유기적 관계를 긴밀하게 유지함으로서 목회의 여러 가지 과제를 효과적으로 수행하려는 목적이다. "대화적"이란 설교, 교육, 전도, 등의 활동을 결합한 것을 말하며 "목양적"이란 인간의 요청에 부응하는 목회의 형태를 말한다.

시워드 힐트너는 이 개념을 통하여 목양적인 관점을 치유(healing), 지탱(sustaining), 인도(guiding).[3]로 구분하였다. 여기서 치유란 인간의 정

---
2) ibid., 제 4장

체성을 회복시켜서 손상을 극복함으로서 인간을 발전시키는 기능으로 목회적 치유란 손상 이전의 환경을 되찾게 하는 것이 아니라 이전에 경험하지 못한 더 높은 영적 차원으로 끌어올리는 것을 의미한다.

여기서 시워드 힐트너는 회복의 발전으로서 치유는 인간의 영혼을 치료하는 대상으로 결함, 피해, 손상, 결단 등을 말하고 있다. 이 네 가지는 인간의 신체적 질병과 죄라는 말로 대치될 수 있다. 죄로부터의 용서와 구원에서의 거듭남이 바로 목회적 치유의 핵심이기 때문이다. 그래서 지탱은 기다림의 목양적 기능이다. 지지와 격려의 목회기능으로 치유가 불가능한 상태에서 그 정체성의 회복이나 원형적인 진행과정이 현실적인 목표가 될 수 없을 때에 행해지는 인간의 대한 보살핌의 형태이다.

그리고 인도는 현대적 상담의 내용을 보충한 것으로 인간의 결단과정을 돕는 목회기능이다. 시워드 힐트너는 인도의 기능은 잘못하면 엉뚱한 결과를 초래할 수 있다고 지적한다. 그러면서 강요, 설득, 해석, 양자택일은 인도가 아니라고 말한다. 이 기능은 오늘날 목회 상담학의 기능을 의미하는데 이는 윤리적인 훈련이 아니라 인간의 자각이 성령의 역사를 통해 인도를 받도록 돕는 기능을 말한다. 목회의 현장에서 일어나는 실례를 구체적으로 예를 든다면 다음과 같은 현상들이 일어난다[4]

'어느 날 성도 한 사람이 갑자기 세상을 떠난 사건이 발생했다. 이런 경우 우선 목사는 일체의 모든 활동을 중지하고 불행을 당한 가정을 심방한다. 심방을 가서 사별로부터 오는 충격과 슬픔을 우선 다루게 된다(목양적 관점의 지탱의 기능). 그러면서 당장에는 이 충격과 슬픔에서 벗어날 수 없

---

3) ibid 제 6-8장
4) 이기춘, 「한국적 목회신학의 탐구」,감리교신학대학출판부, 1991. p 48

기 때문에 위로와 격려의 말씀을 전하게 된다. 이 때 적절한 말씀을 읽고 어떤 모양으로든지 예배를 드림으로(목양적 관점에서 대화적 관점의 기능으로 옮겨짐). 위로와 격려, 설교와 예배를 통해서 위로한다. 그때 그 다음 과정인 장례식에 대한 문제를 언급한다. 장례식 날짜와 시간, 장지, 비용, 교회의 장례 위원회의 역할 등 행정적이고 조직적인 측면을 다룬다(대화적 관점에서 조직적 관점으로). 그리고 장례식이 끝난 다음에도 위로와 격려의 말씀을 적당한 기간 동안 심방을 통해서 드린다(대화적 관점의 기능을 함께 활용). 위의 예를 보면 한가지의 목회 업무를 시행할 때마다 세 가지 관점의 기능이 엇바뀌어 가면서, 또는 동시에 활용되는 사실을 보게 되면서 목회적 업무를 기능적으로 조직화시키는 것을 힐트너는 돌봄의 목회 신학원론이라고 보았다.

2) 목회적 돌봄의 새로운 경향

찰스 V. 거킨은「목회적 돌봄의 개론」의 책에서 고대 이스라엘의 목회 지도자들의 돌봄의 형태를 보면 제사장, 예언자, 현명한 안내자로 균형 잡힌 역할을 제도적으로 구분하려고 노력했다[5]

그러나 오늘날에는 현명한 안내자로서의 역할이 목회적 돌봄의 실제에서 지배적인 위치를 차지하고 있다고 보고 있다. 그래서 찰스 거킨은 목회자들의 돌봄의 활동에서, 기독교인의 공동체에서 영적인 분별력을 가진 언어를 회복시켜야 한다고 주장하면서 우리가 돌보는 사람들의 삶 속에서 적용하는 영적인 분별력이 또 하나의 목회적 유산이라고 보았던 것이다. 그는 인간의 역사적 경험이 중요한 시기였기 때문에 목회적 돌봄에 있어

---

[5] 찰스 V. 거킨「목회적 돌봄의 개론」유영권 옮김. 은성 `1999 제3장

인간의 발달을 인식하게 되었다.

찰스 거킨은 목회적 돌봄을 통해서 모든 사람들이 자신의 잠재력을 완전히 발달시키는 데 우선적으로 초점을 맞추었다. 즉 하나님의 모든 백성들이 목회상담을 필요로 하지는 않지만 모든 사람들은 돌봄의 환경에 의한 양육과 지지를 필요로 하기 때문이다.

찰스 거킨은 미래의 목회적 돌봄의 유지를 위한 목회 상담의 요소를 두 가지로 말한다. 첫번째 요소는 심리적 역동성과 인간의 내적 삶에 대해서 강조한다. 좋은 목회적 돌봄이란 개인의 내적 존재와 이야기함으로써 관계에서 복음을 구체화하는 것이기 때문이다. 두번째 요소는 무시되거나 소외된 사람들을 향한 사명감이다. 돌봄 목회 사역은 사회에서 버림받은 사람들에게 깊은 관심을 가짐으로서 그들로 하여금 예수 그리스도의 사랑과 격려로 인간성을 회복하게 하여 온전한 인격으로 회복하기 위함이다. 그래서 돌봄 목회 사역은 상담가의 사무실을 찾아오는 사람들을 위한 사역이 아니라 돌봄을 필요로 하는 모든 사람들에게 찾아가서 성도들을 구체적으로 돌보는 목회사역의 한 방편이다. 이러한 돌봄 사역에 찰스 거킨(Charls V. Gerkin)이 크게 공헌했다고 볼 수 있다.

이 시대의 목회적 돌봄의 전통은 목회적 사역과 동시에 발전하고 있던 정신분석. 심리치료. 가족체계 이론, 위기중재 이론, 자아심리학, 대상관계 이론들 사이의 교류를 통해서 발달했다. 이 모든 이론에 따른 치료기법들은 목회적 돌봄의 이론과 실제를 위한 심리치료의 모델을 형성하는데 상당한 공헌을 했다.

그래서 목회 신학자인 토마스 오덴(Thomas Oden)은 21세기의 목회 돌봄의 역할은 새로운 심리학의 영역에서 다음에는 무엇이 등장할 가능성이 있는가를 찾아내어 목회 사역에 가능한 빨리 적용하는 것이라고 말한다.

목회적 돌봄의 이해는 한 사람의 돌봄이 또 다른 사람을 찾아가서 돌볼 수 있도록 하는 사역이다. 이일을 위해서 주님은 이 땅에 오시고 죽어 가는 영혼들을 친히 돌보아 주셨다. 이제 한국 교회는 선한 목자이신 예수님께서 어린양들을 돌보신 것처럼 교회 또한 이런 목양적인 돌봄을 가지고 찾아가는 교회가 되어야 한다. 이러한 돌봄이 목회 현장 속에서 신학을 구체화시키고 보다 올바른 실천 목회관을 정립하여 건강한 하나님의 교회를 만들어 가야 할 것이다.

칼빈의 목회적인 돌봄

정보화 산업사회 론

Care and Counselling
3. 칼빈의 목회적 돌봄

　목회의 돌봄은 목자와 양과의 관계에서 찾아볼 수가 있다. 성경에는 하나님을 목자(시 23:1, 28:9)라고 말씀하시고 우리를 양이라고 부른다. 목자와 양의 관계는 친숙한 관계이며 돌봄자와 피돌봄자 와의 관계이다. 즉 양에게는 목자가 선택의 조건이 아니라 필수의 조건이다. 양에게는 세 가지가 없다. 첫째는 방어 능력이 없다. 둘째는 싸울 무기가 없다. 셋째는 방향 감각이 없어서 목자를 의지하지 않고는 살수가 없다. 양에게는 이런 약점이 있기 때문에 목자를 의지해야 한다.

　유대인의 전승에 의하면 하나님이 모세를 선택하셔서 애굽의 백성들을 해방하게 하신 것은 모세가 장인의 양떼를 잘 보살폈기 때문이라고 한다. 장인의 양떼를 잘 보살피는 모세를 보시고 하나님은 '이 사람 같으면 내 양인 이스라엘 백성을 잘 살피겠다' 고 생각하시고 모세를 이스라엘의 목자로 세우셨다고 한다. 성경은 그리스도를 잃어 버린 양을 찾는 목자로 비유하고 있다. 그 목자는 바로 예수님이시다(눅 15:4-7).

예수님은 자신 스스로 "나는 선한 목자이다." 즉 "선한 목자"는 헬라어로 "호 포이멘, 호 칼로스"이다. 이 말은 "그 목자, 그 선한 자"라는 뜻이다. 선한 목자가 있을 때 양이 안전한 것처럼 목회적인 돌봄이 성도들에게는 있어야 한다. 이러한 목회적인 돌봄의 관계 속에서 칼빈은 기독교 강요 제4권에서 교회에 관한 내용을 선택받은 자의 무리와 그리스도의 몸으로 보면서 하나님을 아버지로 교회를 어머니라는 관점으로 목회적인 돌봄을 설정하고 있다. 그러면서 돌봄을 이렇게 정의한다[6]

> 하나님은 교회의 품속으로 그의 자녀들을 모으시기를 기뻐하시고, 이들이 유아와 어린이로 있을 동안 교회의 도움과 목회로써 양육시키고, 이들이 장성하여 신앙과 목표에 도달 할 때까지 교회의 어머니 다운 돌봄으로 인도하신다.

칼빈은 교회가 어머니일 뿐만 아니라 학교의 역할을 하기 때문에 목회적인 돌봄 속에서 목사는 성도들을 잘 돌보아야 한다고 말한다. 칼빈은 이 부분에서 "어머니가 그의 태 속에서 우리를 잉태하시고 우리를 낳으시며 젖을 먹여 양육하시고 우리가 육신을 벗고 천사가 될 때까지 돌보고 인도하지 않는다면 우리는 결코 생명에 들어 갈 수 없기 때문이다. 그래서 성도들은 어머니의 품을 떠나서는 죄의 용서가 불가능하기 때문에 교회의 공동체를 통해서 풍성한 위로와 돌봄이 있어야 한다고 생각하고 있다. 칼빈은 결국 교회 안에서 교제를 이루려면 교회 안에 다양한 목회 사역들, 설교나, 교회행정, 그리고 목회 상담 등을 통한 돌봄의 사역이 이루어 져야 한다고 보고 있다. 그러면 칼빈이 제네바 교회를 목회하면서 그가 추구하며

---

[6] John, Calvin, Inst, IV,1 ,4

실천하고자 했던 목회적 돌봄은 무엇인가를 살펴보자. 그는 먼저 그의 교회론 적인 입장에서 목회의 근원으로 생각했다. 칼빈은 하나님의 선택에 의해 이루어진 하나님의 백성들이 모인 곳이 교회이며 교회는 그들을 지도하고 올바른 인도할 책임이 있다는 것이다. 교회는 말씀으로 하나님의 백성을 양육하도록 위임받았고 하나님과 인간, 인간과 인간들이 만나며 교제를 통해 영적인 생명을 자라게 하는 곳이라고 생각했다. 그러므로 교회를 떠난 목회는 진정한 목회가 아닌 것이다. 칼빈에게서 목회의 출발이자 근원은 교회인 것이다.

칼빈의 목회의 대상은 인간이었다. 인간은 원래 하나님의 형상으로 창조되었으나 죄로 인해 하나님의 형상을 상실 당하고 죄와 부패의 상태에 놓이게 된 것이다. 인간이 겪는 모든 고통과 영혼의 상처는 죄로 인해 야기된 것이고 목회적 돌봄이라는 차원에서 이러한 인간관에 기초하여 그들을 회개시키고 신앙생활을 통해 그들의 영혼을 다루고 회복하도록 돕는 것이다.

1. 칼빈의 목회적 돌봄 설교

칼빈을 위시한 종교개혁자들이 생각한 목회자 상은 교회의 표지를 말씀과 성례를 통해서 말씀이 순수하게 선포되고 성례를 바르게 집행되는 곳에서 바른 교회가 된다고 생각하였다. 그러나 칼빈에게 있어서 성례는 '보이는 말씀' 이기 때문에 성례를 집례할 때 성례에 관한 설교를 할 것을 권고하였다. 칼빈은 설교자가 설교를 할 때, "하나님의 영광이 그의 말씀 속에 빛나므로 그의 종들을 통해 말씀 할 때마다 마치 그가 우리를 대면해 가까이 있는 것처럼 그것에 의해 감동되기 때문에 그리스도는 그들의 입이 자기의 입으로 간주되고 그들의 입술이 자기의 입술이 되어야 한다고 보았다. 그래서 목회자의 직임이야 말로 하나님께서 인류에게 주신 최고의 직임이기 때문에 목회자는 하나님의 말씀의 종으로서 부지런히 하나님의 말씀을 연구하는 학자가 되어야 한다. 만약 학자가 되지 않는다면 아무도 하나님의 말씀을 전하는 좋은 사역자가 결코 되지 못하기 때문이다 라고 생각했던 것이다.

칼빈에게 가장 중요한 목회의 원리중의 하나인 '목회적 돌봄'이 그의 설교 의식 속에서도 베어 있었던 것이다. 칼빈에 의하면 설교에는 두 가지의 소리가 있어야 하는데 첫째는 사람을 격려하고 위로하고 바른 길로 인도하는 온유한 음성이고, 둘째는 이리와 도둑을 쫓는 노성(怒聲)이라고 하였다. 그리고 칼빈은 청중보다 자기를 높은 자리에 두고 지도하기보다는 주님의 종으로서 그들을 인도하고 자기도 그들 중의 한 사람임을 잊지 않았다. 이렇게 칼빈은 목자인 동시에 설교자인 것이다. 칼빈은 말하기를, 지금 우리가 사람을 만족시키려고 성경을 자세히 설명한다면 무식하게 된다, 만족할 만한 복음적인 설교는 '하나님께서 그렇게 말씀하셨다' 라는 말 만하면 되는 것이다. 선하고 진실한 목자는 성경을 간신히 해설하는 정도가 아니라, 하나님의 말씀의 능력과 덕을 주기 위하여 진지하고 분명하게 사용되어야 한다. 사도 바울은 목회자는 어려움이 많아도 진실해야 한다고 가르친다. 무엇이 선인가를 사람들에게 보일 뿐만 아니라 그들을 책망하기 위해서도 진실해야 한다고 말한다.

2. 칼빈의 목회적 돌봄 상담

칼빈은 목회자를 영혼의 인도자로 받았으며, 그 자신이 수많은 사람들에게 영적 상담을 해주는 카운슬러로 보았다. 칼빈이 목회하는 제너바 시에서 영혼을 상담하는 대상자들은 왕이나 제휴로부터 평민에 이르기까지 실로 각계 각층의 사람들이 망라되어 있었다,. 그래서 칼빈은 이런 내담자들에게 용기와 애정을 가지고 격려와 위로와 치유를 통해서 그들의 삶을 복음으로 치탱 할 수 있도록 상담해 주었던 것이다. 칼빈은 목회자에게 "왕들과 왕후들은 자유롭게, 그리고 용기를 가지고 상담해야 한다. 왜냐하면 하나님의 말씀은 민중들이나 낮은 사람들에게 국한되어서는 안 되고 가장 작은 자로부터 가장 큰 자에게까지 모든 사람들을 복종시키기 때문이다. 라고 말했다. 또한 칼빈은 "다른 사람들은 어떻게 생각할지 모르지만, 우리는 설교를 하고 나면 우리의 직무가 극히 제한적이라고 생각하지 않는다. 우리가 우리의 피를 책임져야 할 사람에게 최대한 직접적이고 쉼 없는 관심을 기울이는 것은 필수적이다. 왜냐하면 그 피를 잃게 되면 그것은 우리의 태만 때문일 것이기 때문이다" 라고 말했다.

칼빈은 그 당시 종교개혁의 와중에서 로마 가톨릭의 경직된 교회 조직 내에서 관심의 영향권 밖의 사람들이었던 일반 회중들에 대한 목양적 관심을 가지고 그들에게 목회 상담을 통해서 목회적인 돌봄을 주었던 것이다. 그러면서 칼빈은 성도들이 하나님의 말씀을 가지고 올바로 살수 있도록 도와야 한다고 생각했다. 그는 아무리 많은 사역들 가운데서도 교인들을 돌보는 목회의 사역에 대해 자신의 소명과 맹세를 결코 소홀히 하지 않으려 했다. 이러한 목회적인 돌봄은 칼빈의 여러 신학 서적이나 기독교 강요에서도 내용을 충분히 알 수 있다. 또한 칼빈은 스스로의 위로를 위해 상담을 원하는 자들을 개별적으로 격려하면서 예수 안에서 소망적인 삶을 살도록 격려하는 상담을 하였던 것이다. 사실 어느 시대든지 격려와 위로의 상담은 필수적이라고 할 수가 있다.

교회 공동체 안에서 지체들 속에서 상처 입은 사람들에게 돌봄을 준다는 것은 아마 4가지 차원에서 생각해야 한다. "무엇이 잘못되었는가?" "누구에게 도움을 구해야 하는가?" "내담자는 무엇을 해야 하는가?" "내가 도움을 구한다면 무엇을 소망할 수 있는가?" 이다. 즉 이런 요소를 가지고 교회는 치유공동체로서 돌봄을 해야한다

그래서 칼빈은 매번 성찬식이 거행되기 전에 목사와 교회 성도들간에 이러한 대화가 정기적으로 행해지는 것이 적절하다고 생각했다. 그는 스트라스부르스(Strasbourg)에서도 성찬식을 하기 전에 먼저 마음에 무거운 짐진 자들을 위로해주고 격려해줄 것을 이야기했다.

그러나 칼빈은 제네바에서 스트라스부르스에서는 돌봄 목회를 하지는 못하고 돌봄을 교구 목사와 장로들에게 일임을 했었다. 이 때 교구 목사들은 한 명의 장로들을 동행하여 아주 특별히 새로운 거주자들을 방문했으며, 권징과 관련된 조사들은 막연하게 이루어지고 있었다. 그렇지만 칼빈은 제네바 교회의 목회적 상황 안에서도 특별히 병자와 신체적으로 고난 당하는 사람뿐만 아니라 가난한 사람들을 돌보는 목회를 교회가 감당해야 한다고 생각했다. 그것은 칼빈의 관심뿐만 아니었고 비단 종교개혁이 일어난 장소에서의 공통된 중요성으로 대두되었던 것이다. 이때 칼빈이 상담을 통해서 죄인이 자신의 죄 용서에 대한 확신을 갖도록 함에 있어서 우선적으로 관심을 둔 것은 그가 자신의 내면 상태로부터 눈을 돌리도록 하는 것이다. 왜냐하면 죄인인 자신의 내면 상태로부터 눈을 돌리게 될 때 그

의 마음은 자신의 모든 정신적인 문제나 과거의 실패에서 완전히 벗어 날 수 있기 때문이다. 그래서 칼빈은 상담자는 이 점에 목적을 두고 상담을 해야 한다고 생각했다. 칼빈에게 있어서 상담은 하나님의 말씀을 도구로 하여 결정적인 위치를 가지고 있어야 하며 피상담자는 하나님께서 그에게 개별적으로 집적 들려주시는 말씀에 귀를 기울임으로 격려를 받아야 한다고 생각했기 때문이다.

하나님께서 자신의 음성을 통하여 은혜를 베푸시리라는 것을 우리에게 이해시킬 때에만 우리는 구원에 대한 소망을 품을 수 있는 것이다. 그러므로 상담에 임하는 목사는 강당에 선 설교자와 마찬가지로 성경을 사용해야 하며 또한 이 일을 기도와 소망, 즉 하나님의 말씀은 죄인들로 하여금 그의 눈을 들어 하나님을 바라보게 할 수 있을 것이라는 소망을 가지게 되는 것이다. 여기에서 분명히 알아야 할 사실은 상담하는 목사는 피상담자의 사고의 영역에 억지로 끼어 들어서는 안 된다는 것이다. 물론 목사에게 내재된 혹은 목사에게서 나오는 그 무엇인가가 피상담자의 확신을 불러일으킬 수 있다.

하지만 목사의 역할은 궁극적으로 피상담자가 바라보아야 할 진정한 대상이 무엇인가를 그에게 지적을 해주어야 한다는 것이다. 피상담자는 목사의 음성이 아니라 참 목자이신 주님의 음성을 들어야 한다. 그러므로 목사는 항상 자신이 단지 도구에 불과하다는 사실을 깨달아야 한다. 더욱이 목사는, 피상담자가 바로 듣고 바로 보아 그로 하여금 믿음의 확신이란 하나님께서 주신 것이라는 사실을 이해하도록 이끌어 주어야 한다. 칼빈은 우리의 믿음 안에서 확신을 가지고 볼 수 있도록 상담자가 이를 적극적으로 이끌어 주어야 한다고 말했다.

칼빈의 이러한 목회 상담에 관한 그의 생각은 오늘날의 목회상담에 필요한 생각과 일치한다. 롤러 메이는 상담은 인격 변화에 이르게 하는 두 사람의 사이의 깊은 이해라고 하였고, 폴 존슨은 좀더 확장한 이해를 가지고 상담이라는 것은 성장하는 책임감과 정서적 이해의 방법으로 어려운 문제를 해결하려는 요구에서 생기는 반응적인 상호관계라 하였다.

3. 칼빈의 목회적 돌봄의 적용

상담의 정의를 힐트너(S. Hilter)는 "내담자가 스스로 문제를 해결하도록 돕는 과정으로서 기성 형식의 충고라든가 권면, 혹은 명령으로 내담자로 하여금 피동적 행동을 취하게 하는 것이 아니라 능동적으로 내담자 자신이 행동할 수 있도록 동기를 부여해서 자기 문제를 자기가 해결하려는 능력을 가질 수 있도록 용기와 통찰력을 가지게 도와주는 과정이 상담이라고" 정의하였다. 이러한 의미에서 칼빈의 목회상담의 방법은 상담이 내담자로 하여금 스스로 태도를 갖게 하는 데까지 이끌어 주는 과정으로서 내담자로 하여금 스스로 자신의 문제를 정확하게 통찰하고 바라 볼 수 있게 도와주는 과정으로 보았던 것이다. 그래서 칼빈은 영혼을 치료할 때에 시도한 몇 가지 보편적인 원리들이 있다. 그 첫째는 어떤 방법을 가지고 사용하기보다는 상황에 따라 혹은 대상에 따라 자연스럽게 목회적 권면을 사용하였다. 둘째는 자신의 주변 상황 속에 환경과 인간의 본성이 어떠하다는 사실에 대한 이해를 가지고 있어야 한다고 생각했다. 즉 이 말은 칼빈이 보낸 여러 부류의 사람들의 서신을 통해서도 각 사람에 대한 충분한 이해와 관심을 그가 가지고 있었는가를 알 수 있다. 이처럼 목회사역을 감당함에 있어 칼빈은 사람들에 대한 연민과 관심을 가지고 사람들을 대할 때 친밀하게 대하고 가급적이면 사람들에게 위로와 용기를 주려고 노력을 하면서 자신의 개인적인 목회서신을 통해서 많은 사람들에게 용기와 힘을 주려고 했던 것이다.

예를 들면, 칼빈은 비레의 아이가 엄마의 새로운 임신으로 젖을 떼어야 했을 때 다음과 같이 편지를 썼다.

나는 그대의 여자아이와 함께 고통을 나눕니다. 하지만 남동생이나 여동생이 생기게 되면 그녀는 자기 엄마가 자신에게 품게 했던 편견을 잊어버릴 것입니다. 나는 그녀가 이미 젖뗀 데서 오는 비통함에서 벗어나 있기를 바랍니다.

또한 남편에게 배반당한 그라몽(Grammant)이라는 부인에게도 이런 목회서신을 쓰고 있다.

나는 그대의 남편이 그대에게 계속 불성실함을 보이기 때문에 그대가 참고 있는 그 고뇌가 어떠하리라는 것을 잘 압니다. 그러나 계속해서 하나님께 그대 남편의 마음을 회개시켜 달라고 기도하시고, 또 그대 편에서도 그의 마음을 사로잡고 선할 길로 끌어들일 것을 잊지 마십시오. 나는 그대가 여러 번 배신당했기 때문에 이 일이 얼마나 어려운지를 알고 있습니다. 하지만 일을 또 다시 해야만 한다면, 그것이야말로 참된 처방입니다.

그리고 부모가 어린 아이를 잃은 가정에도 목회서신을 써서 한 아버지를 위로하고 안심시킨다. 그에게 "나는 네 자손의 하나님이라"는 약속의 말씀을 상기시키면서 우리가 우리 하나님의 값없는 은혜로 말미암아 생명 책에 기록됐음"을 이해시켰다. 하지만 가장 감동적인 칼빈의 목회적 서신은 리슈부르(Richebourg) 씨에게 쓴 것으로, 그의 아들은 스트라스부르그의 칼빈의 집에 있었는데, 칼빈이 라티스본(Ratisbonne)회담에 참석하러 간 사이 페스트에 걸려 죽고 말았다.

눈물에 젖어 있는 그 부친에게 칼빈은 이렇게 편지를 썼다. "끌로드(Claude Feray)선생과 그대의 아들 루이(Louis)가 죽었다는 소식을 처음 들었을 때, 나는 너무나 정신을 잃고 어쩔 줄을 몰랐기에 며칠을 우는 일 외에 다른 아무 일도 할 수 없었습니다. 비록 하나님 앞에서는 얼마나 위로를 받고, 그가 역경의 때에 우리에게 주는 도움으로 안위를 받았지만, 그러나 사람들 앞에서 나는 내 자신이 아니었나 봅니다. 다른 한편, 그대의 아들처럼 앞길이 창창한 소년이 젊음을 펴기도 전에 죽었다는 슬픔과 고통이 나를 사로잡습니다. 정말 이 아이는 내가 내 아들같이 사랑했고, 또한 그도 나를 제2의 아버지나 되는 것처럼 존경 했습니다.

이렇게 자신의 고통을 표현한 후, 칼빈은 덧붙여 위로의 말을 시작했다.

그런데 내가 이 모든 것을 이야기하는 것은, 혹시라도 내가 다른 사람의 고통 문제에 있어 변함 없이 굳세게 보일 까 하여, 이제 당신에게 위로하려는 권면과 교훈이 당신에게 큰짐이 되지 않도록 하게 하기 위함입니다. 그리고 사실 나는 다른 이의 고통에 나의 꿋꿋함을 결코 앞세우지 않습니다. 그러나 하나님께서, 그의 특별한 선하심으로, 내게 은혜를 베푸사 나를 어떤 국면에서 건지시고, 다시 말해 당신과 거의 동일한 정도의 고통과 번민에서 위로해 주셨기 때문에, 나는 이 짤막한 한 통의 편지가 그렇게 할 수 있는 한, 내가 취한 처방을 당신에게 전달할 생각입니다. 비록 이 자리에서 내가 이런 상황으로부터 느낄 수 있는 슬픔을 고려해 넣어야 함을 잘 알고 있지만, 그러나 나는 내가 쓰고 있는 인물이 무게 있고 사려가 깊고 매우 굳센 항구성을 재능으로 부여받은 분임을 기억합니다.

칼빈은 이렇게 끊임없이 그들을 조언하고 격려했지만 아직도 그들에게 목회적인 돌봄이 필요하다고 보고 파리교회의 형제들에게 보낸 편지 중에서 그의 목회적 연민을 보게 된다.

만일 그대가 다가오는 위험에 당혹하고 고민한다면, 우리가 역시 그대들이 우리 편임을 느낀다는 사실은 이미 확인 할 필요조차 없는 것입니다. 사실 우리의 생각되는 바로 그대들이 우리의 신앙으로 형제적 관계를 맺고 심지어 우리의 구원의 소송을 위해서 싸우기까지 하는 사람들을 망각할 만큼 그토록 잔인하지 않다는 점을 알고 있으리라는 것입니다. 우리에게 더 이상 그대들을 위로할 방법이 없고, 연민으로 신음하는 길 외에 다른 길이 없기 때문에, 고통은 너무나 우리를 압박합니다.

칼빈의 목회적 돌봄은 지극히 하나님에 대한 신앙에서 우러나온 것이다. 그는 하나님의 말씀이 성도들의 삶 가운데 어떻게 하면 적용될 수 있을까 하는 마음과 고민으로 목회에 임했던 것이다. 무엇보다 하나님의 말씀을 이루기 위한 관심의 대상으로 성도를 향한 목회적인 연민과 함께 그리스도의 충분한 사랑으로 끊임 없이 목회 현장 속에서 이루려고 한 것이다. 또한 그는 이런 자신의 목회를 실제로 이루기 위해 여러 가지 방법으로 시도하려고 노력하였다. 여기에는 하나님의 양무리들을 충분한 애정으로 대하면서 상담을 통해서 예수님은 우리의 치료자이심을 깨닫게 해주는 것이다.

오늘날에 와서 하워드 클라인벨(H. J. Clinebell)은 상담자로서 목사는 "위대한 의사"로서 내적 갈등에 사로잡힌 자를 자유케 하고 현대적 여리고 도상에서 강도 만난 자의 곁에서 치료하는 일을 담당해야 한다고 주장하면서 이것이 상담자로서 인간을 중심한(person Centered)목사의 직무를 수행하는 것이라고 말한다. 이러한 목회적인 돌봄을 종교개혁자 칼빈은 잘 감당했던 것이다.

결론적으로 칼빈은 목회적인 서신을 통해서도 외롭고 병들고 고통 당하는 자들에게 목회적 연민의 감정을 나타내며 고통의 짐을 함께 나누고자 하는 마음이 목회 속에 용해되어서 나타났던 것이다. 물론 제네바라는 조직 교회가 가지고 있는 나름대로의 제한성과 그 당시 사회적 환경으로 인한 폐쇄성이 존재하고 있으나 조직적인 목회사역은 칼빈의 그런 제약들을 극복하며 나름대로 하나님의 맡기신 양무리들을 대상으로 그들을 영적으로 치료하기 위해 돌봄의 목회를 하였던 것이다.

오늘날 한국 교회 내에서 칼빈의 신학은 상당한 영향을 미쳐 참된 개혁교회의 신학적 지표로 삼고 있다. 그러면서도 칼빈이 제네바 시에서 실제로 행했던 칼빈의 목회에 대해서는 사실상 많이 간과되고 있는 실정이다. 더구나 칼빈의 목회 사역 속에 담긴 그의 목회적 돌봄에 관한 그 기본적인 목회원리에 대해서는 결코 인식하지 못하고 있는 형편이다.

이 시대에 많은 성도들은 자신들에게 심각한 정서적 문제를 가지고 가슴 아픈 상처들을 계속 억누르거나 은폐하면서 자유하지 못한 채 죄책감에 시달리며 과거로부터 얽매여 억압의 사슬을 안고 살아간다. 이때 목회자들은 성도들에게 죄에서 자유함을 얻고 살수 있도록 격려하는 사역을 해야 한다. 격려상담을 했던 로렌스 크랩은 말(言語)은 대인관계에 매우 중요한 부분을 차지하고 있지만 가장 많은 사람들이 말에서 쉽게 실패하고 자주 넘어지는 부분이 말(言語)이라고 말한다. 사람들이 말하는 일에 실패하는 이유는 단지 말하는 기술을 잘 몰라서가 아니라 말(言語)의 정말 중요한 문제를 매우 피상적으로 다루기 때문이다라고 말한다.

이제 우리는 목회적인 돌봄 속에서 바른 성찬과 목회적인 돌봄을 가지고 주님께서 세우신 교회를 건강하게 해야 할 것이다.

돌봄 예배

差 이행

Care and Counselling
4. 돌봄 예배

　우리가 사는 시대는 다원화된 시대이고 멀티 니드(Multi-Need) 시대이다. 그래서 목회자들은 성도들의 다양한 욕구를 무엇으로 채워 줄 것인가 하는 생각으로 가득차 있다. 미래학자들은 앞으로 과학의 발달과 함께 생태계, 유전공학, 컴퓨터 시대라고 말하고 있다. 이러한 주제들은 과학기술이 배경에 절대적인 힘을 과시하면서 인간 사회는 더욱더 혼돈과 공허의 시대로 달려가기 때문에 미국 교회의 선두 주자인 빌 하이벨스나 릭 워렌은 "21세기의 복음 사역은 사람을 변화시키는 사역이어야 한다고 말한다". 즉 이 말은 사람이 변해야 사역이 변하고, 예배가 변해야 사람이 변하고 가치관이 변해야 더 많은 사람들에게 복음을 전 할 수 있다는 말이다.

　조지 바나는 그의 책 『21세기 교회를 붙잡아라』에서 "시대의 변화에 민감하지 못한 교회는 도태된다"고 말하면서, 교회는 영적 파도타기를 해야 한다고 말한다. 즉 이 말은 시대적 변화는 하나님이 만드시는 기회(The Age of change is an opportunity that God makes)이기 때문에 환경적인 변화 속에서 복음 주체적으로 변하기 위해서는 먼저 예배가 변해야 한다는 것이다. 이사야 51장 15절에 "나는 네 하나님 여호와라 바다를 저어서 그 물결로 흉용케 하는 자니 내 이름은 만군의 여호와니라" 라는 말씀처럼 하나님은 시대의 변화 속에서 예배의 패러다임도 변하게 하신다.

이러한 변화 속에서 이 시대는 개인주의와 과학의 발달로 이혼과 자살, 우울증, 외로운 노인 문제, 가치관의 변화 등으로 우리 사회를 혼란스럽게 하고 있다. 그래서 이제 교회는 어려운 이웃들을 돌보는 현장이 되어야 하고 하나님의 치유가 일어나는 돌봄의 장(Care Ministry)이 되기 위해서 멜빈 스틴브런 목사의 말처럼 하나님의 은혜 안에서 '자신을 돌보고(self-care)' '너를 돌보고(other care)' '서로를 돌볼(each other care)' 수 있는 새로운 예배의 패러다임이 필요하다

1. 예배의 목회적 돌봄

지금까지 한국교회는 새신자 양육과 성도들의 믿음을 세워주기 위해서 새신자 돌봄을 위한 예배를 드려왔다. 그러나 이제는 목양적 돌봄의 예배를 위해서 돌봄 예배의 패러다임이 필요한 시기이다. 그래서 예배학자들은 성도들을 잘 돌보기 위해서 차별 화된 예배를 드려야 한다고 말한다. 그 차별화 된 예배는 상한 심령을 치유 할 수가 있는 돌봄의 예배이다. 그러면 돌봄의 예배는 시대별로 어떻게 변천해 왔는가를 고찰해보자

1) 종교 개혁시대의 돌봄 예배
로마교회에 있어서 예배의 핵심은 성만찬 의식으로 볼 수 있다. 그 교리

의 중심은 속죄 희생이 있는 예배이다. 즉, 사제는 그리스도의 희생을 통한 사죄의 예배를 드렸던 것이다. 이러한 접근적 예배를 종교 개혁자인 마틴 루터는 거부했다. 즉 성만찬을 행함에 있어서 예수는 재차 반복해서 희생되어지는 것이 아니라 말씀과 성찬에 있어서, 하나님께서 사람들을 위해 행하셨던 사역이기 때문이다.

종교 개혁자들은 성만찬 의식을 갈보리 십자가 위에서 사건은 그리스도의 단 한 번의 희생을 강조하면서 성찬은 십자가에서 그리스도에 의해 이루어진 희생과 봉헌에 대한 표현이라고 말한다. 즉 성찬은 영적 양육이요, 영혼의 음식이다 라고 예배학자인 크랜머(Cranmer)는 말한다. 곧 이 말은 그리스도는 우리로 하여금 그의 죽으심으로 인해서 영혼에 힘을 얻게 하는 은혜의 방편이라는 뜻이다. 이처럼 종교개혁자들은 성만찬에서 속죄 개념을 버리지는 않고 오히려 재 규정하여 찬양과 감사의 희생으로서 우리의 영혼과 몸을 온전하고 거룩한 산 제사로 드려야 한다고 믿었다. 이때 성만찬은 자신을 내어준 그리스도의 단 한번의 드려짐에 의해 얻어진 사건이 구원의 선물이며 영혼의 돌봄적 예배라고 믿었기 때문에 종교개혁자들은 예배를 바르게 하는 것이 곧 영혼의 치료(the cure of souls)가 예배의 돌봄이라고 생각했다.

2) 개혁자들의 돌봄 예배

토마스 제커는 "교회가 깊은 영적 침체에 빠져 있다면 예배는 무시되던지 아니면 단순한 형식으로 행하여져 간다" 라고 말하면서 교회가 갱신되어야 한다고 보았다. 이런 영향은 계몽주의(이성과 과학의 시대) 여파로 신학교육도 약화되어 가고 있을 때 교회갱신에 헌신한 사람이 제커였다. 제커는 교회의 공적 예배 안에서 하나님을 존귀케하고 기쁘게 할 뿐만 아니라, 예배 자들을 바르게 함을 통해서 우리의 영혼을 구원한다고 말한다. 즉 예배는 영혼을 돌보는 수단이기 때문에 교회가 해야 할 일이 영혼의 돌봄이라고 보았다. 그래서 제커는 사제들에게 일상생활을 소홀히 하지말고 예배를 인도 할 때에 상한 심령을 치유하는 영혼을 돌보는 예배자가 되라고 말한다.

이에 대해서 칼빈은 하나님께서 성도들을 돌보시는 은혜의 방편이 성례전이라고 보았다. 즉 성례전은 주님이 정하신 외적 행위로써 사람들의 마음을 새롭게 하고 성화 시키는 은혜의 통로이며 주님의 돌보심의 체험을 느끼게 하는 하나의 도구이기 때문이다. 그는 제너바에서 목회 할 때 사적 기도뿐 아니라, 공적기도를 매우 중요시하면서 바른 설교를 통해서 영적 지식을 얻도록 하기 위하여 성경공부를 강조하였다. 그래서 칼빈은 성만찬을 하나님께서 인간에게 주시는 축복의 시간이라고 말하면서 성도들이 성찬에 참여 할 때 "우리 과거 죄의 용서, 현재 우리 영혼을 새롭게 한다"고 보았다.

3) 돌봄의 예배의 방향

힐트너(Seward Hiltner)는 "목회는 모든 예배의 프로그램과 교회에서 행하는 모든 의식은 영혼을 돌보는 그 이상도 그 이하도 아니다"라고 말했다. 그는 누가복음 15장에서 선한 목자의 비유를 들면서 목양의 메타포(metaphor)는 치유, 지탱, 인도를 포함시키기 때문에 이제는 목회적 돌봄이 상한 심령들을 싸매는 회복운동으로써 예배에 양육, 대화, 조직이 포함되어야 한다고 강조하였다.

2. 청중들에게 필요한 돌봄의 예배

목회자들의 고민은 고뇌하는 청중들에게 마음을 치유하는 돌봄의 예배를 어떻게 드릴 수 있는가 고민하면서 강단에 선다. 이와 반면에 청중들 또한 매주 교회에 나올 때는 영혼의 문제, 인간 관계의 문제, 개인의 문제. 가족의 문제, 국가와 민족의 문제. 선교의 문제를 가지고 나온 사람들이기 때문에 목회자는 예배의 축복과 감동을 청중들에게 심어 주어야 한다. 즉 말씀(로고스)이 레마가 되어서 개인이 가진 문제를 해결 받고 삶의 현장으로 돌아가서 그 사명을 잘 감당 할 수 있도록 돌봄의 예배를 준비해야 한다. 그 이유는 청중들이 세상에 살면서 가지고 온 문제를 일시에 돌볼 수 있는 유일한 방법이 돌봄의 예배이다.

지금도 교회에는 목회적 돌봄이 필요한 사람들이 많이 있다. 병원에 입원하고 있는 환자들, 불치의 병으로 시한부 생을 사는 사람들, 사랑하는 사람을 잃고 슬픔에 잠긴 사람들, 독거 노인들, 장애인들, 직장을 잃고 위기에 빠진 사람들, 고독한 사람들, 무력감에서 헤어 나오지 못하는 사람들, 집안에만 갇혀 살아가는 사람들, 자기 상처로 좌절한 사람들, 알코올 중독자들, 교회에 새롭게 나온 사람들, 영적인 위기에 빠져 있는 사람들, 기타 고통스런 문제를 가진 사람들은 모두 돌봄이 필요한 사람들이다. 이런 청중들에게 예수님께서 그들을 돌보고 계신다는 것을 느끼게 해주는 것이 예배이다. 예배는 우리의 영혼을 풍성케하며 수많은 청중들을 개인적으로, 집단적으로 돌볼 수 있는 시간이기 때문이다. 이처럼 청중들에게 용기와 사랑, 위로와 격려, 치유와 회복을 줄 수 있는 유일한 시간이 예배이며, 청중들의 눈물을 씻어 주는 돌봄의 예배이기 때문이다(계 7:17).

3. 청중을 깨우는 돌봄의 트렌드(trend)

돌봄의 예배는 적당한 순서의 변화가 아니라 초점의 방향이 은혜의 방편을 향한다는 점이다. 매주 드려지는 예배가 마음에 흐르는 눈물을 씻어주는 예배가 되기 위해서 차별 화된 찬송과 기도, 말씀이 있어야 한다. 그래서 돌봄의 예배는 청중들이 한 주간 동안 알고 지은 죄, 모르고 지은 죄를 고백함으로서 사죄의 은총을 경험하고, 찬송과 기도를 통해서 마음의 문이 열리게 해야 한다. 그리고 이때 성시 교독을 한다면 마음의 교감이 이루어져서 심령을 새롭게 하는 시간이 될 것이다. 만약 이때성시를 교독 할 때 찬송가 뒤에 나와 있는 내용으로만 교독을 할 필요는 없다.

미국의 개혁파 교회들은 자기 교회의 상황에 맞게 성시 교독문을 목회자가 한 주간 동안 기도하면서 만들어서 쓰고 있다. 즉 이 교독문은 자기의 목장을 잘 아는 목회자가 매주 상황에 맞게 주님과의 대화를 하도록 말씀을 가지고 만드는 것이다. 그렇지 못하다면 찬송가 뒤에 있는 교독문을 매주 순서대로 하지 말고 각 상황에 맞게 활용하는 것도 돌봄의 예배의 한 부분이라고 생각된다.

4. 돌봄의 찬송

찬송은 하나님을 만나게 하는 힘이 있다. 찬송 속에서 고난당하는 자, 슬픔에 잠긴 자들이 위로를 받고 마음의 안정을 느끼게 한다. 그래서 찬송은 어려움 속에 있는 사람들에게는 용기와 위로를 주고 질병 속에 있는 사람들에게는 회복을 주어서 사람의 마음을 감동하는 능력이 있다. 이처럼 찬송은 그 자체가 거룩한 예배를 이루게 하는 힘이고 인간이 하나님께 드리는 성스러운 제물이요 하나님이 우주의 창조자이시며 지배자이심을 인식하는 일이며 사랑의 사귐이며 삶에 균형과 조화를 이루는 예술이요 하늘의 음성이다. 그래서 찬송을 선곡함에 있어서도 예수님의 사랑, 위로(회개), 소망, 믿음을 강조하는 곡을 택하는 것도 좋은 하나의 방법이다. 찬송은 기도요 상한 마음을 열게 하는 힘과 동시에 하나님의 말씀을 듣고 소생케하는 능력이기 때문이다. 찬송은 선곡이 중요하다. 목회자가 예배 시간에 부를 찬송하나만 잘 선택해도 실의에 빠진 청중들은 하나님의 은혜를 체험하고 하나님의 돌보심을 체험하기 때문이다.

5. 돌봄의 기도

'기도는 실패가 없다' 라는 말처럼 기도하는 사람은 기도를 통해서 돌봄을 받는다. 우리가 하나님께 기도하면 응답 이전에 우리의 마음에 감동을 주고 스스로 마음에 평안을 주어서 위로와 격려, 치유와 희망을 가지게 된다. 그래서 기도하는 사람들은 스스로 기도하던지, 이웃을 위한 기도를 통해서 기도의 후원을 받던지 간에 돌봄의 은혜를 체험하게 하는 힘이 있다.

토마스 오덴은 영혼을 돌보는 일은 설교와 성례전과 함께 기도라고 말했다. 영혼의 돌봄은 전인적인 관심에 볼 때 그것은 신체적(경제적), 도덕적(의지적), 영적(영원한 돌봄) 차원에서 모두에게 돌봄의 기도를 해야 한다. 그 기도가 병든 사람들을 회복케하는 힘이 있기 때문에 돌봄의 기도는 구체적이며 하나님의 은혜의 역사의 방편을 구하는 기도가 되어야 한다. 곧 이 기도가 개인을 위한 기도이며, 안수 기도 이며, 치유의 기도문이다.

6. 돌봄의 설교

설교는 전통적으로 네 가지 즉 복음적, 목회적, 교리적, 그리고 도덕적 차원의 방법인 케리그마(Kerygma), 파라클레시스(paraclesis), 호밀리아(homilia), 디다케(didache)가있다. 이처럼 시대마다 설교의 강조 점은 다르지만 목회적 차원에서 그 역할은 하나님의 말씀의 선포요, 하나님의 위로이다. 그래서 돌봄의 설교는 앞에서 말한 것처럼 로고스가 레마가 되어서 상한 마음의 상처를 회복케 해야 한다.

돌봄의 설교에는 그 자체가 하나님의 위로와 신학적 주제와 가르침들이 다 들어 있기 때문에, 죄책감으로 깊은 상처를 안고 있는 성도에게 죄책감을 치유하고 상한 심령을 위로하는 말씀이 선포되어야 한다. 그래서 돌봄 설교의 중심은 하나님께서 우리를 돌보고 계시다는 것을 통해서 상처를 치유 받고 고난 당하는 자들, 슬픔에 잠긴 자 들이 하나님을 만남으로 새 삶을 살도록 회복시키고자 하는 데 그 목적이 있다. 그 실례가 예수님과 수가성의 여인(요 4)과의 만남이다. 이 여인이 예수님을 만나게 된 동기는 물을 길러 나온 것, 즉 개인적인 필요에 의한 것이었다. 이때 예수님은 이 여인에게 물을 달라하는 대화를 통하여 그녀가 가진 아픈 상처를 치유 받고 새로운 지평을 열어줌으로서 영원한 생명에의 확신과 소망의 변화를 체험하는 것이었다. 이처럼 예수님은 목회적인 돌봄이 필요한 사람들에게 위로와 용서로서 설교의 돌봄으로 청중들을 말씀으로 가르치시고 그들의 아픔을 돌봄으로 해결해 주셨던 것이다.

오래 전 미국 유학시절 잠시 친구 집에서 머문 적이 있었다. 그때 그 친구가 나에게 읽어보라고 준 책이 "왜 목사는 설교에서 답을 주지 못하는

가"라는 내용이었다. 이 책 속에 나오는 내용은 청중들이 교회에 나와서 예배를 드리며 말씀을 듣는데 설교자는 청중이 가지고 온 문제를 파악하지도 못하고 일방적인 선포로 해답을 주지 못한 체 끝내 버리기 때문에 무당에게 답을 구한다는 내용의 책이었다. 사실 이 책의 저자는 목사가 아닌 무당이었다. 그 무당은 장로, 권사, 집사, 심지어 개척 교회하는 목사까지도 와서 묻는다는 것이다. 이 글을 보고 실로 충격을 받지 않을 수가 없었다. 이 시대는 사람들이 대안을 찾는 시대다. 그러다 보니 청중들은 교회에 문제를 가지고 오는데 일부의 목회자들은 청중들이 가지고 온 문제를 해결하지 못한 체 현실에 적용감이 사라진 설교를 하는 이유는 간단하다. 한 손에 하나님의 말씀은 있는데 신문을 가진 손이 이 시대의 상황을 잘 분석하지 못하고 있기 때문이다. 분명 설교는 예배의 꽃이다. 이 꽃을 위해서 예배의 부름으로부터 회중 기도와 성가대의 찬양, 감사의 예물로 이어지면서 자연스럽게 하나님의 말씀이 선포되어진다. 그런데 목회자들이 청중의 문제를 파악하지 못하고 독설적인 자기만의 말씀의 스타일을 고집하면서 청중이 가지고 온 문제를 외면하고 있다면 여기에는 문제가 있다고 생각된다.

요즈음 설교자들의 스타일을 보면 자기도취형 스타일과 설교의 회의자형이 있다. 자기도취형 스타일은 설교를 스스로 잘하고 있다고 믿는 사람들이다. 또 다른 형은 설교의 회의자형이다. 왜 내 설교에는 능력이 없을까. 아예 설교를 포기해 버린 사람이다. 크게 설교는 두 종류이다. 청중이 은혜 받은 설교와 은혜 받지 못하는 설교뿐이다. 다시 말하면 하나님의 말씀을 가지고 청중들을 돕는 돌봄 형이 있고, 돌봄을 방치한 설교가 있을 뿐이다. 예나 지금이나 설교자들은 세상에서 시달린 청중들에게 따뜻한 하나님의 음성을 들려 주어야한다. 하나님의 음성이 들려 올 때 청중은 마음이 뜨거워지는 감격과 함께 하나님의 임재를 체험케 하는 예배를 드림으로서 세상에서 빛과 소금의 역할을 감당 할 수 있기 때문이다.

예수님은 모든 사람들에게 예배를 통해서 해답을 주셨다. 그 해답은 언제나 명쾌하고 선명했다. 어느 날 자기 아들의 간질병의 문제를 가지고 온 아버지에게 제자들은 선명한 대답을 주지 못했다. 그러나 예수님은 아들의 문제를 가지고 온 아버지에게 분명하고 정확한 답을 주시고 문제를 해결해 주셨다(마 17:14-20). 이처럼 돌봄 예배는 청중들이 가지고 온 문제에 영생에 대해서, 갈등에 대해서, 자녀의 문제에 대해서 분명하고도 선명한 답을 줄 수 있는 예배가 되어야 한다. 그래서 목회자들은 사죄와 용서와 치유가 있는 돌봄의 예배를 통해서 하나님께서 주의 백성들을 어떻게 돌보시는가를 느끼게 하는 예배를 드려야 한다.

결론적으로 이제 한국 교회는 예배를 통해서 어려움의 문제를 가지고 있는 사람들에게 예배 적인 차원에서 돌봄을 주어야 한다. 그때 청중들은 잘 준비 된 예배 속에서 하나님이 나를 돌보신다는 은혜를 맛보고 "그가 나를 푸른 초장에 누이시며 쉴 만한 물가로 인도하시고 내 영혼을 소생시키시고 자기 이름을 위하여 의의 길로 인도 하시는도다"(시 23:2-3)라는 예배의 돌봄이 교회 속에 있을 때 삶에 희망을 주는 예배가 될 수가 있기 때문이다.

사도 바울은 골로새서 1장 28절에서 "우리가 그를 전파하여 각 사람을 권하고 모든 지혜로 각 사람을 가르침은 각 사람을 그리스도 안에서 완전한 자로 세우려 함이니." 여기서 바울은 예배의 돌봄을 이렇게 말한 것이다. 즉 예배의 돌봄은 연약한 자를 도와 가치 있는 세움을 만들기 위해서 존재한다. 이 말은 연약함을 치유해서 봉사와 섬김의 자리로 나아가서 성도를 세워 또 다른 사람들을 섬김으로 돌볼 수 있도록 하는 복음 전파의 사역이라고 말 할 수 가 있다

예수님은 선한 사마리인의 비유에서 강도 만난 이웃을 향해서 사마리아인이 여관 주인에게 "기름과 포도주를 그 상처에 붓고 싸매고 자기 짐승에 태워 주막으로 데리고 가서 돌보아 주고 이튿날에 데나리온 둘을 내어 주막 주인에게 주며 가로되 이 사람을 돌보아 주라 부비가 더 들면 내가 돌아올 때에 갚으리라(눅 10:34-35). 한 것처럼 우리는 예배의 돌봄을 통해서 상한 심령을 치유함으로 '주는 나를 기르시는 목자요 나는 주님의 귀한 어린 양 푸른 풀밭 맑은 시냇물가로 나를 늘 인도하여 주신다 주는 나의 좋은 목자 나는 그의 어린 양 철을 따라 꼴을 먹여 주시니 내게 부족함 전혀 없어라"라는 돌봄의 예배를 드려야 한다.

이제 목회자들도 돌봄 사역을 강단에서 실천해야 할 때라고 생각된다. 목회자의 관심 있는 돌봄 사역이야말로 병들어서 신음하는 성도들에게 위로와 평안을 동시에 주면서 예수님의 사랑을 목회자로서 전파하는 사랑의 통로라고 생각된다. 이것이 예배를 통해서 하나님의 위로와 평강의 소망을 전파해야 하는 설교의 돌봄 사역이요 트렌드(Trend)이기 때문이다.

돌봄 기도

Care and Counselling
5. 돌봄 기도

심리학자 롤로 메이(Rollo May)는 불안을 이 시대의 가장 절박한 문제들 중의 하나로 일컬었다. 이처럼 인간의 역사는 불안의 역사의 만큼이나 길다고 볼 수가 있다. 하나님께서 아벨과 가인에게 제사를 드리라고 할 때 가인의 제사는 받지 않으시고 아벨의 제사는 받으셨다. 그 이후에 가인은 아벨을 죽이고 난 이후의 불의 삶을 살을 때 하나님께서 가인에게 물으셨다.

> 네가 분하여 함은 어찜이며 안색이 변함은 어찜이뇨(창 4:6)

그 이후 불안은 인간 존재의 역사만큼이나 복잡해지면서 우리의 일상생활 속에서 차지하는 비중이 크다는 것을 알게 된다. 이때 심리적으로 불안해하는 사람들을 위해서 하는 기도 돌봄 기도이다.

1. 돌봄 기도의 정의

이 엠 바운(E. M. Bounds)는 기도를 '하늘의 우리 아버지에 대한 믿음의 자연스러운 반응이다' 라고 정의했다. 즉 믿음이 불가능한 것에 대한 실현을 기대하는 특권이라면 기도는 자기의 바램을 통해서 하는 고백의 언어이다. 이런 고백을 가지고 우리는 전능자이신 하나님께 나가서 문제를 내어놓고 기도 할 수가 있는 것이다. 그래서 돌봄 기도는 이런 의미에서 일반적인 기도와 구별된다고 말할 수가 있다.

실례로 일반적 기도의 구조는 ① 하나님께 영광. ② 받은 은혜의 감사 ③ 죄의 고백 ④ 간구 ⑤ 개인과 이웃을 위해 기도 ⑥ 예수님 이름으로 기도한다. 그러나 돌봄 기도는 일반적인 상황에 있는 사람이 아니라, 상처받고 어려움 속에 있는 분들을 위해서 하는 기도이기 때문에 맞춤형 기도라고 말할 수가 있다. 따라서 돌봄의 기도는 3가지 방면으로 행해져야 한다.

첫째, 하나님의 절대적인 주권 하에서 이루어져야 한다. 즉 돌봄의 기도는 전능하신 하나님에 대한 믿음이 전제가 되어야 한다. 각종 염려, 문제, 질병 등을 치유하시는 분은 오직 하나님 한분뿐이기 때문이다. 그래서 돌봄 기도는 전적으로 오직 하나님께 맡기고 간구하는 것이 특징이다.

둘째, 하나님의 은혜 안에서 이루어져야한다. 피돌봄자가 겪고 있는 위기 상황들은 대부분 스스로 극복할 수 없다고 여길 때 온전히 하나님께 맡기고 하는 기도이다. 이런 의미에 있어서 돌봄 기도는 위기에 처해 있는 상황 속에서 대부분 이루어진다. 자신의 힘으로는 도저히 어찌 해볼 수 없는 극한 상황일 때 누군가가 위로와 격려와 소망을 가지고 간호사가 환자를 돌보듯이 전능하신 하나님의 긍휼하심에 호소하고 격려를 통해서 위기 상황을 극복해 갈 수 있도록 하는 기도이다. 대부분의 사람들이 감당치 못할 시험을 만나면 절망과 낙심 속에서 하나님께 부르짖는다. 마치 히스기야 왕이 너는 죽고는 못산다고 할 때 "나는 비둘기 같이 학 같이 지져귀며 비둘기같이 슬피 울며 눈이 쇠하도록 앙망하나이다"(사 38: 14) 라고 한처럼 부르짖을 때 목적을 놓고 기도하는 기도이기 때문이다

셋째, 영적인 측면이다. 기도에 심리적인 요인도 있지만 그것보다도 우선하는 것이 영적인 도움이다. 기도에 있어서 일반적으로 정신적인 측면도 있지만 영적인 측면에서 결코 간과되어서 안 되는 부분이 영적 기도이다. 영적인 깊은 기도만이 하나님의 말씀을 전함으로써, 또는 찬양을 통해서 피돌봄자의 영이 강건함을 얻도록 하기 때문이다. 이러한 면에서 하나님과의 관계가 회복되어지기 때문에 돌봄 기도는 영적인 측면이 강조되는 것이다.

2. 돌봄 기도 어떻게 할 것인가?

그러면 돌봄 기도는 어떤 내용으로 이루어져야 할 것인가? 기도는 먼저 기도의 대상인 하나님을 생각해야 한다. 그것은 기도의 응답과 주도권이 하나님에게 있기 때문이다. 그러므로 하나님의 마음을 움직이는 기도는 어떤 것일까? 라는 생각에 먼저 접근해야 한다. 사실 대인관계에 있어서도 마찬가지지만 우리가 몰라서 하지 않는 것보다 알고 있지만 마음이 움직이지 않아서 하지 않는 경우가 더 많기 때문이다.

하나님께서는 우리에게 있어야 할 것을 이미 알고 계시다(마 6:8, 32). 그러나 하나님께서는 우리에게 필요한 것을 구함으로서 주시기 때문이다. 그러므로 기도의 내용 또한 진실한 마음으로 구하고, 간절한 마음으로 이

옷들을 위해서 기도 할 때 기도가 하나님께 상달되기 때문이다(마 9:36: 20:34, 막 1:41: 요 11:33). 그러면서 피돌봄자를 위해서 고려해야 할 것은 돌봄 기도 자체가 어려움 당한 상황 하에서 진행되기 때문에 피돌봄자의 필요를 따라서 구체적이며 섬세한 배려 속에 이루어 져야 한다. 이러한 기도를 하기 위해서는 돌봄자들이 피돌봄자의 아픔들에 대해서 알아야 하고 위기에 처해 있는 상황을 알 때 분명하고 그 상황에 적합한 기도를 할 수 있기 때문이다. 그러면 돌봄 기도를 하기 위해서 먼저 해야 할 일은 무엇인가?

첫째, 경청함이 있어야 한다.

어떤 피돌봄자들은 기도보다도 그들의 아픈 과거사의 이야기를 들어 주는 것만으로도 위로를 받게 됨으로 피돌봄자의 아픔을 들어 주는 것이 우선순위가 되어야 할 것이다. 모든 경청은 하나님의 음성을 듣는 것에서 비로소 시작된다. 주님은 다음 구절에서 이렇게 말씀한다. "내 양은 내 음성을 들으며 나는 저희를 알며 저희는 나를 따르느니라"(요 10:27).

둘째, 피돌봄자의 이야기를 들었으면 정확한 진단을 해야 한다.

일반 병원에서도 아이들이 아프다고 하면 의사 선생님은 먼저 그 아이의 아픈 상태를 아이의 어머니에게 어떻게 아픈지를 질문하고 나서 아이의 아픈 부위를 진단하기 시작한다. 이와 같이 목회의 돌봄에 있어서도 피돌봄자의 주변 환경과 심적 상황과 영적 상황을 잘 파악하여 정확한 진단이 먼저 있어져야 한다.

셋째, 사람의 아픔들에 대해 듣고, 진단을 했으면 맞는 처방을 해야 한다.

이때 처방의 원칙은 성경 안에서 이루어짐을 전제로 해야 한다. 왜냐하면 하나님의 말씀은 살아있는 능력과 권능의 말씀이기 때문에 어떠한 칼보다도 예리하여 사람의 혼과 영과 및 관절과 골수를 찔러 쪼개기까지 하여 사람의 마음의 생각과 뜻을 감찰하기 때문에 영혼을 터치할 수 있는 능력이 있기 때문이다.

넷째, 피돌봄자가 회복할 수 있도록 성령님의 도우심을 간구해야 한다.

인간의 힘에는 한계라는 것이 있다. 그러나 성령님께서는 시, 공간을 초월하시어 인간의 모든 것을 꿰뚫어 보심으로 성령님의 도움을 간구하는 것이 당연한 것이다. 이를 통하여 위로와 평안과 더불어 영혼이 온전한 치유와 회복을 이룰 수 있도록 성령님의 인도하심을 간구하는 기도를 해야 한다. 이러한 내용을 가지고 기도를 통해서 믿음을 회복시켜주고 세워줄 수 있는 능력이 돌봄 기도인 것이다.

3. 돌봄 기도의 원리

누가복음 10장 25-37절의 '선한 사마리아 사람'의 비유는 돌봄의 목회적 원리를 제시하고 있다. 이 비유는 목회적 관점에서 보면, 한 인간의 위기를 보고 공감적(empathic) 일치감에서 상처를 싸매고 치료해 주는 과정이 하나님 사랑과 이웃사랑 이 실천을 구체적으로 증거하는 핵심이 되기 때문이다. 만약 돌봄의 핵심이 공감적인 위로와 격려가 내재되어 있기 때문에 사마리아 사람이 마치 강도 만난 사람을 돌보듯이 구체적으로 돌보아 주어야 한다. 이처럼 목회적 돌봄은 위기 속에서 살아가는 사람들에게 전인적인 관심에 초점을 두고 있기 때문에 영적인 면에서 필요한 부분이다. 그래서 목회적인 돌봄 기도는 말씀으로 치유하고 기도로 감싸는 완결

편이라고 할 수가 있다. 성령님의 간구를 통해서 위로와 소망을 주고 낙심한자에게는 다시 일어 설 수 있는 소망을 주는 것이기 때문이다.

4. 돌봄 기도의 필요성

왜 돌봄 기도 운동이 필요한가? 그 이유는 여러 가지가 있지만 크게 3가지로 말 할 수가 있다.

첫째 산업화의 현상이다.

20세기에 와서 산업화의 현상은 놀랄만한 상태로 발전하였다. 이러한 발전으로 핵의 발달, 컴퓨터의 발명, 우주과학의 발달은 현대 사회를 기술문명사회로 발전시켰다. 이러한 첨단적인 기술의 발달은 현대인들에게 하나의 권력의지이며 종교성의 현상으로 나타나면서 기술을 현대 세계의 유일한 이데올로기로 보는 과학 만능화의 가치관들이 팽배하면서 상대적으로 신의 존재나 인간의 가치는 평가 절하되는 현상들을 빗게 되었기 때문이다.

둘째, 도시화의 현상이다.

해방 이후 한국사회의 가장 큰 특징주의 하나는 급속한 도시화의 진전이다. 도시에 인구가 집중될 때에 범죄, 질병, 실업, 주택 문제 등 엄청난 문제들이 생기게 된다. 나아가서 공기오염 등을 통한 환경 문제가 심각하게 등장한다. 이러한 부정적 측면들 속에서 도시가 안고 있는 선교적 의미는 매우 크기 때문이다.

셋째, 세속화 현상이다.

세속주의 세계관은 인간의 자율성(Homo Autonomous)을 우상화, 절대화하는 시각이다. 이 사상은 단순히 무신론 사상이 아니고, 하나님 자리에다 사람을 앉혀 놓는 종교 다원주의 생각이 우리 사회를 혼란스럽게 하고 있다. 그래서 교회는 어려운 이웃들을 돌보는 현장이 되어야 하고, 하나님의 치유가 일어나는 돌봄의 장이 되어야 한다.

이 시대에 진행되고 있는 대부분의 돌봄 기도는 심방, 병 문환, 위로, 격려의 상황에서 이루어지고 있다. 물론 피돌봄자가 없는 상황에서도 어떤 회중이 모여 이웃을 위해서 기도하는 경우도 있다. 그러나 대부분의 돌봄 기도는 위기 상황 속에서 면전에서 하는 기도이기 때문에 교회가 간직해 온 풍부한 목회적 자원들의 도움을 통해서도 이루어져야 한다.

5. 돌봄 기도의 내용과 순서

돌봄 기도는 상처받고 고통 받는 피돌봄자를 대상으로 행해지는 기도이기 때문에, 기도 이전에 먼저 피돌봄자에 대한 충분한 정보 습득과 이해가 선행되어야 한다. 실제로 돌봄 기도를 할 때에는, 먼저 피돌봄자의 상처와 고통을 이해한다는 공감을 표시하여 피돌봄자로 하여금 돌봄자도 자신의 아픔을 함께 나누는 자임을 신뢰케 하는 것이 중요하다. 그리고 난 다음 돌봄자와 피돌봄자 사이의 신뢰감이 형성되고 난 이후에 피돌봄자의 상처와 어려움에 대해서 하나님의 기도를 통해서 간구해야 한다. 이때 간구하는 과정에서 성경 말씀이나 성경중의 인물을 적절히 거론하는 것은 효과적이지만 그렇다고 모든 상황이 비슷할 뿐 피돌봄자와 일치하지 않는다. 또한 상황에 맞지 않거나 지나치게 설교적이거나 교훈적인 기도를 해서는 안 된다. 기도는 간구이지 권면이나 교훈이 아니기 때문이다. 그 이후에 피돌봄자의 가족에 대한 기도도 함께 하는 것이 좋다. 피돌봄자에게 있어 피돌봄자의 가족은 절대적인 존재이기 때문이다. 그래서 다음과 같이 돌봄 기도를 할 수가 있다

6. 돌봄 기도 사례

1) 치유를 위한 돌봄 기도
사랑과 은혜가 풍성하신 하나님 아버지 감사합니다.
어리석음으로 어둠 속에서 헤매는 저희들을 버려두지 아니하시고, 소망의 빛을 보여 주시고 새 생명을 주심을 감사드립니다. 하나님 아버지, 주님의 그 은혜에 감사하여 주께서 기뻐하시는 삶을 살기를 원하지만 나태한 일상 속에서 안주하며 형제와 이웃을 사랑하지 못한 저희들을 불쌍히 여겨 주옵소서.
이 시간 병든 자에게는 찾아오시어서 능력의 손으로 붙잡아 주시고, 깨끗이 낫게 하시고, 하늘의 소망을 보여 주옵소서. 생활에 지친 자에게는 주께서 친히 그 손을 잡아 주시고, 마음에 상처받은 자 있거든 그 마음을 위로하시고 치료하셔서 새 힘을 주옵소서.
전능하신 우리 하나님!
우리는 다 하나님의 백성이요 주의 기르시는 양입니다. 목자 되시는 주님께서 능력과 권세로 주의 백성들을 치료하여 주옵소서. 마음의 병도, 육체의 병도, 생활의 병도, 고쳐 주옵소서. 이 시간 나사렛 예수님의 이름으로 명하노니 질병과 고통은 몸에서 떠나가게 하시고 예수님의 이름으로

치료하여 주옵소서. 수고하고 무거운 짐을 모두 맡기오니 주님께서 이 시간 우리의 모든 짐을 맡아 주심으로 주의 놀라운 평강이 심령 속에 넘쳐나게 하여 주시옵소서. 우리를 돌보시는 예수님의 이름으로 기도합니다. 아멘

2) 가정들을 위한 돌봄기도

나의 힘이 되신 여호와여, 영광과 존귀를 받아 주옵소서. 만유를 통일하신 주님은 알파와 오메가이시며 우리의 믿음과 사랑과 희망의 근원이심을 믿습니다. 찬양 받으시기에 합당하신 주님 앞에 저희들이 모였사오니 소망의 공동체가 되게 하옵소서. 영원한 생명 샘에서 생수를 마시며 목마르지 않는 민족을 얻게 하옵소서.

세상에서 저희들은 죄로 말미암아 더러워져 있으나 이 은총의 자리에서 깨끗함을 받고 옳다함 입어 영혼이 새로워지게 변화시켜 주옵소서. 저희들은 오직 하나님만이 저희 길을 완전케 하시며 우리로 실족치 않게 하심을 믿습니다. 주께 의지하오니 저희의 걸음을 인도하시고 주의 온유함으로 입혀 주옵소서.

하나님 아버지, 저희의 마음과 정성을 다하여 산 제사를 드리오니 받아 주시고 하늘의 문을 활짝 여시어 각양 은혜와 은사를 내려 주옵소서. 우리 가정이 주의 은혜로 채워지게 하시며 사업이 번창하고 발전하게 하여 주옵소서.

약한 자와 병든 자와 슬픔과 환난을 당한 자들을 위로해 주시어서 강함을 주시고 근심과 고통의 신음소리가 찬송의 소리고 바뀔 수 있는 놀라운 역사를 베풀어 주옵소서. 말씀 속에서 하늘의 평안과 은혜를 체험하게 하

시어서, 지금 저희의 심령 속에 오시어 주님이 빛으로 모든 어둠을 몰아내 주옵소서. 예수님의 이름으로 기도 드립니다. 아멘

3) 주일 낮 예배를 위한 돌봄 기도
사랑과 은혜가 풍성하신 하나님 아버지!
이 거룩한 주일에 주님 앞에 나아와 예배하게 하시니 감사합니다. 이 시간 우리 마음에 회개의 영을 부어 주셔서 죄악으로 더럽혀진 우리의 심령을 깨끗하게 씻어 주시고 정결한 영혼이 되게 하여 주시옵소서. 저희들 주님이 주신 주의 날에 지친 몸과 영혼을 가지고 나왔사오니 이 시간 쉼을 주시고 우리의 심령에 영혼의 꼴을 먹여 주시옵소서. 예배를 통하여 우리 마음에 기쁨과 감사함과 평안함과 찬양이 넘쳐나게 해 주시고. 천국의 비밀도 맛보아 알게 하시며 하나님의 나라가 우리를 통해서 지경이 넓혀지는 시간이 되게 해 주시옵소서.
주의 종을 통해서 말씀하시는 주님의 음성을 들을 수 있도록 귀를 열어 주시고 선포되는 말씀 위에 성령님께서 함께 하여 주시어서 은혜가 충만한 시간이 되게 해 주옵소서. 기쁨으로 주님께 예배하는 삶이 되게 하시고 풍성한 은혜를 체험하는 시간 되게 하옵소서. 변화를 체험하는 예배가 되게 하셔서 우리의 연약함이 건강함으로, 우둔함이 슬기로움으로 변화되게 하여 주시어서 성부, 성자, 성령의 임재를 체험하게 하여 주시옵소서. 주님의 피 묻은 십자가를 더욱 힘있게 붙드는 시간이 되게 하셔서 가난한자들과 병든 자 들이 위로함을 얻고 많은 영혼들이 주님께로 돌아올 수 있도록 인도하여 주시옵소서.
고아와 과부들, 눌린 자들이 주님의 참 소망을 가져서 이 세상을 이겨낼

힘과 용기를 주시옵소서. 예배의 모든 순서 위에 함께 하시어서 성령으로 충만하게 하시고 능력의 시간이 되게 하여 주시옵소서. 저희들 이 예배를 마치고 세상에 나가서 한 주간 살 때에도 빛과 소금의 역할을 온전히 감당할 수 있는 일군들이 되게 하여 주시옵소서 감사하오며 사랑이 많으신 예수님의 이름으로 기도 드립니다. 아멘.

4) 구역에서의 돌봄 기도
한 사람의 영혼을 천하보다도 더 귀히 여기시는 하나님!
세상에 너무도 약하고 부족한 저희들을 택하여 주님의 자녀 삼아 주시고 교회의 한 구역의 줄로 재워 주셔서 감사합니다. 우리에게 주님을 향한 열정과 사랑을 더하셔서 한 가족이 되게 하신 구역원 한 가정 한 가정을 서로가 사랑으로써 섬기며 나아가게 해 주옵소서. 우리 구역의 성도들 한 사람, 한 사람 신앙이 날로 성장케 해 주시고 각 가정마다 예수님을 모시고 사는 천국이 되게 하여 주시옵소서.

하나님 아버지,
구역들로 인하여 초대교회의 성령의 충만한 역사가 일어나게 하시어서. 우리 교회가 말씀으로 충만하고 은혜와 사랑으로 충만하게 하여서 날로 뜨겁게 되기를 원합니다. 모든 구역이 교회를 크게 부흥시키는데 큰 힘이 되게 하여 주시옵소서. 각 구역의 각 가정을 심방할 때마다 사랑으로 소망을 전하게 하시고 하나님의 일을 충성되게 할 수 있게 해 주시옵소서.
어려운 일이 있는 가정에 주님이 함께 하셔서 믿음으로 잘 극복하게 하시고, 믿음이 더해가고, 사랑이 더해가고, 은혜가 더욱 넘쳐나게 해 주시옵소서. 성도의 가정에 날마다 영적인 부흥의 은혜가 넘치게 하시고 만나는 사람들이 주님 앞으로 돌아오는 감동이 있게 하여 주시옵소서. 어떤 경우에도 낙심치 말게 하시고 인내하며 승리케 하여 주시어서 구역마다 주님의 은혜와 사랑이 넘쳐나게 하여 주옵소서. 사랑이 많으신 예수님 이름으로 기도합니다. 아멘.

5) 자살하려는 자의 돌봄 기도

사랑하신 하나님 아버지의 은혜를 감사드립니다.

이제까지 저희들의 생명을 안보 하시고 보호하여 주신 은총을 다시 한 번 감사드리며 사람의 목숨이 질그릇보다 더 약하다는 것과 우리의 생명이 우리 것이 아님을 깨닫게 하시오니 감사합니다. 모든 일을 선하게 인도하시는 하나님 아버지. 아담이 범죄한 이후 이 땅위에는 고통과 근심이 끊이지 않고 있습니다.

여기 한 지체가 삶의 무게를 감당키 어려워 모든 것을 내려놓고 어디론가 훌쩍 떠나버리고 싶은 마음을 가지고 있습니다. 그러나 내 생명이 내 손에 있지 아니하고 인생의 생사화복을 주장하시는 하나님의 손에 있음을 이 시간 고백합니다. 비록 낙망하여 어려움 속에서 있지만 이때 더욱더 하나님을 바라보는 믿음이 큼으로 근심에서 벗어나게 하옵소서. 이 시간 기도하오니 주님의 은혜로 모든 무거운 짐들이 벗겨지게 하시고 성령의 밝은 빛으로 인하여 마음에 기쁨과 평안이 물밀 듯 임하게 하옵소서. 보혜사 성령의 역사로 세상이 알지 못하는 평안을 알게 하시고 간직하게 하여 주옵소서. "너희는 마음에 근심하지 말라 하나님을 믿으니 또 나를 믿으라"라고 친히 말씀하셨으니 참으로 하나님을 믿고 주 예수 그리스도를 나의 생명의 주로 믿음으로 참 자유함을 얻게 하여 주옵소서.

그래서 하나님께서 주신 생명을 소중하게 여기고 주님의 뜻을 따라서 살게 하옵소서. 주님의 능력으로 새롭게 하여 주시어서 어떤 어려움과 역경도 이기고 승리하게 하옵소서. 주 예수의 권능이 함께 하심으로 승리자의 삶이 되게 하여 주옵소서. 살아 계신 예수님의 이름으로 기도 드립니다. 아멘

6) 돌봄 기도의 축복

돌봄의 대상은 누구인가? 우리는 약하고, 병들고, 실패하고, 중독으로 메인자들만이 돌봄의 대상으로 생각하기 쉽다. 그러나 우리의 돌봄의 대상은 모든 사람들을 대상으로 한다. 모든 사람들에게 사랑이 필요하고, 위로가 필요하기 때문이다(딤전 2:1). 예수님께서도 우리가 이웃을 돌봐야 할 것에 대하여 이렇게 말씀하셨다.

> 내가 주릴 때에 너희가 먹을 것을 주었고 목마를 때에 마시게 하였고 나그네 되었을 때에 영접하였고 벗었을 때에 옷을 입혔고 병들었을 때에 돌아보았고 옥에 갇혔을 때에 와서 보았느니라 이에 의인들이 대답하여 가로되 주여 우리가 어느 때에 주의 주리신 것을 보고 공궤하였으며 목마르신 것을 보고 마시게 하였나이까 어느 때에 나그네 되신 것을 보고 영접하였으며 벗으신 것을 보고 옷 입혔나이까 어느 때에 병드신 것이나 옥에 갇히신 것을 보고 가서 뵈었나이까 하리니 임금이 대답하여 가라사대 내가 진실로 너희에게 이르노니 너희가 여기 내 형제 중에 지극히 작은 자 하나에게 한 것이 곧 내게 한 것이니라 하시고(마 25:35-40)

물론 이 말씀은 돌봄의 중요성을 의미하고 있다. 이처럼 돌봄 기도의 가장 큰 축복은 기도를 통하여 피 돌봄자들의 삶이 행복해지고 그들의 약한

것이 강하게 되고, 상한 것이 치료되는 것이다. 이때 돌봄자 또한 목자의 심정으로 행해지는 것이기 때문에 신앙도 더 확신에 거하게 되며 성숙될 수 있기 때문이다.

　결론적으로 돌봄 기도는 목회자와 성도들이 필히 행해야 할 본분이요 의무이다. 이일을 통해서 자신이 영적인 축복을 얻을 수 있고 다른 사람들을 위해서 누군가를 돕는 은혜를 체험을 함으로서 더욱더 견고한 신앙을 소유하게 된다. 이러한 축복은 누군가를 돕는 자만이 가지는 행복이며, 참 기쁨이 되기 때문에 돌봄 기도는 목회 사역에 꼭 필요한 중보 사역이다.

돌봄 설교

Care and Counselling
6. 돌봄 설교

지나간 시대에 한국 교회의 패러다임은 그때그때마다 자기 변신을 이루며 하나님을 섬겨왔다. 그래서 1950년대에는 민족의 상처 속에서 위로의 목회를 해야만 했고, 1960년대에는 가난 극복이 목회의 최대 관심사였기 때문에 삼박자 설교를 해야 했다. 1970년대에는 독재에 항거한 정의의 목회 패러다임과 그리고 성령의 목회가 동시에 공존한 시대였다. 그리고 1980년대에는 성경 교육의 중요성을 강조한 목회였고, 1990년대에는 열린 목회와 찬양이 강조된 목회였다. 그러나 21세기 목회에는 개인의 인격을 존중하는 치유와 돌봄으로 가야 한다.

지금 이 시대는 이혼과 자살, 우울증, 외로운 노인 문제 등으로 인해서 너무나 빠르게 우리 사회를 혼란스럽게 하고 있다. 그래서 교회는 어려운 이웃들을 돌보는 현장이 되어야 하고 하나님의 치유가 일어나는 돌봄의 장(Care Ministry)이 되어야 한다. 이러한 사회 속에서 목사는 성도들에게 마음의 상처를 치유 할 수 있는 돌봄의 설교가 필요하다.

설교에는 전통적으로 네 가지 복음적, 목회적, 교리적, 그리고 도덕적 차원이 있어야 한다. 각 시대마다 강조점이 다르지만 설교는 목회적 차원에서도 그 역할은 하나님 말씀의 선포요, 위로와 신학적 주제와 가르침들이 다 들어 있기 때문에, 말씀 속에 돌봄의 사역이 포함되어야 한다. 그래서 자신의 마음을 오픈(open)하지 않고 문제를 스스로 해결하려고 하는 사람들에게 말씀(내적 치유)으로 성도들을 돌봐야 한다. 설교의 중심은 언제나 살아 계신 하나님을 선포하는 것이므로 죄의식으로 고민하는 사람에게 죄책감을 씻으시고 그의 상처를 치유하게 하기 때문이다.

1. 상담에 근거한 돌봄

인간이 타락한 이후 모든 사람들은 불안, 외로움, 죄책감, 분노, 우울증, 열등감 등의 문제가 자동적으로 해결되는 것이 아님을 깨닫기 시작했다. 그러므로 교회는 사람들의 고민에 접근하면서 정서적 문제와 내적 갈등을 파악하고 위기 극복을 도와주는 사역을 해야 한다. 이때 돌봄 설교를 통해서 건강한 사람에게는 예방적인 차원의 돌봄을 주어야 하며, 약한 사람에게는 치료적인 측면에서 도움을 주워야 한다. 이처럼 목회자들은 설교를 통한 효과적인 목회적 돌봄(pastoral care)을 이루기 위해서 인간 심리에 대한 통찰력을 가지고 있어야 한다. 이때 청중들이 가지고 있는 깊은 내면의 소리에 귀를 기울이지 않는 설교는 아무런 반응도 역사도 일어나지 않기 때문이다.

상담이 인간의 심리를 과학적으로 분석해서 문제의 원인이 무엇인지를 분명히 파악해 준다해도 치유와 함께 돌봄적 설교가 없다면 온전한 치유가 이루어지기 힘들다. 왜냐하면 언제나 치유의 현장에는 돌봄이 필요하기 때문이다.

2.돌봄 설교의 필요성

현대 설교의 맥락은 대부분이 강해 설교라야 된다는 사고이다. 그 이유는 성경이 말하는 바를 그대로 증거하고, 적용해서 말 할 수가 있기 때문이다. 그런데 여기에 함정이 있다. 성경 어떤 부분이든지 오직 강해 설교해야 한다는 법칙은 없다. 때로는 제목 설교가 필요 할 때가 있고, 영해 설교가 필요 할 때가 있다. 병든 사람에게 가서 설교 할 때는 희망과 용기를 주는 치유설교를 해야 한다.

또한 임종예배 때, 장례예배 때, 또는 개업예배 때에는 상황에 맞는 주해설교를 대부분 한다. 그러면서 병든 자들에게는 용기와 치유의 설교를 하고, 슬픈 자들에게는 위로의 설교를 한다. 또는 낙심과 좌절과 삶의 용기를 잃어버린 사람들에게는 삶의 용기를 주는 돌봄의 설교를 해야 하는 것이다. 그런 의미에 있어서 돌봄의 설교는 필요하다.

돌봄 설교의 필요성은 역동적인 힘이 있다. 매 주일 좌절하고 용기를 잃어버린 사람들에게 희망을 줄 수 있는 말씀은 성경이 말씀하는 역동적인 소망의 말씀이다. 어쩌면 이것은 인간이 가지고 싶은 최대의 희망이며 기대이다. 이 기대가 있기에 죽는 순간까지 예수님의 나의 죄를 다 용서하시고 은혜 주셔서 천국에 갈 수 있다고 끝까지 믿기 때문이다.

3. 목회적 돌봄의 설교란 무엇인가?

오늘날 설교를 통해 효과적인 목회적 돌봄을 이루려면 인간 심리에 대한 어느 정도의 통찰력을 갖고 있어야 한다. 그래서 돌봄 설교는 구체적으로 인간의 문제를 파악하고 난 후 인간의 병든 마음, 상처 입은 마음의 뿌리를 구체적으로 알고 말씀으로 대처하는 설교와 인간의 상처에 대해 아무런 구체적인 상식이 없는 상태에서 진리만 전하면 된다는 설교는 치유 효과에 있어서 명백히 큰 차이가 있다.

윌리엄 웰리몬(W. Wellimon) 목사는 "돌봄 설교란, 말씀을 듣는 오늘날의 사람들로 하여금 그들을 위한 옛날의 하나님의 말씀으로 들을 수 있도록 목사가 이 두 현실 상황을 결합시키는 행위"라고 정의하였다. 그러므로 무엇보다도 설교자는 전문학적 목회 상담자의 입장에서 전체 회중들이 처한 상황을 파악할 수 있어야 한다. 그래서 하우어(Reul L. Howe) 박사는 설교에 대한 평신도들의 부정적인 반응을 다음과 같이 세 가지로 말한다.

첫째로 설교가 너무 많은 관념들을 전달하고 있으며, 둘째로 설교에 분석은 많은데 그 해답은 너무 적으며, 셋째로 설교가 형식적이어서 개인과 관계가 없는 것에 집중하는 설교를 한다고 지적하였다. 단적인 예로, 악트마이어(Elizabeth Achtemeier) 박사는 주일 아침마다 예배당 좌석에 앉아 있는 회중들의 주요 관심사가 두 가지라고 말하였다. 하나는 일상적인 일에 관한 관심사이고 다른 하나는 자신의 가정과 가족 관계에 관한 관심사이다. 그러나 이 두 가지 관심사를 설교자들은 가장 소홀히 여기고 있다. 그 이유는 무엇인가? 성도들을 구체적으로 돌보는 방법을 잘 모르기 때문이다. 목회자들은 성도들을 돕는 방법이 기도와 심방으로만 돕는다고 생각하는 경향이 있다. 그러나 이 시대는 개인화된 삶으로 인하여 심방을 원치 않고 있기 때문에 내적 문제와 외적 문제로 고민하는 성도들을 잘 돌볼 수 있는 방법은 돌봄 설교이다.

목회자들이 돌봄 설교를 하기 위해서는 오늘날 상처받은 회중을 향한 치유 상담과 함께 돌봄의 설교가 절묘하게 결합이 되어져 회중에게 삶의 용기와 힘을 줄 수 있는 말씀을 선포해야 한다. 예를 들면, 죄책감으로 깊은 상처를 안고 있는 성도에게 죄책감의 의미와 죄책감을 벗어버려야 할 이유 등을 설명하는 것이 아니라, 그들에게 문제에 대한 해답을 주는 치유 설교를 통해서 돌봐야 한다.

모든 설교가 그렇듯이 설교의 중심은 살아 계신 하나님을 선포하는 것이기 때문에 죄책감으로 고민하는 사람을 설교를 통하여 그를 찾아오시는 하나님을 만나게 함으로서 그의 상처를 치유해 주는 것이다. 그래서 돌봄 설교는 상처 입은 자들, 고난 당하는 자들, 슬픔에 잠긴 자 등의 사람들이 가지고 있는 삶의 문제를 하나님을 만남으로 그 안에서 새 삶을 발견하며 생명의 소중함을 느끼게 해주는 것이다

4. 돌봄 설교의 목적

어느 날 예수님은 자신을 따르는 사람들에게 복음을 선포하고, 가르치고, 교육하고, 설교하면서 자신이 이 땅에 온 이유를 "내가 온 것은 양으로 생명을 얻게 하고, 더 풍성히 얻게 하려는 것이라"(요 10:10)고 말씀하였다. 즉 주님이 이 땅에 오신 목적은 우리에게 생명을 주시되 풍성하고 충만한 삶을 영위하도록 하기 위하여 오셨기 때문에 돌봄 설교는 두 가지 목표

를 가지고 있어야 한다. 그것은 회중 들로 하여금 생명(Eternal Life)을 얻게 하면서 풍성한 삶을 살게 하기 위해서이다.

그래서 돌봄 설교는 위기에서 벗어나서 생명을 건지는 것이요, 병을 고치는 것이요, 죄사함을 받는 것에 집중하면서 구체적으로 파악된 인간의 문제에 대하여 말씀으로 어떻게 대처하는 가를 제시해야 한다. 이에 비해서 목회적 설교는 교리적 설교와는 달리 인간의 삶의 정황에서 출발하여 인간의 삶의 모습을 정직하고 명료하게 분석하고 반영해 줌으로 내면으로부터의 깨달음과 자기 발견과 회개의 결단으로 인도하지만 돌봄적 설교는 선한 목자가 양들을 돌보는 것처럼 삶의 모습을 발견하고 그것을 하나님 안에서의 연약한 우리를 돌보시는 것을 반영함으로 응답해 가도록 준비하는 설교이다. 즉 나를 이해해주는 그 설교자의 눈 빛 안에서 자기의 모습을 보는 동시에 사랑과 은총이 담긴 그리스도의 눈길을 느끼게될 때 치유와 성장이 일어나기 때문이다.

5. 돌봄 설교의 준비

목회의 현장에는 목회자로부터 소외(외면)뿐 아니라 그 잃어버린 양들의 숫자가 상상외로 증가하고 있지만 대부분의 목회자는 잃어버린 양들의 숫자가 극소수라고 생각하기 쉽다. 그 원인은 목회자에게만 있는 것이 아니라 사회 환경과 회중에게도 문제가 있기 때문이다. 그러므로 목회자는 하나님을 경배하려 나아 온 회중들을 단지 예배의 참석자로서만 보는 것이 아니라 그들이 상처를 받고 돌아온 개인들로 바라보며, 심층적 삶 속 깊이까지 연구하고 탐색하면서 설교를 이렇게 준비해야 한다.

6. 돌봄 설교 제목 정하기

　돌봄 설교의 주제는 단순히 회중의 문제나 위기나 갈등에 대한 성경적 해결책을 제시하는 데에 초점을 맞추어 문제 해결에 치중하는 경향뿐만 아니라 교육과 예방과 정보의 제공까지도 포함하는 다양한 면들이 포함되어야 한다. 그러기 위해서는 주제와 본문이 성경적인 시각으로 균형을 잡는 안목을 가지고 '상담'과 '설교'를 접목시켜야 한다.

　그래서 돌봄의 설교 주제를 선정 할 때는 첫째, 성경말씀이 해답을 제시하는 주제를 선정한다. 둘째, 회중의 필요에 대해 객관성이 있는 주제를 선정한다. 셋째, 가장 우선적으로 필요한 주제를 먼저 선정한다. 넷째, 가장 준비를 잘 할 수 있는 주제를 먼저 선정한다. 다섯째, 특정한 개인에게 부담을 주지 않는 주제를 선정한다. 여섯째, 다양한 주제들을 균형 있게 선정한다. 일곱째, 가능한 경우에는 연속적인 주제를 선정한다. 여덟째, 적절한 경우에는 누구나 공감 할 수 있는 주제를 선정한다. 아홉째, 다른 분야의 설교들과 조화를 이루는 주제를 선정한다. 열째, 다른 분야의 설교들과 균형이 있는 배열을 한다. 마지막으로 주제는 기독교적 이여야 하며, 그리스도에게로 인도하는 것이어야 한다. 그래서 돌봄 설교의 주제를 더욱 구체적으로 말하면 다음과 같이 정하는 것이 좋다고 본다. 첫째, 간결한 것을 고른다. 둘째, 기억하기 쉬운 것을 택한다. 셋째, 본문의 내용을 포괄하는 것을 선정한다. 넷째, 호기심을 끄는 것을 선택한다. 다섯째, 지나치게 자극적인 표현을 피한다. 여섯째, 이미 익숙한 것을 활용한다. 일곱째, 가능하다면 새로운 것을 고안한다. 여덟째, 다양한 변화를 준다. 아홉째, 경우에 따라서는 연속 돌봄적 설교를 시도한다. 열째, 긍정적인 제목을 제시한다. 그러나 이러한 제목들은 참고일 뿐 원칙은 아니며 본문 속에서 제목을 찾아도 무방하다. 이때 주의 할 점은 설교 제목이 평범해서는 안 된다. 제목(Title)만 보고도 이번 설교는 돌봄 설교라는 것이 즉각적으로 와야 한다. 즉 회중이 흥미를 가질 수 있도록 해야 하며, 호기심을 유발하는 제목이 되어야 한다.

7. 돌봄 본문 설정하기

주제를 선정했으면 성경에서 본문을 선택 할 때 그 주제를 가장 포괄적으로 다루면서도 그 주제의 내용을 정확하고도 적절하게 다루고 있는 본문을 선택해야 한다. 예를 들면 시편 23편, 시편 28편, 시편30편, 요한복음 10장, 15장, 누가복음 15장, 요한계시록 7장에서 목자의 돌보심을 구체적으로 볼 수가 있다.

요한복음 10장을 보면 예수님은 사랑하는 제자들에게 두 가지 돌보심을 보여 주셨다. 하나는 선한 목자의 돌보심이고 다른 하나는 거짓 목자의 돌봄이다. 선한 목자의 돌봄은 예수님께서 친히 자기 양들을 돌보신 사건을 가리키는 것을 말한다. 즉 선한 목자라는 말을 현대적인 의미로 표현하자면 '리더'라는 뜻이다. 좋은 리더는 한 개인, 교회, 민족을 변화시킬 수 있다는 표현이다. 또 다른 하나의 리더십은 선한 목자와 반대되는 삯군 목자이다. 삯군 목자는 거짓 목자이다. 그는 위기가 닥치고 이리 떼가 몰려오면 양들을 이용해 자신의 이익만 챙기고 약탈을 일삼다가 양들을 버리고 도망가 버린다. 그러나 선한 목자는 양들을 위해 자기 목숨까지도 희생한다. 그러기 때문에 선한 목자는 양들의 수가 많고 적음을 생각지 않는다. 그는 한 마리 잃어버린 양을 찾기 위해 아흔 아홉 마리 양을 우리에 남겨두고 위험을 무릅쓰고 나선다. 그것은 경제적으로 수지가 맞지 않는 일이며 논리적으로도 해석이 되지 않는 부분이다. 그러나 사랑은 경제나 논리가 아니다. 목자는 한 마리 잃어버린 양을 찾기 위해 밤길도 마다하지 않고 잃어버린 양을 찾을 때까지 수고를 아끼지 않는다.

그러다 잃어버린 양을 찾았을 때, 목자는 크게 기뻐하고 기뻐한다. 이런 리더를 가리켜 선한 목자라고 말한다. 그래서 선한 목자는 세 가지 특징이 있다. 첫째, 선한 목자는 양을 우리 가운데로 안전하게 인도하고. 둘째, 선한 목자는 양들을 푸른 초장과 잔잔한 시냇가로 인도해 풍성한 꼴을 먹이며, 셋째, 선한 목자는 양들을 위해 어떤 위기나 위험도 친히 감당하고 자신의 목숨을 아낌없이 버린다는 점이다. 이러한 주제를 가진 돌봄의 본문을 선택할 때 돌봄 설교는 그 가치를 더 할 수가 있다.

8. 돌봄 찬송가 선택하기

찬송은 돌봄 사역 속에서 설교 이후에 평정을 찾게 하는 요소 가운데 하나이다. 찬송 할 때 사람들은 하나님께서 지금의 나를 어떻게 돌보고 계시는가를 알 수가 있다. 욥기에 보면 하나님께서 "무지한 말로 이치를 어둡게 하는 자가 누구냐 …그 때에 새벽 별들이 함께 노래하며 하나님의 아들들이 다 기쁘게 소리하였었느니라"(욥 38:2-7) 이렇게 경책하셨다. 즉 이 말씀은 하나님께서 욥을 어떻게 돌보시는가를 보여주는 부분이다.

사람은 공포에 사로잡혀 있을 때, 외롭고 쓸쓸할 때, 위로의 은혜를 체험 할 때, 하나님께서 우리를 돌보고 계시는 것을 찬송을 통해서 쉽게 알 수가 있다. 이처럼 찬송은 마음의 짐을 가벼워지게 하면서 하나님이 함께 계심을 느끼게 하는 힘이 있다. 그래서 찬송은 우리가 아주 어려운 형편에 처했을 때에 하나님의 임재하심을 가장 뚜렷하게 느끼는 은혜의 방편이기 때문이다.

그래서 우리가 부르는 찬송가 558장 전체가 주님의 돌보심의 찬송이지만 그 중에서도 속죄(182-202), 부르심과 영접(313-329), 회개와 사죄(313-329), 신뢰와 확신(340-345), 인도와 보호(419-463), 평안과 위로(464-478), 신유(528-530), 소망(531-545) 등은 돌봄 설교에 부를 수 있는 가장 좋은 부분이다. 하나의 예를 들면 찬송가 453장에서 '주는 나를 기르시는 목자요 나는 주님의 귀한 어린 양 푸른 풀밭 맑은 시냇물가로 나를 늘 인도하여 주신다. 주는 나의 좋은 목자 나는 그의 어린 양 철을 따라 꼴을 먹여 주시니 내게 부족함 전혀 없어라' 이 찬송처럼 좋은 돌봄은 없다. 주님이 나의 선한 목자가 되시어서 맑은 시냇물가로 인도하신 다는 사실은 어려움 속에 있는 사람들에게 시원함을 주는 돌봄이기 때문이다. 그래서 더욱더 돌봄의 은혜를 체험하기 위해서는 약간의 가사를 변형시켜서 부르는 곡도 있다.

예를 든다면 찬송가 528장 '주여 나의 병든 몸을'은 가사 중에 '몸'이 나오면, '맘'으로 바꾸어 불러도 좋다. 현대인은 과거보다도 마음의 병이 더 심각하기 때문이다. 또한 찬송가 186장 후렴 부분에서 골고다를 예수님으로 바꾸어도 되는 것이다. 또한 찬송가 528장에서 '주여 나의 병든 몸을'에서 '주여 나의 병든 맘을'로, '간구 하는 나의 몸을'에서 '간구하는 나의 맘을'로, '나의 몸을 어루만져'에서 '나의 맘을 어루만져'로 바꿀 수 있다. 이러한 돌봄의 정신으로 찬송을 할 때 상처 난 마음을 치료하고, 위로하기 때문에 개사해서 불러도 되는 것이다.

9. 돌봄 설교 이렇게 행하라

예수님은 그 당시 청중들을 대 할 때 목회적인 돌봄의 정신으로 그들을 돌보았다.

> 공중의 새를 보라 심지도 않고 거두지도 않고 창고에 모아 들이지도 아니하되 너희 천부께서 기르시나니 너희는 이것들보다 귀하지 아니하냐(마 6:26).

> 백합화를 생각하여 보아라 실도 만들지 않고 짜지도 아니하느니라 그러나 내가 너희에게 말하노니 솔로몬의 모든 영광으로도 입은 것이 이 꽃 하나만 같지 못하였느니라(눅 12:27).

이 말씀은 하나님께서 성도들을 어떻게 돌보시는 가를 보여 주는 말씀이다. 이러한 돌봄 속에서 예수님은 죄 가운데 있는 수가성의 여인(요 4장)과 만나게 된다. 이 여인이 예수님을 만나게 된 동기는 물을 길러 나온 것, 즉 개인적인 필요에 의한 것이었다. 예수님은 수가성 여인에게 물을 달라 하고 하면서 그녀와의 대화를 통해서 이 여인의 문제를 제기하여 생의 활기를 찾게 하여 주셨다. 이러한 돌봄을 통해서 수가성 여인은 영원한 생명에의 확신과 소망의 변화를 체험하게 하신 것이다. 그래서 설교의 지적인 측면이나 신학적 바탕은 중요하다.

사람이 지적인 면에 의해서 인격변화가 크게 일어나지 않는다. 인간의 마음은 자신의 마음을 공감하는 사람을 만날 때 쉽게 열린다. 즉 설교자가 자신의 이야기를 대신해 줄 때, 자신의 상처 입은 마음을 공감해 줄 때, 설교를 듣는 청중은 자기 자신에 대하여 긍정적으로 느끼게 되며 모든 염려에서 벗어나 소망의 길로 인도함 받게 된다.

자기 자신을 받아주지 못하고 열등감으로 미워하던 마음도 자신을 받아

주는 설교자를 통해서 자신의 모습을 바로 보게 되며 새로운 시작을 할 수 있게 된다. 반면에 설교가 질책과 죄책감, 그리고 공포를 조장하게 되면 청중은 심리적인 반응을 일으키게 되고, 심리적 장애는 신체적 이상까지 초래할 수 있다. 이렇듯 효과적인 돌봄 설교를 위해서는 회중들의 삶의 필요를 파악해야만 한다. 그래서 설교자가 교인들의 삶의 현실을 이해하고 저들의 고뇌와 마음을 읽는 것은 상담에 있어서 경청하는 일과 같은 것이다. 이때 청중들은 자기들의 문제에 대해 심리학적인 해답만을 원하는 것이 아니라 성경말씀으로부터 해답을 기대한다.

그래서 돌봄 설교자들은 말씀을 소홀히 하고 인간 마음의 진단과 처방에만 치중한다면 좋은 설교는 아니다. 이것은 프루이저(Paul W. Pruyser)의 말처럼, 목회적 돌봄 설교를 하게될 때, 회중 속에는 문제가 있는 사람, 없는 사람, 건강한 사람, 약한 사람이 섞여 있으므로 어떤 이에게는 예방적인 측면에서, 다른 이에게는 치료적인 측면에서 도움을 주어야 하는 것이다.

그래서 돌봄 설교를 이렇게 하는 것이 좋다고 본다.

1. 위로해주고 격려해 주기.
2. 힘이 없는 자를 붙들어주며. 육체적 영적으로 병들고 쇠약해져서 제 발로 서지 못하는 사람을 붙들어서 의지하고 서게 해주기.
3. 모든 사람에 대하여 오래 참으며. 자기를 반대하고 괴롭히고 박해하는 자들에 대해 실망하거나 적대하지 말고 용서하고 해결할 때까지 오래 참으며 악으로 사람을 대하지 말고 선으로, 사랑으로 대하기.
4. 어떤 조건에서도 악을 악으로 갚지 말고 언제나 선행으로 대하기.

> 5. 하나님께서 나를 언제나 돌보심을 알 수 있게 해주기(사 49:15).
> 6. 누구든지 그분을 따라가면 언제나 행복해 진다는 것을 알게 해주기.
> 7. 하나님의 섭리를 알게 해주기 등이다.

이러한 원리 속에서 말씀을 풀어 갈 때 청중은 하나님의 선하신 돌봄을 체험하게 되고 강단에서 전파되는 말씀을 통해서 위로와 새 힘을 얻게 되기 때문이다.

지금까지 한국교회는 하나님 말씀을 선포하는 설교 강단을 통하여 놀라운 발전을 이루어 왔다고 해도 과언이 아닐 만큼 설교의 중요성은 강조되어 왔고 어려운 시대를 살아가는 사람들에게 큰 힘이 되어왔다. 그러나 이제 우리 사회는 점점 복잡해지는 환경 속에서 세속가치에 영향을 받아 가는 사람들을 효과적으로 돌보기 위해서는 단지 옛 신앙전통 유산의 반복이 아니라 우리 인간의 깊은 필요에 대해 연구하는 심리학의 도움을 받아 효과적인 목회적 돌봄을 이룰 수 있도록 재조명해 보아야 할 것이다. 특히 전통과 세속 가치의 사이에서 살아가는 오늘의 한국 크리스천을 돌보아야 할 목회자들이, 이제는 복음 선포의 설교뿐 아니라 그들의 바른 삶을 살아갈 수 있도록 이끄는 설교가 강조되어야 할 상황이라고 본다.

이제 목회자들도 치유 설교를 통한 돌봄 사역을 강단에서 실천해야 할 때라고 생각된다. 목회자의 관심 있는 돌봄 사역이야말로 병들어서 신음하는 성도들에게 위로와 평안을 동시에 주면서 예수님의 사랑을 목회자로서 전파하는 사랑의 통로라고 생각된다. 그래서 돌봄 설교를 통해서 하나님의 위로와 평강의 소망을 전파하여 하나님의 나라가 확장되기를 기대해 본다.

소그룹의 돌봄

Care and Counselling
7. 소그룹의 돌봄

오늘날의 교회는 체질개선이 필요하다. 주일 예배에 집중되어 있는 교회의 예배는 전체가 함께 모여 드리기에 양육과 전도, 교제, 섬김, 중보기도 등을 할 수 없다. 또한 전문 사역이 중요하기는 하지만 유기적으로 통합되기 어렵다. 그러나 구역에서의 모임은 여러 가지 제자로서의 통합된 모임을 가질 수가 있어 가능하다. 즉 이것은 메가교회(Mega Church)중심에서 메타 교회(Meta Church)로 전환하는 방법이기 때문이다. 그래서 구역은 작은 교회로서의 균형적인 성장이 필요하다. 교회가 균형적인 성장을 위해서 먼저 해야 할 일은 사람을 세우는 것이다. 그리고 세워진 사람들을 통해서 하나님의 나라가 전파되어야 한다. 그러기 위해서는 먼저 돌봄 사역 속에서 서로 돌아(each other care)보고, 각자 자기 일(역할분담)을 통해서 상생의 원리 속에서 기러기들의 협력의 원리를 가지고 사랑으로 서로 세우는 성장 원리이기 때문이다.

구역의 소그룹은 목회적 돌봄에 있어 실로 효율적이고 유익한 구조이다. 그래서 많은 교회들 안에 다양한 소그룹들이 구성되어 있고 활성화되어가고 있는 것이다. 그 중에서도 구역 소그룹은 보편적인 소그룹 모임으로서 목회적 돌봄의 차원에서 실로 유용하게 활용될 수 있는 소그룹이라 할 수 있다.

구역 소그룹은 목회자 혼자의 힘으로 감당할 수 없는 폭넓고 깊이 있는 목회적 돌봄을 가능하게 할 뿐만 아니라, 친밀한 대면과 접촉을 통해 인간관계를 개선시킬 수 있는 교회 안의 작은 조직이기 때문이다.

1. 소그룹의 정의

구역이란 예배, 친교, 봉사, 전도, 교육을 목적으로 이것들을 구체적으로 이루기 위하여 조직된 큰 교회 안의 작은 교회의 조직이다.[7] 특히 하나님의 백성들이 교회 외적인 생활 속에서도 선별된 자로서의 생활을 하는데 도움을 주고, 믿는 성도들을 하나로 묶어 친교는 물론 구체적인 봉사, 전도 활동을 펼 수 있는 곳이다. 따라서 이러한 구역을 관리한다는 것은 거주 분포를 중심으로 하여 소그룹 적으로 구역을 조직하고, 성도들로 하여금 그리스도의 사랑에 감사하며 기쁨으로 교회 생활에 참여할 수 있도록 평신도 지도자들과 더불어 성도들의 신앙 유지, 배양을 돕는 조직적인 목회적 돌봄의 한 형태라 할 수 있다.[8] 실로 구역 소그룹의 역할은 전 교인을 체계적으로 조직, 정리하여 관리할 수 있는 여건을 마련하는 것 외에도, 성도들을 친교와 사랑의 공동체로 끌어들여 그 속에서 서로가 서로에게

---

7) 임택진 외 5인 공저, "모범 구역장" (서울 : 소망사, 1981), p.7
8) 최정성, "구역관리와 교회성장" (서울 : 엘멘 출판사, 1993), p.25

관심을 갖고 서로를 돌보게 하며, 새로 영입된 성도들의 신앙생활 적응, 성경 공부를 통한 평신도 양육, 전도를 통한 선교 사업 및 봉사활동까지 행해지는 폭넓은 소그룹 활동인 것이다.

2. 소그룹의 기원

구역의 모임은 소그룹의 한 유형으로서 근본적으로는 하나님의 역사 속에서 그 기원을 찾을 수 있으며, 특별히 교회의 시작이라 할 수 있는 초대교회의 가정 교회 속에서 그 원형을 찾아볼 수 있다. 그러나 이것보다 구체적인 조직과 형태 면에서 구역 소그룹의 기원을 말한다면 1742년 존 웨슬레가 포오이(Captain Fory)의 도움으로 조직한 속회라고 말 할 수가 있다. 웨슬레는 구역의 모임을 위해서 지도자 1명과 회원 12명으로 구성하였다.[9] 이는 그보다 앞서 1738년 계속해서 신앙생활을 성숙시켜 나가도록 사람들이 서로를 돌보고 격려하며 함께 기도하도록 하기 위해서 웨슬레가 조직했던 신도회가 그 규모가 커짐에 따라 역할을 제대로 수행할 수 없게 됨으로써 더 작은 모임으로 새롭게 조직된 것이었다.[10]

특히 웨슬레는 속회 안에 별도로 4명을 한 단위로 하는 신도 반을 조직하였고 반마다 반장을 세워 반원을 방문케 하였으며 회원 중 사고가 있을 때에는 반장이 속장에게 속장은 목사에게 보고하여 목사로 하여금 심방케 했다.[11]

---

9) 채부리, "속회안내" (서울 : 기독교 대한 감리회 교육국, 1979), p.3
10) 노종해, "한국 감리교회의 성격과 만족" (서울 : 성광문화사, 1983), pp.131-132
11) 이봉구, 안재복, "속회 조직과 관리" (서울 : 감리교 교육국, 1979), 25p.

우리나라의 경우에는 선교 초기부터 복음 전도의 자유가 금지되어 복음이 비밀히 전해지고 믿어져야 했기 때문에 자연히 사랑방과 안방 중심의 소그룹모임으로 시작할 수밖에 없었으며, 장로교회의 경우에는 네비우스 선교 정책[12](자립적인 전도와 교회 운영 정책) 하에서 자립 전도를 통해 가정들을 중심으로 순회 전도하며 전도 받은 사람들이 사랑방 모임을 통해 신앙 교육을 받고 발전함으로써 교회를 이루게 되었다.[13]

특히 1898년 평양 널다리 교회에서 시작된 한국 최초의 여전도회가 여전도회 안에 지역별로 원주회를 두었는데 이것이 바로 한국 장로교회 최초의 구역회라 할 수 있다.

3. 소그룹의 목적

구역 소그룹의 목적은 몇 가지로 말 할 수가 있다.

첫째, 하나님께 예배드리는 데 있다.

하나님께서는 우리의 찬양과 예배를 받으시기에 합당하신 분이며, 예배를 통해 우리의 삶을 변화시키는 분이다. 그러므로 구역 예배는 예배의 참된 의미와 본질을 깨닫게 할 뿐만 아니라, 예배를 통해 소그룹만이 가질 수 있는 독특한 친밀성을 갖도록 할 수 있다.

둘째, 효과적인 성경 공부를 하는데 있다.

---

12) 네비우스 정책이란 1890년 중국 산동성 지역의 미 북 장로교 선교사 존 네비우스(John Nevius 1829-1893)를 주한 선교사들이 초청하여 선교정책 세미나를 개최하였는데, 그가 소개한 선교정책을 1893년에 조직된 선교사 공의회에서 수정 . 보완하여 한국의 선교 정책으로 채택한데서 붙은 명칭이다.

13) "구역예배 공과" (서울 : 대한예수교장로회 총회 출판부, 1986), p.304

성경에 입각한 성숙한 신앙은 어려움을 이길 수 있는 힘이 되므로 구역의 성경 공부는 매우 중요하다. 따라서 구역 소그룹 안에서는 하나님의 말씀을 가지고 나누며, 그 말씀을 어떻게 적용하고 삶을 살게 하는 힘이 성경 공부 안에 있기 때문에 성경 공부를 해야 한다.

셋째, 함께 기도하는 공동체 형성을 하는데 있다.

구역 원들이 어려운 일이나 걱정스러운 일이 있을 때 혼자서는 감당할 수 없고, 더욱이 그 문제가 해결되지 않고 지속될 때에는 믿음이 약해지기 쉽고 시험에 빠질 염려도 있다. 이때 구역장(리더)이 중심이 되어 구역 성도들이 함께 모여 위로하고 격려해 주면서 서로 기도해 줄 때 큰 힘과 믿음을 얻어 문제를 이길 수 있고 해결하게 도울 수 있는 힘이 되는 것이다. 특히 아직 믿음이 연약한 성도들에게 구역 원들이 함께 하는 이웃이 되어 줄 때 그들은 더욱더 힘을 얻고 담대하게 신앙생활을 하게 되는 것이다.

넷째, 복음을 전하는 데 있다.

구역은 복음 전도의 최전방으로서, 어려운 이웃의 사정이나 서로를 가장 잘 이해할 수 있는 구역 원의 특성은 생활 속에서 복음을 전하기 쉽게 만든다. 구역원 중에서 아직 믿지 않는 가족이 있는 경우에는 특별한 관심과 호의를 베풀고, 또한 구역 모임에 믿지 않는 자들을 초청하여 서로 사귀고 복음을 전할 수 있는 전도의 장이기 때문이다. 이뿐 아니라 불신 가정을 방문하여 전도하고, 가난한 사람들을 구제하고, 병든 사람들을 찾아 위로하고 사랑으로 도와주는 일에 힘쓸 때 그것이 바로 복음 전도의 초석이 되는 것이다.

다섯째, 친교생활을 회복하는데 있다.

그리스도인들은 예수님을 중심으로 한 영육간의 교제가 반드시 있어야 하며, 그리스도 안에서의 아름다운 친교 생활을 통해 신앙생활을 풍요롭게 가꾸어야 한다. 엄격한 의미에서 혼자서는 그리스도인이 될 수 없다. 인격적인 공동체 안에서 함께 참여하고 공동체의 신앙을 함께 나누는 참된 구속적인 사랑을 통해서 끊을 수 없는 관련성을 가진 한 몸을 이루게 되는 것이다. 관계를 통하지 아니하고는 하나님과 인간, 인간과 인간과의 관계가 회복되어질 수 없기 때문에 만남이 중요하며, 그러므로 성도들은 일주에 한번은 구역 모임을 통해서 자리를 같이하고 함께 먹고 즐기면서 그리스도의 사랑을 체험하는 활동이 필요한 것이다. 즉 구역 소그룹과 같이 집집마다 다니면서 모이는 작은 규모의 코이노니아(Koinonia) 모임들은 그리스도인 한사람 한사람이 제자로서 훈련받는 일에 기본적으로 필요한 것이다.

여섯째, 교회활동을 강화하는데 있다.

교회 안의 많은 교인들은 흩어져 있는 동안 여러 가지 형편과 사정이 생긴다. 병든 자와 시험에 빠진 자, 환란을 당한 자, 슬픔을 당한 자, 기쁜 일이 생긴 자, 사업에 실패한자, 이사 온 자, 이거(移去) 하는 자 등이 생기며 개인적인 고민, 직장문제, 가정문제 등 신앙생활을 흔드는 문제들에 부딪치는 성도들이 생기기 마련이다. 그런데 이 모든 사정을 잘 알고 기도와 말씀으로 위로해 주고 문제를 해결하도록 도와주며 신앙생활을 잘 할 수 있도록 격려하는 일이 목회자 혼자만으로는 수행할 수 없다. 그러므로 이러한 문제를 극복하고 교회 전체가 유기적으로 움직이며 목회활동을 강화하기 위해서는 구역 소그룹이 활성화되어야 하는 것이다.

4. 소그룹을 통한 돌봄의 필요성

교회의 가장 작은 세포 단위인 구역 소그룹을 통해 보다 깊이 있고 실제적이며 폭넓은 목회적 돌봄이 있기 위해서는 구역의 소그룹을 통한 돌봄의 필요성을 알아야 한다. 사실 구역의 소그룹의 구조는 성도들의 형편과 처지, 문제를 가장 잘 알 수 있는 것은 거주지를 중심으로 구성되어 있기 때문에 대부분의 시간을 가정과 직장에서 보내는 성도들에게 있어서 그들의 삶의 현장에 밀접하게 연결되어 있는 이웃, 성도들인 구역원들이야 말로 가장 쉽게 문제를 터놓고 돌봄을 요청할 수 있는 대상이 되는 것이다. 이에 구역원들은 서로의 문제를 위로하며 문제 해결을 위해 도와주고 신앙의 손상됨이 없도록 보살펴 줌으로써 보다 효율적인 목회적 돌봄이 이루어질 수 있도록 해야 한다. 또한 목회자의 많은 사역과 부족한 시간으로 인해 깊이 있고 계속적인 돌봄이 어려운 것이 사실이므로, 이때 구역 소그룹을 통한 보다 깊이 있고 계속적이며 공동체적인 돌봄이 필요하게 되는 것이다.

특히 구역 소그룹은 하나님께 예배하고 말씀을 나누며 그리스도 안에서 계속적인 친교와 서로간의 삶의 나눔과 신앙 간증을 통해 신앙 안에서 보다 풍성한 대화를 나눔으로써 신앙 성장과 삶의 발전을 도모할 수 있기 때문이다. 이러한 구역 소그룹을 통한 목회적 돌봄의 필요성과 구역 소그룹이 가지는 중요한 특성은 다음과 같다.[14]

첫째, 구역 소그룹은 구역원 개개인이 그리스도와 관련된 생활을 하며, 그리스도의 뜻에 순응하는 생활을 하도록 고무시킨다(요 15:5, 눅 11:10, 행 17:28, 엡 3:17).

---

14) 송정명, "구역 운영과 소그룹", "월간 목회", 통권 54호(1981), p.55

둘째, 구역 소그룹은 구역원 피차간에 서로 이해하며 신뢰하고 친교 할 수 있게 하는 참된 공동체의 환경을 제공한다(마 18:20, 행 2:42, 엡 4:2-3, 약 5:16)

셋째, 구역 소그룹은 구역원들이 영적 성장을 촉진시켜 복음을 증거 하는데 그 일익을 감당하는 전인적 그리스도인이 되게 한다(행 1:8, 고전 13:4-7, 엡 5:1)

넷째, 구역 소그룹은 개인이 다른 사람을 위해 봉사할 수 있는 훈련을 시킴으로써 그리스도의 몸의 지체로서 온전한 삶을 살도록 격려한다(마 20:26-28, 25:35-36, 눅 10:2, 요 21:15-17, 약 2:17).

5. 소그룹을 통한 돌봄의 방법

소그룹은 참으로 다양한 사람들로 구성된다. 어떤 경우에는 단지 예수 그리스도 안에서 한 형제와 자매라는 사실 외에는 아무런 공통점이 없는 경우도 있다. 이러한 상황 속에서 그냥 다른 연령의 차이와 서로 상이점을 갖지 않은 사람들이 정기적으로 만난다고 해서 성공적인 소그룹으로 발전하지는 않는다. 그래서 서로 다른 사람들이 하나의 그룹이 되어서 서로 격려하고, 서로 신뢰하면서, 서로 돕는다는 것이 바로 소그룹의 기본적인 목표이다. 그러므로 소그룹 구성원들이 하나가 되도록 돕는 것은 말처럼 쉽지 않기 때문에 성공적인 모임을 가지려면 다음과 같은 돌봄 방법이 필요하다.

첫째, 소그룹이 성령께서 다양하게 일할 수 있는 돌봄의 장이기 때문이다. 성령께서 대그룹 안에서 사역할 경우, 사역자라는 통로를 이용할 수밖에 없는 한계가 있다. 그러나 소그룹 안에서의 성령의 사역은 상당히 역동적이다. 이는 성령께서 다양한 사람들을 다양한 방향으로 일하시기 때문이다.

둘째, 소그룹은 사람을 변화시키는 돌봄의 능력이 있다.
소그룹이라는 여건 속에서는 성령께서 각 사람마다에게 다양한 영향을 미치면서 구체적인 행동의 변화를 가져오는 효과가 탁월하다. 특히 사람의 생활 형태나 습관들을 고치는 데는 소그룹처럼 좋은 환경이 없다. 이는 자기의 생각을 고백하고 표현하는 과정을 통해서, 또는 다른 사람들의 이야기를 듣는 과정을 통해 어느 정도 서로의 삶을 비추어보게 되므로 상호 간에 강한 영향력을 주고받기 때문이다.

셋째, 소그룹은 돌봄 교육의 기능이 있다.
소그룹의 탁월한 면 중 하나는 그룹 구성원들 간의 상호관계를 이용한 학습이 가능하다는 것이다. 소그룹은 오늘날 논의되는 많은 교육환경 중 가장 효율적인 것으로 인식되는 교육환경이다. 그럴 수밖에 없는 것이 많은 구성원들 자체가 이미 교육을 위한 중요한 자료가 되기 때문이다. 이런 면에서 소그룹으로 모여 앉아 있는 사람들은 누구나 풍부한 자료를 가진 재원이고, 그 재원들이 대화를 시작하면 풍성한 나눔이 나타나기 때문이다.
넷째, 소그룹은 사회적으로 외로운 사람들의 자기표현의 장이 된다.

현대 사회의 특징은 '군중 속의 고독'이라는 표현이 의미하는 바처럼 핵가족화의 영향으로 많은 사람들이 외로움을 느낀다는 데 있다. 이럴 때 소그룹 안에서 느끼는 소속감은 큰 위안이 된다. 마찬가지로 교회 안에서 소그룹이 활성화될수록 연약한 자들, 소외된 자들, 외로운 자들이 크게 보호받을 수 있다.

다섯째, 소그룹은 자아의식을 제공한다.
이는 소그룹을 통해서 자기 자신을 이해하게 된다는 의미이다. 소그룹에 몸을 담고 어느 정도의 시간을 보내게 되면 그룹 구성원들과의 다양한 인간관계를 통해서, 또는 소그룹 활동에 참여하는 자신의 능력을 보면서 자아를 인식하게 된다.

여섯째, 심리적으로 건강해지고 치료효과가 있다.
소그룹의 특징 가운데 하나는 '일반화'라는 것인데, 그것은 내가 고민하고 걱정하고 있는 문제가 나만이 안고 있는 문제가 아니고 동시에 다른 사람의 문제이기도 하다는 것을 공감하는 것이다. 이렇게 모든 문제를 나만의 문제가 아니라 다른 사람도 겪는 문제로 일반화시키면, 이전에는 심각한 고민거리이고 자기에게 해악을 가져다주는 요소로 인식되던 문제들에 대해서도 어느 정도의 자유함을 가지고 볼 수 있는 시각이 생긴다.

일곱째, 소그룹에는 모방의 효과가 있다.
이는 다른 사람들이 잘하는 것을 보고 그대로 따라함으로써 발전을 도모하는 것을 의미한다. 지도자의 영향력뿐만 아니라 소그룹에 잘 참여하는 사람의 영향력은 크다. 따라서 한 사람만 변화되면, 나머지 사람들은 자연스럽게 영향을 받는 것이 바로 소그룹이다.

여덟째, 소그룹에서 서로 간에 개인적인 관계를 맺을 수 있는 기술을 개발한다.

사람들에게 가장 큰 관심사 중 하나는 관계를 맺는 기술인데, 소그룹 활동을 하면서 많은 사람들이 이 관계를 맺는 훈련을 하게 된다. 소그룹이 활성화되면, 대인관계의 테크닉이 형성되어 대화나 토론에서 다른 사람과의 상호 관계를 형성하게 된다.

6. 인적관리의 돌봄

먼저 부과된 임무를 가장 능률적이며 효과적으로 완수할 수 있는 일꾼들을 리더와 헬퍼로 선택하고 한 구역을 운영하는 리더(leader)와 헬퍼(helper)가 구역을 잘 관리해야 한다. 구역 리더는 구역 교적부를 작성하여 구역 원들의 가족사항, 가정 형편, 전 출입 상황, 학력, 직업, 교회 활동 상황, 직책, 그 밖의 관련 사항과 사건들을 기록해 둠으로써 구역 원들의 형편과 처지를 한눈에 볼 수 있게 해야 한다. 그리고 이를 통해 구역 원들의 교제와 훈련을 위한 계획을 수립하여 친목과 봉사에 이바지하도록 하고, 그러한 모든 사항을 구체적으로 항상 교회에 보고하여 교회에서의 성도 관리와 돌봄에 차질이 없게 해야 한다. 또한 구역의 지도자는 자신의 구역에 모르는 새신자가 생겼을 때 빠른 시간 내에 그 가정을 방문하여 직접 만나보고 새신자로 하여금 구역 활동에 참여하게 하고 구역원들과 교제를 나누도록 함으로써 서로간의 관심 속에서 성장하도록 돕는다.

그 후 새신자가 구역 조직 속에 들어오면 구역 리더는 교회와 깊은 유대관계를 갖도록 도와주어서 교회생활의 여러 가지 활동도 경험하게 해주어 신앙 생활에 빨리 정착할 수 있도록 돌봐준다. 특히 이러한 돌봄은 그 책임이 구역 리더에게만 있는 것이 아니라, 모든 구역 원에게 공동으로 주어진 것이므로 구역 원들 모두가 서로에게 관심과 도움을 줄 수 있는 관계가 되어야 한다.

7. 생활 관리의 돌봄

구역원들은 서로 상호간에 기쁜 일과 슬픈 일을 함께 나눔에 사랑의 공동체를 이루어야 한다. 구역 안팎의 크고 작은 일들, 즉 이웃에 출생의 경사가 생겼거나 결혼, 생신 등의 경사스러운 행사를 돌아보고 축하하며 격려, 교제해야하며, 가정에 뜻하지 아니한 사고나 애사 시에 전 구역 성도들이 정성을 다해서 위로하고 도와줌으로써 참된 교제를 이루어야 한다. 물질적으로도 힘대로 도우며, 정신적으로 성의를 다해 위로하고, 신앙적으로 성실하게 봉사함으로써 도와주도록 해야한다. 특별 구역 모든 제반 문제에 있어서 위로자가 되어주고 상담자가 되어 주어야 한다. 그러나 이러한 것은 몇몇 책임자에게만 국한된 것이 아니며, 모든 구역원들이 합심하여 담당할 때 진정한 소그룹적 친교와 돌봄이 이루어질 수 있는 것이다.

8. 신앙 관리의 돌봄

구역의 리더들은 구역원들의 신앙상태에 깊은 관심을 가지고 신앙생활 정체성의 혼돈에서 오는 잘못된 길에 빠지지 않도록 지도하고 권면하고 도와주어야 한다. 이것 역시 구역원 모두가 함께 토론하고 서로를 돌아보아 서로의 신앙을 관리하고 보살펴주는 것이다. 특히 리더는 구역원들이 어려운 문제가 있으면 교역자와의 긴밀한 협력을 통해 관리해 나가야한다. 여기서 구역 리더는 신앙 상담자로서 구역원의 신앙 상태를 잘 판단해 나가야 하며, 신앙적인 신임 하에서 개인의 비밀을 지켜주며 그들의 모든 사정을 성의 있고 진지하게 끝까지 들어주어야 한다. 그리고 이때 상담자 자신이 말을 많이 한다든지, 먼저 흥분한다든지, 앞장서서 문제를 끌고 가는 것은 좋지 못하다. 문제가 언제나 유동적임을 알아 감정적인 요소가 지배할 때에는 시간을 충분히 갖도록 유도하며 위로하고 기도하는 일을 잊지 말아야 한다.

또한 구역 지도자는 구역 내의 성도들의 신앙생활을 철저히 파악하고 성경적으로 올바른 생활을 할 수 있도록 강요가 아닌 격려와 지도가 필요하다. 여기에는 주일 성수 지도와 교회 교육의 참여지도, 교회 기관에의 참여지도, 교회 봉사에의 참여지도 등이 있으며, 말씀과 기도와 봉사와 전도 등의 개인 신앙생활과 가정에서의 신앙생활 지도, 직장과 사회에서의 신앙 생활지도, 특수한 생활에서의 신앙 생활지도 등이 있다. 특히 특수한 생활에서의 지도란 특별한 직업이나 직장에 종사함으로써 주일을 제대로 지킬 수 없는 성도들을 대상으로 한 신앙생활 지도로서, 그들에게는 보다 세심하고 특별한 신앙적 돌봄이 요구된다.

이러한 신앙 관리에 있어서 또 하나 구역 지도자가 담당해야 하는 것은 구역 성도의 교제가 아름답고 기쁘게 이루어짐으로써 모이기에 더욱 힘쓸 수 있도록 하는 일이다. 구역 모임 때마다 이러한 교제가 이루어질 수 있도록 다양한 방법과 활동들을 모색해야 하며, 구역원들 개인 상호간에 이해관계, 금전관계를 초월하여 서로간에 덕을 세울 수 있는 교제가 원만하게 이루어지도록 격려해야 한다. 그리고 구역원들이 교회 전체 성도들과 폭넓게 교제할 수 있도록 보살펴 주어야 하는데, 특별히 구역 원들이 교회 전체적인 면에서 소외감을 갖지 않도록 봉사기관, 전도 기관, 교육기관 등에 적극 참여하도록 지도하는 것이 중요하다.

9. 교제와 치유의 돌봄

구역 모임은 예배, 성경 공부, 전도, 친교 등의 모든 역할을 다 해야 한다. 구역 원들의 정신적인 문제나 생활에서 오는 문제에 대해 서로 돕고 도움을 받는 돌봄 사역이 구역 소그룹이기 때문이다. 그래서 구역예배는 1주일에 한번 정한 장소에 모여서 교제와 함께 시작된다. 이때 장소를 제공한 분에게 드리는 부담을 줄이기 위해서 한 가정이 한 접시씩 음식을 준비해 와서 같이 나눠 먹고 예배를 드리는 것이 좋다고 본다. 음식을 먹은 이후에 예배를 효과적으로 드리기 위해서 설거지는 공동으로 함께 하고 난 다음 찬양을 20분쯤 부른다. 그런 다음 약2~3분 동안 구역원 각자가 지난주일 동안에 일어났던 일 중에서 특기할 만한 사건 하나씩을 얘기한다(이 시간에는 한 명도 빠지지 않고 다 한마디씩 하는 것이 중요하다). 이러한 생활 나눔이 끝나면 구역 교재로 30분 정도 성경 공부를 한다. 성경 공부를 마친 후에는 하나님의 말씀(지난주 목사님 설교)을 어떻게 생활에 적용할 것인지를 토의한다. 그리고 이때 구역원이 겪고 있는 문제가 제시될 경우에는 이 시간에 취급하면서 삶을 나누고 실제적인 도움을 얻을 수 있도록 기도 제목을 나누고 서로를 위해 중보 기도를 한다. 그리고 나서 마지막 15분 동안 전도 대상자를 위하여 기도한 후 모임을 끝낸다. 이때 구역예배의 모임은 말씀에 대한 지적인 토론을 벌이는 곳이 아니라 마음과 마음이 만나서 서로의 문제를 내놓고 기도하는 돌봄의 장소가 되어야 한다.

이때 주의 할 점은 세 가지이다. 첫째 피상적인 답을 주지 않는다. 기도하면 다 해결돼요! 라고 한다든지 어떤 교육의 원칙을 갖고 교제를 한다면 이것은 피상적인 답을 주는 것이다. 이런 답은 상대방에게 열등감만 심어주기 때문에 우리는 먼저 상대방의 아픔을 같이 느껴야 한다. 둘째로 다른 사람들에게 조언을 할 때에는 질문이나 간증만을 사용한다. 예를 들어 우울증으로 시달리는 구역원이 있다면 '기도하면 돼요' 라고 쉽게 대답하지 말고 자기 경험을 얘기해야 한다. 자신이 어떻게 기도로 우울증을 극복했는지를 나누든지 아니면 질문을 던져 본인으로 하여금 스스로 답을 발견할 수 있도록 도와야 한다.

예를 들어 '언제부터 우울증이 시작되셨어요?' 라든가 '특별히 어떤 경우에 우울해지는지 말씀해 주실 수 있으세요?' 등의 질문을 던지는 것이다. 구역원의 역할은 우월한 입장에서 상대방을 이끄는 것이 아니라 동등한 입장에서 상대방이 스스로 문제를 해결할 수 있도록 돕는 것이기 때문이다.

셋째로 구역모임에서 나온 얘기는 절대 비밀을 지켜야 한다. 비밀 보장이 되지 않으면 아무도 자기 문제를 노출하지 않기 때문이다. 이러한 규칙이 있다고 해서 누구나 즉시 마음 문을 여는 것은 아니다. 구역원들 상호간에 신뢰감이 생겨야 마음 문을 열 수 있기 때문에 어떤 구역에서는 구역원이 자기 문제를 노출하기까지 1년이 넘게 걸린 경우도 있다. 신뢰감이 생기는데 이렇게 오래 걸린 것이다. 그러나 일단 구역에 신뢰의 분위기가 형성되면 자기 노출이 쉽게 열린다. 이러한 방법과 원리 속에서 구역의 예배가 진행되면 새로운 구역원이 들어와도 이런 분위기에 금방 동화되기 때문에 자신의 마음을 열어 보이는데 별 어려움이 없다. 내적 치유는 자신을 노출하는 만큼 쉽게 일어난다. 그러므로 구역에서의 돌봄 사역은 건강한 교회, 건강한 구역을 만드는 지름길이며 성도들이 이 땅에서 복음의 증인으로서의 삶을 살게 하는 원동력이기 때문이다. 그래서 구역에서의 돌봄 사역을 3가지로 말 할 수가 있다.

첫째, 구역에서 돌봄 사역은 교회 안의 작은 교회의 기능을 통하여 성도를 온전케 하고 봉사의 일을 할 수 있도록 하는 사역의 현장이다. 즉 구역(Cell Church)에서 말하는 나눔(Share)은 영적인 어린아이에게 처음부터 나눔을 말하는 것이 효과적이 아니라는 것을 현장을 가져 본 사람이라면 금방 알 수 있기 때문에 효과적인 돌봄을 위해서 눈높이에 맞는 돌봄으로 세워주는 것이다.

둘째, 돌봄의 사역은 '자신을 돌보고(self-care)', '너를 돌보고(other care)', '서로 돌봄(each other care)' 이것이 바로 돌보는 사역 원리이다.

셋째, 돌봄의 구역은 전도 패러다임으로 가는 것이 가장 중요한 사역의 원리이다. 도우미가 정식 직업으로 자리 잡고 있는 현실에서 돌봄의 중요성은 모든 분야에서 확인되고 있다.

　이러한 구역 모임은 구역원들의 교제의 장이며 말씀을 통한 양육의 장 소임과 동시에 전도의 문이기도 하다. 그래서 구역은 교제를 통한 양육으로 재생산 할 수 있는 목양적 대안이며 예수님의 제자로서 증인사역을 감당할 수 있도록 하는 성경적인 모임이 되어야 한다.

심방과 돌봄

Care and Counselling
8. 심방과 돌봄

　어린 시절 봄과 가을에 진행되는 대 심방 기간이 되면 심방을 받는 가정들은 일주일 전부터 준비를 하였던 것을 기억한다. 목사님과 교회 가족들을 모시기 위해서 음식 준비, 방 청소, 사물 정리 등 각종 준비를 하였다. 그러나 이러한 준비에 비해서 심방 시간은 30분 내외로 간략한 예배, 음식 대접, 간단한 친교의 심방을 보면서 21세기에는 새로운 심방의 패러다임이 필요하다는 것을 느끼게 되었다. 지금도 대부분의 목회자들이 옛날에 하던 심방을 하고 있다.

　물론 우리는 신학교에서 별도로 심방에 대해 배운 것도 아닌데 전통적인 답습으로 인한 심방이 자리 매김을 하고 있는 것이 사실이다. 그러나 문제는 다변화된 세상에 모든 것이 변하는데 '왜 심방은 변하지 않는가' 라는 사실이다. 저는 어릴 때보고 듣고, 배운 심방의 원리를 그대로 답습하고 그대로 실천하는 자신을 보면서 새로운 패러다임의 돌봄의 심방의 필요성을 느끼게 되었다. 즉 이 시대의 심방은 목회적이고 돌봄과 성장이 있는 심방이 필요하다고 할 수가 있다.

1. 심방의 정의

교회는 각자 다른 믿음의 사람들이 한 성령으로 말미암아 서로 연결되어 서로를 돌보고, 치유하며, 자라게 하는 유기적인 한 몸으로서의 돌봄 공동체이다(고전 12:12-27). 이러한 교회의 현장에서 이루어지는 공동체적인 돌봄의 사역이 심방이다.

심방의 사전적 의미를 살펴보면 '방문한다', '돌아본다', '권고한다' 라는 뜻을 갖고 있다. 일반적으로 이에 대한 성경적 해석은 하나님께서 죄인 된 인간을 찾아오시는 것을 의미한다. 즉 하나님께서 사람을 찾아오시고(창 3:9), 예수님께서 죄인을 구원하러 오셔서(마 1:21), 성령께서 성도에게 임하심과(행 2:1-3) 간구하심(롬 8:6)을 의미한다. 즉 이 말은 하나님의 도움이 절실하게 필요한 곳에, 사역자들이 찾아가서 위로하고, 권고하고, 친교를 나누는 것을 통상적으로 심방이라고 말 할 수가 있다.

이러한 심방의 원리는 성령께서 함께 하심을 믿고 찾아가서 위로하고 권면하고(행 15:36), 말씀으로 바로 세우며(골 1:28), 약한 자를 안위하고 붙들어 주는 일이 심방이다. 이러한 목양적인 모습을 하나님께서 그 백성들을 찾아가 돌보시는 목자의 모습에서 잘 나타나고 있다(시 23:1-6 잠 27:23, 렘 3:15, 겔 34;23). 이것은 예수님의 사역에서도 그대로 전승되었던 것이다[15]. 다시 말해서 예수님께서 심방의 모범을 보이셨기에 목회자들은 목자가 양을 돌보는 것처럼 성도를 심방하고 위로하며 돌아보는 것이 목양의 사역이다. 즉 목양의 사역이란 영적인 의미에서 양을 돌본다는 의미보다는 실천적인 의미에서 양을 돌아보는 목회적 돌봄의 의미를 더 강하게 내포하고 있다. 그러므로 심방 사역은 목회자들이 양무리 가운데

---

15) Thomas C. Oden, Pastoral Theology (San Francisco: Harper, 1983), p.170

거하면서 돌봄을 제공하도록 기뻐하는 자들과 함께 기뻐하고 우는 자들과 함께 우는 자들이다 라는 것을 돌봄 사역자라는 것을 잊어서는 안 된다.

2. 심방의 필요성

심방은 무엇보다도 개인적인 만남을 통해서 성도들이 한 공동체 안에서 잘 성장하도록 격려하고 위로하고 치유하는 사역이다. 그럼에도 불구하고 이 시대에 많은 가정들은 너무나 바쁜 나머지 심방을 기피하고 있다.

심리학자 고르서치(Nancy J, Gorsuch)가 말한 것처럼 사회적 규범으로 흔들리는 현대인들에게 갈등, 정체성 혼란, 경쟁적 어려움, 피곤한 삶, 비인격적인 특성으로 말미암아 자신의 삶의 만족과 확신, 위로와 치유, 영적인 배고픔이 있는 사람들에게 목회 심방은 필요하다. 그래서 목회 심방은 성도들이 겪고 있는 삶의 문제를 점검하고 돌볼 수 있는 기회이며 가정이라는 장소에서 자신의 이야기를 진지하게 목회자에게 내어놓고 점검 할 수 있는 좋은 시간이기 때문이다. 이러한 원리 속에서 예배 중심적인 정기심방이나 위기 초점에 맞추어진 심방은 각자 다른 차원의 목적으로 심방이 전개되어야 한다고 말한다. 즉 이 말은 일상생활에서 성도들에게 영적인 돌봄을 주는 심방을 해야 한다는 것이다. 돌봄 형태의 심방은 단순히 성도들의 반응에 순응하는 것이 아니라 그들에게 문제나 갈등이 생기기 이전에 예방하도록 돕는 측면에서 돌봄이 진행되어져야 하기 때문이다.

성경에 보면 하나님께서는 죄에 빠져 동산 깊숙이 숨어 두려워 떨고 있는 아담에게 찾아가셨다(창 3:9). 그리고 동생 아벨을 돌로 쳐 죽인 가인에게도 찾아가셨다(창 4:6). 이뿐만 아니라 사래의 핍박을 피해 도망하는 여종 하갈에게도 하나님께서 찾아 가셔서(창 16:8-9) 말씀으로 권고하시고 그들을 돌보아 주셨다. 이처럼 심방은 그 상황에 따라서 돌봄이 전제되어야 한다. 이런 측면에서 목회사역에 있어서 심방의 돌봄 사역은 caring이라고 할 때 실제적 목회적 관심은 설교보다는 그들의 삶의 자리에 다가섬으로서 찾아가서 돌보는 것이 심방의 핵심가치 또는 효과적인 상담의 필요성이라고 말 할 수가 있다.

3. 목회상담과 돌봄의 연관성

목회자에게는 심리상담가나 정신치료자에게 부여되지 않은 특별한 기회, 즉 어느 시간이나 구애받지 않고 찾아가서 돌볼 수 있는 특권을 가지고 있다. 환자가 아무리 아프다고 할지라도 환자가 찾아와서 의료진료를 요청할 때까지 의사는 기다려야 하지만, 목회자에게는 특별한 상황이 아닌 이상 얼마든지 찾아가서 그들을 돌볼 수가 있다. 이러한 원리에 입각한 심방과 상담의 관계에 대한 역사적 배경을 잠시 살펴보면, 초대교회와 중세교회에서 목회의 중요한 요소 중 하나는 화해시키는 일이었다. 즉, 죄를 지은 사람들이 어떻게 하나님께 용서받고 화해를 성취할 것인가 하는 것이다.

초대교회에서는 죄를 지은 자가 공중 예배시 사람들 앞에서 자기의 죄를 하나 하나 고백하고 감독으로부터 사죄의 선언을 받음으로 화해를 이루었다.

중세 초기에 와서는 죄를 범한 자가 그 죄의 경중에 따라 교회가 정하는 고행을 실천하고 감독의 용서의 선언을 받음으로 화해를 이루었다. 그러나 중세기의 성례전 전통이 수립되면서 교회는 죄의 용서를 위해 고해성사를 제도화시켰다. 신부와 일대일의 대화로 이루어지는 이러한 고해성사는 심리적으로 볼 때 죄짐을 벗고자 하는 인간의 욕구를 해결해 주는 긍정적인 면이 있다.16)

그러나 고해성사를 인정치 않던 개신교는 집집마다 심방을 했던 사도들의 관행(행 5:42, 20:20)을 근거로 해서, 개인 간 대화할 수 있는 가정심방이라는 형태를 회복시켰다. 즉 고백을 대신한 이러한 심방은 1920년대 중반 이래의 목회상담 운동과, 개인 간 대화를 통해 상처를 치유한다는 점에서 서로 연관성을 갖는다고 볼 수 있다. 그 동안 한국교회의 심방은 간략한 말씀과 심방자 중심의 권면과 가정 중심의 기도회에 중점을 두었다. 이러한 심방이 개인의 영적 성장과 교회성장에 큰 역할을 해온 것을 부인할 사람은 없을 것이다. 그러나 오늘날 상황에서 이러한 심방은 성도들의 심령 속에 깊이 눌려 있는 죄책감과 억압과 불안과 상처들을 더욱 깊이 숨기게 할 뿐, 내면의 문제들을 드러내고 치유 받고 용서받게 하는 데는 큰 도움이 되지 못할 수도 있다.

돌봄 심방에서는 집중, 경청, 공감 등의 상담기술을 잘 사용하여, 성도들이 숨겨진 아픔을 내어놓도록 하고, 기도해야 한다. 물론 심방은 위로와 격려와 용서의 제사장적 측면만 있는 것이 아니라 권면하고 지적하며 대화하여 하나님의 뜻을 따르도록 하는 예언자적 측면도 가지고 있기 때문에 목회자는 성도들의 시각을 하나님의 말씀에 따라 바꾸도록 지시적인 도움을 주어야 한다.

이것은 성경 말씀을 통해 직접적으로 할 수도 있지만, 자연스럽게 대화

---
16) Ibid.

를 통해서도 이루어질 수 있는 하나의 방편이기도 하다. 즉, 돌봄 심방은 일상적인 대화를 통해 가정의 여러 형편들을 살피고 이해하면서, 적절한 순간에 일상적인 문제에 대한 신앙적인 해석을 해 주어야 한다(이를 위하여 목회자는 인간의 신체, 가족, 정치문제, 환경, 성(性)문제 또는 청소년문제, 경제문제, 사회악, 자연환경문제 등에 관하여 신학적으로 생각하는 훈련이 필요하다).

이런 상담학적 관점에서 경청과 공감을 통한 문제파악과 시각조정을 가지고, 심방에서 성도의 상황에 맞는 적절한 찬송이나 말씀들, 그리고 각 개인의 문제에 대해 하나님의 도움을 요청하는 기도를 통해서 심방은 일반상담에서는 얻을 수 없는 커다란 영적?심리적 돌봄의 효과를 갖게 된다. 그럼으로 돌봄적인 심방이야말로 한국적인 목회상황에서 효과적인 돌봄 가정 치유사역이라고 말 할 수가 있다.

4. 심방에 대한 현대적 이해

성경에 보면 심방의 목양적인 요소를 목자의 모습에서 찾아 볼 수가 있다. 그것은 예수님의 사역에서도 그대로 나타난다. 예수님은 자신을 선한 목자로 묘사하면서 잃은 양을 찾고 계신다. 내적 가치 성숙과 새로운 치유를 위한 심방이 절실히 필요하지만 심방을 원하지 않는걸 보게 된다.

첫째, 목회자들이 심방을 기피하고 있다.
오늘날 모든 목회자들이 심방에 적극적으로 임하는 것은 아니다. 심방은 부교역자들이나 전도사들에게 맡기고 담임목회자는 말씀 연구와 기도에 힘써야 한다고 생각하는 목회자들의 견해도 많이 있다. 또한 교회가 대형화되면서 업무가 커지므로 심방을 못하는 경우도 있지만 문제는 꼭 심방을 해야 할 필요가 있는가 하는 소극적인 자세가 심방을 못하는 경우이다.

둘째. 성도들이 심방을 기피하고 있다

복잡 다양한 사회생활 속에서 성도들이 심방을 기피하는 것은 목회 심방을 부담스러워하고 있기 때문이다. 그 대표적 요인들로는 개인생활의 간섭, 분주한 직장생활, 사생활 간섭, 자신의 신앙 진단 받기, 가정생활의 노출, 봉사와 헌신의 요구 등 때문에 부담스러운 심방을 받기 싫어하는 경우이다. 이러한 개인주의의 영향을 통해서 자신의 가정생활이나 경제적 수준이 노출되는 것에 대해 부담을 느껴 심방을 기피하고 이외에도 공공연하게 개인이 비밀보장이 안 되는 경우도 심방을 기피하게 하는 요인이 된다.

정태일 씨가 쓴 『심방이 부담스럽습니다』라는 책을 보면 다음과 같은 내용이 나온다.[17]

솔직히 저는 심방이 매우 부담스럽습니다. 우선 살고 있는 집이 셋집이고 비좁기 때문에 목사님을 모시기에 누추하다는 생각도 들고, 또 다른 교인들에게 그렇게 사는 모습을 보여 주고 싶지도 않습니다. 그리고 심방을 받으려면 직장의 일을 하루 쉬어야 할 형편이고, 오시는 분들을 어떻게 대접해야 하는지, 무엇을 어떻게 해야 하는지 심방 준비가 번거롭게 느껴지곤 합니다. 심방만 생각하면 머리가 복잡하고 짜증이 나는 부담을 갖고 있습니다. 심방은 꼭 받아야합니까?

---

17) 정태일, 심방이 부담스럽습니다, 「현대종교」1996. 4, p.132

이처럼 현대인들은 심방을 부담으로 알고 있다는 사실이다. 일방적이고 틀에 박힌 예배와 기도, 그리고 접대로 이어지는 피상적인 심방에 대한 거부감이나 식상함이 자리를 잡고 있기 때문이다. 그렇다면 이 시대의 심방은 목회 상담적인 치유와 돌봄이 있는 균형 잡힌 영적 돌봄으로 가야 한다. 만약 자기에 유익한 돌봄이라면 누구도 거부하지 않을 것이다. 그러므로 이제 심방도 전통적인 방법의 패턴에서 벗어나서 목회 상담적 돌봄과 치유가 있는 방법으로 전환해야 할 때이다.

5. 돌봄 심방의 종류

사도 바울은 그의 서신서에서 모든 성도들을 서로 돌보고 상호적인 책임 속에서 섬길 것을 강조하고 있다. 그는 24회에 걸쳐서 성도들이 서로 짐을 나누고, 지라고 하면서 '서로'(One another)라는 표현을 반복하여 사용하였다. 즉 이 말은 서로들 돌보고 책임지도록 서로에게 헌신한 돌봄의 공동체가 심방이라는 것이다. 그래서 심방은 그 성격이 분명하고 상황에 따라서 달라야 한다.

- 대심방 : 목회자가 1년에 1회 하는 심방을 대 심방이라고 부른다. 이때 목회자는 그 가정을 위해서 축복하고 그 가정이 일상생활에서 믿음과 영성이 충만한 사람으로 살고 있는지 점검하고 돌봄을 제공하기 위한 형태의 심방이 되어야 한다. 이러한 심방은 필요에 의한 심방이 아니라 영적 돌봄(Soul Care)을 위한 심방이다.
- 유고심방 : 결석, 환자 등 어려움을 당한 가정을 찾는 심방.
- 새 교우심방 : 새 교우 담당교역자가 찾는 심방.

- 이사심방 : 이사한 교우의 가정을 찾아가서 축복하는 심방
- 전도심방 : 불신 가족을 전도하기 위한 심방.
- 전화심방 : 만날 수 없거나 특수한 사정이 있을 경우에 하는 심방.

이러한 심방은 목회 상담적인 원리 속에서 성도들의 말을 경청하고, 지원하여 주면서 돌봄을 주는 심방이 되어야 한다. 이러한 심방은 치유(healing), 유지(sustaining), 안내(guiding), 양육(nurturing), 화해(reconciling)의 기능을 가지고 심방하는 가정에 힘과 용기를 주는 돌봄 가정 사역이 되어야 한다.

6. 돌봄 심방의 효과

토마스 C. 오덴은 심방이 가져다 줄 수 있는 효과에 대하여 다음과 같이 설명하였다. "심방을 통하여 목회자는 현대의 시점에서 양떼에 직접적이고도 당면한 지식을 얻게 될 뿐만 아니라 막혀진 문을 열고 감추어진 필요한 것들을 밝히 드러내며 마음속의 저항을 무너뜨리고 목회에 대한 인식을 높여준다"[18]라고 말했다. 이처럼 심방은 바로 영적인 상담을 필요로 하는 찾아가는 일이다. 이뿐 아니라 노인들과 환자들, 그리고 혼자서 집안에서 지내는 사람들은 적절한 때의 자주 찾아준 심방에서 얻어지는 영적인 공급에 크게 의존하고 거기서 그들이 새 힘을 얻기 때문이다. 이런 의미에서 심방의 의미는 목자가 자신에게 맡겨진 양의 형편을 알지 못하고 그 양을 바로 인도할 수는 없기 때문이다.

---
18) Ibid

영국의 리차드 팩스터 목사는 "나는 성도들에게 하는 나의 설교에서보다는 심방에서 성공의 외적인 표적을 더 많이 발견하였다"고 말하면서 심방의 효과에 대해서 다음과 같이 말하였다. 첫째, 환자를 위로하고 격려하기 위하여. 둘째, 결석한 성도를 관리하기 위하여. 셋째, 새 신자를 환영하기 위하여. 넷째, 복음에 대한 접촉을 갖기 위하여. 다섯째, 노령자와 교회에 참석할 수 없는 자들을 격려하기 위하여. 여섯째, 교인들의 가정환경을 파악하기 위하여. 일곱째, 가정 제단을 장려하기 위하여. 여덟째, 교회의 참석을 고무하기 위하여. 아홉째, 설교의 자료를 얻기 위하여 필요하다 라고 말하였다.

7. 효과적인 돌봄 심방의 방법

목회자는 심방을 갈 때 그 성도의 가정의 상황에 대해 미리 듣고 걱정해 주는 마음과 자세를 가져야 한다. 교회에 나오지 않는 이유를 따지러 온 것 같은 인상을 주어서는 목양적인 돌봄 심방을 기대할 수 없기 때문 피돌봄자는 상대방으로부터 사랑을 확신하는 것만큼만 책망도 받아들이기 때문이다. 그리고 곤고한 영혼이 아파하는 처소까지 찾아간 심방자는 단지 그를 가르칠 뿐 아니라, 그의 삶의 자리를 돌아보고 그에게 무언가 필요하다면 기꺼이 도와주는 마음을 가져야 한다. 이때 돌봄자는 사랑이 담긴 짧은 말씀을 전하고 기도로 심방을 마무리해야 한다(잠 27:23). 이때 목회자가 심방에 임하는 자세는 다음과 같다.

첫째, 즐거운 마음으로 돌봐야 한다.

대부분의 목회자들은 심방할 때 즐거운 마음으로 임하기보다는 이 일을 감당해야 한다는 책임감으로 심방에 임하는 경우가 많다. 성도들은 이러한 태도와 마음가짐을 금방 알아차리게 되므로 한 영혼을 깊이 사랑하는 마음으로 심방을 할 때 성령께서 큰 은혜를 주신다.

둘째, 진실된 마음으로 심방하면 상처 입은 영혼들이 큰 위로를 얻게 된다. 한 영혼을 사랑하는 마음으로 임할 때 심방의 효과는 극대화되기 때문이다.

셋째, 인간이해에 대한 기술을 가지고 심방을 해야 한다.

현대의 심방은 무엇보다 다양한 문제에 노출된 성도들의 삶에 접근하는 것이다. 이런 의미에서 인간 이해에 대한 깊은 통찰력을 가지고 심방에 임하는 것이 좋다.

넷째, 개별화된 마음을 가지고 가야 한다.

심방을 받는 성도들은 철저히 개인적으로 이루어져야 한다. 다른 사람의 접근 방식이 모든 사람에게 통한다는 법칙은 없기 때문에 철저히 개별화 특성을 살리는 것이 아름다운 방법이다.

다섯째, 비밀의 절대 보장이 되어야 한다.

심방을 할 때 자연스럽게 알게 된 상처, 가족사, 고민, 경제적인 면 등이 드러나지 않도록 철저하게 지켜져야 한다.

8. 돌봄 심방자의 에티켓

미국의 목회신학자인 토마스 오덴 박사는 심방을 가리켜 '목회의 전인적 관심'이라고 말한다.[19] 이처럼 심방이야말로 교인을 향한 관심이기 때

---
19) Ibid

문에 목회자는 심방에 대한 에티켓을 가지고 방문해야 한다.

① 하나님의 이름을 빛내라.

② 감사가 저절로 나오게 하라.

③ 사생활에 징계할 생각을 버려라.

④ 희망과 축복된 말을 전하라.

⑤ 말하기 보다 듣는데 힘써라.

⑥ 가족 이름을 부르며 기도하라.

⑦ 칭찬은 하되 추궁을 금하라.

⑧ 남의 말이 나올 때 분위기를 바꾸라.

⑨ 목회 차원에서 심방범위를 지켜라.

⑩ 비판을 피하고 목회를 홍보하라.

이런 심방의 원칙을 지키지 않으면 돌봄을 위한 심방에 잡음이 생길 수 있고 심방의 목적도 흐려질 수밖에 없다. 만약 심방대원들이 사전에 교육이 되지 않으면 말많은 분은 엉뚱한 말로 분위기를 해칠 수 있다. 예를 들면, 살림 도구를 보고 '언제 샀느냐?' 묻고는 바로 '얼마나 주고 샀느냐?' 꼬치 꼬치 궁금증을 풀고는 비싸게 샀다느니, 바가지를 썼다고 하면 사람들의 기분을 상하게 만든다. 따라서 심방을 인도하는 돌봄자 외에는 다른 보조 돌봄자들은 말을 아끼면서 꼭 필요한 말만해야 좋은 돌봄이 될 수 있다.

어떤 이는 심방을 따라가서 자기 자식 자랑으로 열을 올리고 그 가정의 자녀를 깎아 내리는 사람도 있다. 자신도 모르는 사이 그런 분위기로 바 뀔 수 있다. 언제나 심방은 돌봄이라야 한다. 그래서 심방은 스펀지처럼 부드러워서 무슨 말을 들어도 일단 수긍하는 쪽을 택하면서 피돌봄자 말하는 것은 있는 그대로 끌어안는 게 바람직하다. 여기에도 몇 가지 지킬 자세가 요구된다.

① '예' 만 하고 '아니오' 를 피하라.
② '잘 됐군요.' 만 하고 '왜' 를 삼가라.
③ 어려운 실토엔 '기도하겠습니다.' 로 응하라.
④ 칭찬은 쉽게 하되 책망은 조심하라.
⑤ 어떤 경우에도 희망을 보이라.
⑥ 어려운 사정은 들음으로 임하라.
⑦ 대답은 언제나 '기다려 봅시다' 하라.
⑧ 중요한 대목엔 '성경구절' 을 읽어주라.
⑨ 부드러운 심방은 '권면' 으로 여운을 남기라.
⑩ 말에나 몸가짐을 사랑한다는 인상을 풍기라.

9. 심방의 피드백(Feedback)

목회심방은 신학적 성찰을 나누고 피드백을 교환하며 공동체적인 목회신학을 전개할 수 있는 좋은 과정이요 기회가 된다. 심방이 단순히 한 개인의 집에 가서 돌봄을 주고 오는 것으로 끝나기보다는 교회 전체에 참된 변화와 성장이 되기 위해서는 심방 후에 함께 모여 심방의 과정을 재정리하면서 공동체적인 피드백을 나누는 시간을 가져야 한다.

1) 현재 영육의 상태를 파악하였는가?
심방은 성도들 개개인의 육적인 건강과 영적 건강상태를 파악할 수 있는 좋은 기회이다. 교회나 공적인 장소에서는 개개인의 영육간의 건강 상태를 파악하기가 어렵다. 그러나 심방을 통해서는 개개인에게 맞는 영적 처방을 내릴 수 있고 각 개인의 상황에 맞게 구체적으로 기도해 주어야 한다. 대부분의 연약한 신자들은 자기 스스로 영적 진단이 어려운 상태이므로 돌봄자들이 그들을 찾아가서 돌봄을 주어야 한다. 이때 돌봄자들은 성도들을 효과적으로 돌봄을 주었는지 피드백(Feedback)해야 한다.

2) 개인의 영적 성장을 파악하였는가?

신앙은 공동체적이면서 아울러 개인적이다. 전체적으로 있을 때는 군중적인 특성 때문에 함께 신앙의 열정을 표현하고 외적으로 드러내게 된다. 가끔 그러는 것을 보고 목회자는 자칫 그것을 영적 성장의 모습으로 오해할 수 있는 위험이 있다. 모임에 참석하고 봉사하면서 외적으로 신앙의 표현을 하는 것만으로는 개인의 영적 성장의 본질을 파악할 수 없기 때문이다. 그래서 신앙은 한순간에 이루어지는 것이 아니기 때문에 영적 성숙은 개인적인 돌봄과 지속적인 심방을 통해서 알 수 있다. 이런 면에서 심방은 개인의 신앙 발전 과정을 파악할 수 있었는가를 피드백(Feedback)해야 한다.

3) 개인적으로 필요한 말씀의 양육 하였는가?

기존에 행해졌던 대다수의 심방은 단순히 사람을 만나 기도해 주고 돌아오는 형태가 많았다. 그러나 이제는 개인의 영적 양육을 위해 정기적인 시간 계획을 가지고 직접 찾아가서 양육하는 심방이 요구된다. 실제적으로 시간과 환경이 여의치 않아 신앙적으로 양육 받을 수 없는 상황에 처해 있는 사람에게 이것은 절대적이다. 특히 새 신자의 경우에는 양육이 아주 절실한 시기이므로 새 신자 양육 교재 등으로 수차에 걸쳐 양육 심방을 하는 것이 효과적이다. 이런 양육을 개인적으로 받으면 새 신자나 어린 신자들은 신앙의 기초를 빨리 잡을 수 있고, 교회 생활에 친숙해지면서 영적 성장을 이루는 데 큰 기여를 하기 때문에 개인적으로 필요한 말씀을 양육하였는가를 피드백(Feedback)해야 한다.

4) 유기적인 관계를 유지하였는가?

교회는 각 지체가 서로 연결되어 있는 유기적인 공동체이다. 그래서 심방은 이런 교회의 특성을 잘 이해하는 데 도움을 주고 아울러 살아 있는 유기체의 조직을 건강하게 만드는데 지대한 역할을 한다.

어느 한 지체라도 병이 들어 영적으로 잠을 자고 있으면 교회 전체에 문제가 생기고 상호 연락이 잘 안 된다. 교회는 몸이기에 어느 특정 그룹에 의하여 움직일 수 없다. 작은 지체라고 소홀히 여겼다가는 결국 교회 전체를 병들게 한다. 이런 면에서 심방은 교회 공동체의 건강을 유지하는데 아주 필요한 일이다. 아무리 현대 생활이 바쁘다고 하더라도 개인적인 돌봄을 외면하면서 교회를 성장시키고 건강하게 한다는 것은 불가능하다. 혹시 크게 외적으로 성장한다 해도 그것은 결코 성경적인 성장의 모습이라고는 볼 수 없다. 그래서 유기적인 관계 속에서 그 가정이 잘 성장하고 좋은 관계를 성도들과 맺고 있는가를 피드백(Feedback)해야 한다.

5) 인격적인 관계를 형성하였는가?

목양 사역은 만남으로 이어지는 인격적인 사역이다. 인격적인 만남과 대화가 없이 그냥 거대하게 형성되는 집단은 군중의 모임일 뿐 살아 있는 교회 공동체는 아니다. 만남 없이도 충분히 이루어지는 모임은 이미 죽은 모임이다.

지체 간에 서로 만나고 대화하면서 상호 유기적인 성장을 이루어야 하고, 서로 섬기고 복종하는 법을 배우면서 공동체가 자라가야 한다. 이것을 이루는데 심방은 아주 효과적이다. 유기적인 관계를 통해서 그 가정이 인격적인 관계를 맺고 있는가를 피드백(Feedback)해야 한다.

6) 성도들의 관심과 필요를 살피고 있는가?

목자가 양떼를 돌아보고 살피는 것은 무엇보다 우선적으로 요구되는 일이다. 그렇기에 심방을 통해서 성도들의 관심과 필요를 살피고 각 개인에게 맞는 적절한 도움을 주어야 한다. 그래서 심방은 개개인의 상황을 이해하는데 큰 도움을 주고 거기에서 모든 목회적인 문제의 해결점을 풀어 주도록 노력했는지 피드백(Feedback)해야 한다.

7) 구체적인 기도 제목으로 기도했는가

사람들이 많이 모인 상황에서 개인적으로 기도 제목을 내놓기는 쉽지 않기 때문에 심방을 통하지 않고서는 개인의 기도 제목을 구체적으로 알 수 없다. 그래서 심방을 통해서 개개인의 상황과 처지를 파악하고 중보기도를 해 주어야 한다. 이런 점에서 그 가정을 위해서 필요한 기도를 해주었는지 피드백(Feedback)해야 한다.

8) 영혼을 사랑하는 마음을 가지며 풍성한 교제를 하였는가?

영혼을 사랑하고 그것을 다시 일깨워 줄 수 있는 일은 심방을 통해서 더욱더 자극이 되고 도전을 받게 된다. 심방을 통해서 교역자와 성도, 성도와 성도간에 교제를 풍성하게 할 수 있으며 서로의 영혼을 사랑하는 교제를 이루었는지 피드백(Feedback)해야 한다.

9) 복음 전도의 기회로 삼았는가?

믿는 사람 주위에는 믿지 않는 사람이 늘 있게 마련이다. 가족이나 친구, 또는 이웃 중에 있는 불신자를 만나면서 전도 대상자의 정보를 얻게 되고 그것을 통하여 효과적인 전도를 이룰 수 있다. 그래서 심방을 하다 보면 자연스럽게 전도의 기회를 갖게 된다. 이때 심방을 통해서 주위에 잃어버린 자, 여러 가지 시험으로 인해 교회를 떠난 자, 낙심해서 방황하고 있는 자들에게 복음 전도의 기회로 삼았는가를 피드백(Feedback)해야 한다.

10) 닥쳐오는 유혹과 시험적인 요소들을 미리 예방하도록 하였는가

성도들에게 시험과 연단이 뜻하지 않은 때에 찾아오면 신앙적으로 힘들어하기 쉽다. 이런 것을 사전에 예방을 통해서 앞으로 닥쳐올 어려움을 이길 수 있도록 하고 또한 자기 스스로는 파악하지 못한 부분을 돌봄적인 안목으로 그들을 권면을 하였는가를 피드백(Feedback)해야 한다.

오늘날 교회 안에는 각종 상처와 어려움으로 신음하는 성도들이 무수히 많다. 이들을 무시하거나 단순히 지역의 일반 상담자들에게 보내는 것은 돌봄 공동체로서의 사명을 도외시하는 것이기 때문에 성도들을 돌볼 때에

피드백을 통해서 더 욱더 좋은 돌봄적인 심방이 되어야 한다.

이제 21세기의 목회의 화두는 다양성과 전문성이 조화된 실질적인 목회 심방 및 돌봄 사역을 이루어서 이루어 져야 한다. 그러기 위해서 치유(healing), 유지(sustaining), 안내(guiding), 양육(nurturing), 화해(reconciling)를 통해서 목회 신학이 돌봄 신학으로 전환될 때 많은 사람들에게 힘과 용기를 주는 돌봄의 가정 사역이 될 것이다.

새신자 돌봄

Care and Counselling
9. 새신자 돌봄

　새신자는 그야말로 새로운 가치와 의미로 세상을 살아가도록 초대받고 결단한 사람을 뜻한다. 물론 사람들이 신앙생활을 시작하게 된 동기는 여러 가지 이유가 있을 것이다. 그러나 많은 사람들이 생각하는 것처럼 신앙생활은 끝이 아니며 새로운 문제에 도전하도록 인도하는 길이기 때문이다. 그래서 어떤 난관에도 좌우되지 않으며 굳건한 신앙생활을 하도록 돌봐줄 사람들이 필요하다. 이러한 돌봄이 새신자의 돌봄이다.

　사실 새신자의 돌봄은 그 시작부터 남다르다. 그들은 예수를 '나의 주 나의 주님'으로 믿겠다고 시작한 사람들이기 때문에 주안에서 한 몸과 한 공동체를 이루기 위해서는 돌봄이 필요한 사람들이다.

1. 새신자 돌봄 목회

　교회는 예수를 구주로 믿는 사람들의 공동체이며 성도는 주안에서 한 몸을 이룬 지체들이다. 즉 교회는 새 생명을 얻은 사람들이 그리스도와 함께 사랑을 나누는 공동체이다. 그러므로 교회는 끊임없이 새신자들을 낳고, 양육하고 교육하여 성숙한 성도로 만드는 사랑의 돌봄이 있어야 한다. 부활하신 예수님께서 베드로에게 주신 마지막 위탁의 말씀도 이러한 돌봄을 위해서 '내 양을 먹이라(요 21:15-17)고 하신 것이다.

사도 바울은 로마의 성도들에게 권면하기를 "믿음이 연약한 자들을 너희가 받되 그의 의심하는 바를 비판하지 말라. 어떤 사람들은 모든 것을 먹을 만한 믿음이 있고, 연약한 자는 채소를 먹느니라"(롬 14:1-2). 즉 이 말씀은 새신자나 믿음이 연약한 자를 환영하고, 용납하며, 이들에게 유효 적절한 배려를 주기 위한 것이다. 또한 데살로니가전서 2장 7-8절에서는 "오직 우리가 너희 가운데서 유순한 자 되어 유모가 자기 자녀를 기름과 같이 하였으니 우리가 이같이 너희를 사모하여 하나님의 복음으로만 아니라 우리 목숨까지 너희에게 주기를 즐겨함은 너희가 우리의 사랑하는 자 됨이니라" 하여 새신자들을 양육하는 것이 마치 친자식을 낳아 기르는 것과 같음을 보여 주고 있다. 그래서 교회는 새신자들에게 필요한 훈련과 돌봄을 통해서 사랑을 나누며 성장하도록 양육하여야 한다. 그러기 위해서 예배, 교육, 설교 등을 통해 새 신자들이 진리 안에서 자라갈 수 있도록 해야 한다. 물론 새 신자는 예배와 개인적인 상담을 통하여 신앙생활에서 경험하는 종교적 의미를 배우는 것도 있지만 그 보다도 먼저 해야 할 일은 나라고 하는 존재의 소중성을 인식하는 일이다. 자신이 어떤 존재인가를 알 때 개인의 상처를 통한 새 생명의 소중성을 깨닫기 때문이다. 이러한 목적은 구원에 초점을 맞추어야 하므로 돌봄의 조화가 균형 있게 이루어져야 한다(여기서 말하는 구원이란 하나님과 이웃과의 새로운 관계 형성이다).

2. 새신자 돌봄의 성경적 고찰

새신자에 관해서 보다 폭넓게 개인적으로 가르치고 있는 책이 바울 서신서이다. 바울 사도는 서신서에서 돌봄을 다양하게 표현하였다. 그 중에 하나가 빌립보서 1장 23, 25절에서 사도 바울의 삶의 첫째 목표는 새신자를 양육하는 일이었다. 사도바울은 아직도 연약하고 초보적인 신앙단계에 머물러 있는 빌립보 교회 성도들의 믿음의 진보와 기쁨을 위해서 좀더 구체적으로 역설을 하고 있다. 여기서 바울은 "믿음의 진보와 기쁨을 위하여" 라는 단어를 사용하는데 그 말은 아직도 어린 상태에 있는 빌립보 교회 신자들의 믿음을 성장시켜서 그리스도인답게 살게 하려는 양육의 원리를 제시해 주고 있다.

또한 바울은 디모데에게 보낸 편지에서 교육의 소중성을 강조하면서 교사의 직분을 사도와 예언자와 목사의 직분과 함께 교사의 직분에 두었다(고전 12:38, 엡 4:12). 이것은 교회의 기능에 있어서 교사의 임무가 매우 중요하다는 것을 입증시켜 준 것이다. 즉 초대교회에서 교역자들은 누구나 다 교육에 대한 책임을 지고 있지만 새신자 훈련 같은 특정한 일은 교사들에게 맡겨 양육했던 것이다(행 5:42). 그리고 초대교회는 말씀에 대한 봉사로써 전도와 교육을 나누어서 생각하면서 신자들을 은혜 안에서 자라게 하는 교육에 관심을 두고 있었던 것이다.

3. 새신자 돌봄의 심리학적 근거

에릭슨(E. Erickson)은 인생의 주기를 8단계로 나누어, 각 단계마다 그가 경험하는 대인관계의 상호작용을 통해 심리 사회학적 발달이 이루어진다고 보고 있다. 그런데 그의 이론에 따르면 새신자의 돌봄의 시기는 다양하지만 대부분 통계를 볼 때 성인 초기, 성인기, 노년기에 해당된다고 볼 수가 있다. 물론 새신자들이 장년만 교회 안에 들어오는 것은 아니다. 다양한 연령층이 교회 안에 들어오지만 일반적으로 교회 안에 들어오는 새신자들은 대부분 돌봄이 필요한 성인들이다.

그 이유는 유교적인 바탕(무속적인 바탕) 속에 있기 때문에 성인 초기의 심리학적 상태는 친밀감 대 고립(intimacy vs. isolation)으로 청소년기에 일단 자아정체감이 형성되었다가 이 시기에 와서 자신의 경계선을 넘어 타인과 깊은 관계를 맺게 되는 단계이기 때문이다. 그 단계가 바로 친구관계, 부부관계, 이웃, 고향, 학연, 지연이 바로 친밀감의 소산인 것이다. 이러한 친밀감은 여러 가지 문제를 타인의 입장에서 바라보고 이해하며 감정이입의 능력이 형성되었을 때 가능한 것이다. 만약 이러한 친밀감이 형성되지 않은 경우에는 고립된 채로 살아갈 수밖에 없기 때문에 친구나 가까운 이웃을 얻기가 어렵다고 할 수 있다.

또한 성인기는 인생의 여러 가지 측면에서 안정되고 성숙하는 시기인데, 단순히 자신과 자기세대의 이익과 번영에만 관심을 쏟는 것이 아니라 자기 자손들의 세대 및 역사적 미래를 위해 보다 나은 세상을 만드는데 헌신하는 기간으로서 생성감 대 자아탐닉(generativity vs. stagnation)의 시기이다. 이때 성인기에 있는 사람들이 자연보호운동, 근검절약과 저축, 유물의 전수 및 보존 등을 위해 노력하는 것은 생성감(생산성)에서 나온 이유인 것이다. 만약 이러한 심리 사회적 발달을 이룩하지 못한 사람은 오로지 자기 자신의 이익과 편안, 자기 당대의 쾌락만을 추구하며 자아탐닉에 빠지게 된다. 또한 노년기는 자아통합 대 절망 (ego-integrity vs.

despair)의 시기이다. 이때는 자기의 지나간 인생에 대해 그런 대로 만족하고 최선을 다해 노력해온 의미 있는 일생이었다는 느낌을 가짐으로서 비록 달성하지 못한 일이 있다할지라도 달성한 것들에 대해 감사한 마음을 가질 때 생기는 것이다. 그러나 자기 인생을 무의미하게 살아서 성공할 기회를 놓쳐서 황혼기에 접어 들어가고 있다고 느끼면 절망감에 빠지게 된다. 이러한 에릭슨의 이론에 비추어 보면 성인으로서의 새신자의 심리가 인간관계에서 친밀감을 충분히 누리지 못하고 고립되어 있는 경우가 있을 수 있으며, 보다 의미 있고 생산적인 일에 대한 관심을 가지고 나오는 경우, 자기탐닉으로 허송세월을 보내다가 생산성과 자아탐닉 사이에서 갈등하면서 나오는 경우도 있을 수 있다. 또는 인생의 황혼을 맞이하면서 자신의 과거 인생의 무의미를 깨닫고 의미 있고 보람 있게 생을 마무리하기 위해 찾아 나오는 경우도 있을 것이다.

한편 매스로우(Maslow)의 인간의 동기에 관한 7주기도 새신자 정착과 밀접한 관련이 있다. 먼저 하위 단계부터 보면

① 생리적 욕구(physiological needs – 인간의 가장 본능적인 욕구이다).
② 안전 욕구(safety needs – 확실성 예측성 질서 안전을 보장받고 싶어하는 욕구이다).
③ 애정과 소속욕구(love and belongingness needs – 다른 사람과 애정적 관계를 맺으며, 어떤 준거집단에 응집력 있게 소속되고 싶은 소망이다).
④ 자존 욕구(self-esteem needs – 자기존중과 중요한 다른 사람으로부터 존중을 받고자 하는 욕구이다).

⑤ 자아실현 욕구(self-actualization needs - 자신의 잠재 가능성을 최대한으로 실현시키도록 노력하려는 욕구이다).

⑥ 인지적 욕구(cognitive needs - 지속적으로 지적 호기심, 지적 탐구심, 더 알고 싶은 소망을 가지며, 그것을 체계화시키고, 조직하고, 분석하여 관련성을 찾으려는 욕구이다).

⑦ 심미적 욕구(aesthetic needs - 가장 상위의 욕구로서 완벽한 것, 진실한 것, 정의로운 것을 추구하는 욕구이다). 그런데 심리적 관점에서 보면 새 신자가 처음으로 교회에 나왔을 때에는 내적, 외적으로 어떤 욕구가 있어서 그 욕구를 충족하기 위해서 등록을 했다고 보아야 한다.

요한복음 6장 26절에 '떡을 먹기 위한 생리적 욕구로부터 시작해서, 환경적 불안과 실존적 불안으로부터 안전을 얻기 위해서, 또는 애정과 소속 욕구를 충족하기 위해서, 또는 자기존중과 다른 사람으로부터 존중을 받고자 하는 자존 욕구충족을 위해서, 또는 자아실현이나 인지적 욕구를 충족시키기 위해서 찾는다. 그러므로 교회는 새신자들이 무엇인가 욕구 충족의 동기가 있다는 것을 인정해야 하며 가능한 신앙적이고, 성경적인 방법으로 이런 욕구들을 충족시킬 준비를 하고 있어야 한다.

그래서 교회가 새 신자 정착에 효과를 거두려면 현대인의 심리적인 특징[20]을 이해하면서 그들에게 돌봄을 주어야 한다. 그러므로 교회가 새 신

---

[20] 현대인의 심리적 특징은 다음과 같다. ① 현대인은 기독교와 복음에 대해 잘 모른다. ② 내세보다 현세에 더 관심이 높다. ③ 죄책보다는 불안과 의심을 더 의식하는 편이다. ④ 교회에 대해서 특별한 이유도 없이 부정적이다. ⑤ 복합적 소외에 시달린다. ⑥ 좀처럼 신뢰하지 않는다. ⑦ 자존감이 낮다. ⑧ 역사와 미래에 대해서 불안감을가진다. ⑨ 역사뿐만 아니라 자기 자신을 통제할 수 없는 존재로 생각한다. ⑩ 자신만의 힘으로는 인생의 탈출구를 찾지 못한다.

자들을 위해서 돌봄을 줄 때에는 현대인의 심리와 새신자의 욕구를 잘 파악하여 적절하게 준비하여야 한다.

4. 새신자들에게 무엇을 가르쳐야 하는가?

교회는 전도를 통해서 꾸준히 새신자가 등록하고 있는데 문제는 교회안에서 정착률이 낮다는데 있다. 그러므로 대부분의 교회들이 구조의 틀을 새신자 중심으로 변화를 시켜서 정착률을 70% 이상으로 높여 가야 한다. 그러기 위해서는 교회는 새신자들을 위해서 다음과 같은 내용을 가르쳐야 한다.

1) 예수님이 그리스도라는 사실을 가르쳐 주어야 한다.

사도들이 새신자들에게 먼저 가르친 것은 "예수는 그리스도" 라는 것을 가르쳐 주었다(행 5:42). 이러한 사도들의 초점은 예수님이 그리스도라는 사실이었다. 즉 사도들은 교육을 통하여 새신자들에게 보다 견고한 기독교적 신앙을 심어주려고 했던 것이다.

초대교회 당시에 대부분의 새신자들은 유대교에서 개종한 개종자들이었기 때문에 그리스도의 복음에 대한 이해가 절대 필요했다. 그들은 구약성경에 대한 지식을 가지고 있었기 때문에 메시야가 예수님이라는 것을 인정하지 않았다. 그래서 사도들은 예수님이 구약성경에서 예언된 하나님의 아들이요, 그리스도이심을 가르쳐 주었던 것이다. 이처럼 이 시대에도 새신자들에게 예수님이 메시야라는 것을 분명히 가르쳐 줄 때 그들은 그 어떤 것에 매이지 않고 예수 안에서 자유함을 누리고 살수가 있기 때문이다.

2) 지속적인 신앙생활을 유지시켜 주어야 한다.

현대 교회가 안고 있는 문제점 중의 하나가 사람들이 전도를 통해서 또는 개인적으로 교회를 쉽게 찾아와 얼마 안 되어 소리 없이 떠나버린다는 데 있다. 이러한 문제점을 극복하기 위해서는 새신자를 위한 돌봄이 필요하다.

사도행전 4장에 보면 사도 베드로가 성령이 충만하여 그리스도를 전파했을 때에 회개하고 세례를 받은 제자의 수가 3천명이나 되었다(행 4:37-41). 이때 교회로 몰려든 새신자들을 계속적으로 머무르게 하기 위해서 사도들은 적극적으로 새신자 교육 프로그램을 만들었다. 그것이 바로 사도행전 2장 42-47절에 "저희가 사도들의 가르침을 받아 서로 교제하며 떡을 떼며 기도하기를 전혀 힘쓰니라. 믿는 사람이 다 함께 있어 모든 물건을 서로 통용하고 또 재산과 소유를 팔아 각 사람의 필요를 따라 나누어주고 날마다 마음을 같이하여 성전에 모이기를 힘쓰니라" 이것이 지속적인 신앙생활을 유지시키는 교육이다.

3) 고난을 극복할 수 있는 믿음의 능력을 길러 주어야 한다.

사도행전 14장에 보면 사도 바울의 새 신자 양육을 위한 강렬한 욕망과 모범이 나타나 있다. 비시디아 안디옥과 이고니온에서 박해가 심해지자 바울의 전도단은 박해를 피하여 그곳을 떠나야 했다. 루스드라에 도착한 그들은 어떤 병자를 고치므로 신으로 대접받는 소동까지 벌였다. 그러나 얼마 안 가서 유대인들이 안디옥과 이고니온에 와서 사람들을 선동하여 돌로 쳐 죽이려 했다.

여기에서 기적적으로 살아난 바울은 지난날 그토록 박해를 당했던 더베를 거쳐 루스드라와 안디옥과 이고니온으로 다시 들어간다. 그 이유는 박해를 받고 있는 신자들의 믿음을 격려하고 교육하기 위해서였다. 또한 사도행전 11장에 보면 예수 그리스도의 복음이 수리아 안디옥에 사는 헬라인들에게도 전파되어 많은 헬라인들이 예수를 믿고 교회로 모여들었다. 그 소식을 들은 예루살렘 교회는 성령과 믿음이 충만한 사람 바나바를 보내 격려토록 하여 바나바는 그들에게 나타난 하나님의 은혜를 보고 크게 기뻐하여 모든 사람들에게 박해 중에서도 굳은 믿음으로 주께 붙어 있으라고 권면하였던 것이다(행 11:19-24). 이처럼 사도들은 새신자들로 하여금 박해를 극복할 수 있도록 새신자 교육을 강화하였다.

4) 그리스도의 장성한 분량에 이르는 교육을 하였다.

기독교 교육의 목표는 예수 그리스도를 닮는 것이다. 로마서 8장 29절에서 사도바울은 말하기를 "하나님이 미리 아신 자들로 또한 그 아들의 형상을 본받게 하기 위하여 미리 정하셨으니 이는 그로 많은 형제 중에서 맏아들이 되게 하려 하심이니라"고 했다.

여기서 존 칼빈은 '그 아들의 형상' 이란 하나님의 아들 예수 그리스도의 형상으로서 하나님께서는 우리를 양자로 삼으실 때에 우리로 하여금 그의 맏아들인 그리스도의 형상을 지니도록 결정하셨다.

그러므로 예수 그리스도는 하나님의 모든 아들들이 본받아야 할, 영원히 살아 있어 두드러진 분이라고 말했다. 또한 에베소서 4장 13-14절에서 사도 바울은 말하기를 "우리가 다 하나님의 아들을 믿는 것과 아는 일에 하나가 되어 온전한 사람을 이루어 그리스도의 장성한 분량이 충만한 데까지 이르리니 이는 우리가 어린 아이가 되지 아니하여 사람의 궤술과 간사한 유혹에 빠져 모든 교훈의 풍조에 밀려 요동치 않게 하려 함이라"고 했다.

존 칼빈은 그리스도의 장성한 분량이란 나이가 늙은 것을 뜻하지 아니하고 계속해서 성장해 가는 영적 생명의 활력을 의미하는 것으로, 예수 그리스도에게 이르는 것이라고 보았다. 그러므로 그리스도인들은 거듭난 후에 어린아이와 같은 상태에 머물러 있어서는 안 되며 그리스도의 장성한 분량까지 계속해서 성장해 나가야 한다. 이것은 그리스도의 형상을 본받고 나가는 것이며 새 신자 교육의 목표인 것이다. 바울은 이러한 교육목표를 달성하기 위해서 해산의 수고를 아끼지 않았던 것이다.

5. 새신자의 돌봄

교회 현장에서 새 신자들을 어떻게 돌봐야 할까? 이것은 돌봄에 있어서 아주 귀중한 양육의 원리이다. 부모가 자녀를 돌보는 것처럼 영적 부모는 육적인 부모와 동일한 원리를 가지고 돌봄을 주어야 한다.

1) 사랑으로 양육하면서 돌봄을 가져야 한다.

새신자와의 관계 발전을 도모하기 위해서는 그에 대하여 진실한 관심을 갖고 그의 친구가 되기를 원하는 마음으로 시작해야 한다. 그 증거를 바울이 빌립보 교인들을 향하여 "내가 예수 그리스도의 심장으로 너희 무리를 어떻게 사모하는지 하나님이 내 증인이시니라"라고 말한다. 이처럼 바울은 그리스도의 심정으로 새신자에 대하여 책임을 다하면서 사랑하셨고 그들과 함께 일하면서 많은 돌봄을 주었던 것이다.

2) 슬픔과 기쁨을 함께 나누는 돌봄을 다져야 한다.

각 사람들의 내면을 자세히 알게 되면 상처가 없는 사람이 없다는 것을 알게 된다. 실제로 새신자들이 교회에 새로 나오는 동기는 여러 가지 문제가 생겨서 나오게 되는 경우가 많다. 즉 가정의 문제, 건강의 문제, 사업의 실패, 자녀의 문제, 진로의 문제, 각 개인의 마음의 상처 등이다. 이러한 문제를 안고 온 새신자들에게 교회는 무엇보다도 그 문제를 치유하고 회복될 수 있도록 내적으로 외적으로 도우면서 그리스도께로 온전히 인도해야 한다.

3) 그리스도와의 관계 발전을 위한 돌봄을 해야 한다.

사람과의 관계를 발전시키는 것도 당연히 어려운 일이지만 그리스도와의 관계를 발전시키는 데는 상당한 노력이 필요하다.

> 우리가 보고들은 바를 너희에게도 전함은 너희로 우리가 사귐이 있게 하려 함이니 우리의 사귐은 아버지와 그 아들 예수 그리스도와 함께 함이라(요일1:3)

요한은 그리스도인들의 사귐의 초점은 그리스도를 아는 것으로 성장해야 한다고 말한다. 이것은 이 사귐에서 그리스도가 중심이 되어야 하며 사람과의 뜻있는 관계를 유지하는데 방해가 되지 않아야 한다. 즉 주님과의 사귐을 통해서 많은 시간을 활용하여 교제의 시간을 가질 때 가능해 지는 것이다.

4) 인내로서 돌봄을 가져야 한다.

새신자와의 관계향상을 위해서는 오래 참는 인내를 해야 한다. 즉 서로의 관계를 발전시켜 유지하기 위해서는 많은 시간이 필요하다.

    우정이란 언제나 순탄하게 성장하거나 같은 비율로 성장하는 것이 아니기 때문에 때로는 새신자가 전혀 반응을 보이지 않을지라도 그에 대하여 인내하여야만 한다.

    사도행전 5장에서 아나니아와 삽비라를 만났을 때 이런 감각을 소유했던 베드로를 볼 수 있다. 베드로는 사람의 잘못된 태도를 추적하여 내면 속에 있는 문제를 보여 주고 있기 때문에 인내가 필요하다. 즉 그리스도 안에서만이 새신자에게 책망할 수 있기 때문이다(딤전 3:16-17).

    5) 충분한 시간을 갖고 돌봄의 교제를 해야 한다.

    관계향상에서 함께 시간을 보내는 것처럼 소중한 것은 없다. 함께 시간을 낸다는 것은 어떤 면에서는 많은 도움을 줄 수 있기 때문이다. 예를 들면 가정주부들은 오전 중에 서로 차 한 잔을 나누면서 대화를 하고, 또는 사업하는 사람들은 점심시간에 만나서 대화를 할 때, 친밀한 교제를 할 수 있기 때문이다.

    여기에는 상당한 노력이 필요하지만 친교를 위한 참된 문제는 마음으로부터의 책임감이지 결코 시간이 우선은 아니다. 그러므로 새신자와 함께 시간을 보내는 것이 새신자 돌봄에 효과적인 방법이라고 할 수 있다. 이러한 방법으로 새신자와의 친교를 서서히 확대할 수 있는 활동들은 "교회출석, 교회활동 참여, 쇼핑, 운동경기 관람, 봉사활동 참여, 소풍, 공휴일 휴가, 짧은 여행, 집으로 초대, 지역 봉사 등이다. 이때 새신자와의 비공식적인 친교의 자리를 만들 수 있도록 하는 것도 돌봄의 좋은 방법이다.

6. 상담을 통한 돌봄

우리는 개인생활의 영적인 면에 대하여 지나친 관심을 가지면서도 다른 면에 대하여는 너무 소홀히 여기는 경향이 있다. 각 개인은 서로 연관되는 모든 부분들이 하나로 모여 많은 부분으로 형성된 전체를 만들 때 영적인 면이 사회적인 면에 영향을 주고, 또 사회적인 면이 영적인 면에 영향을 줄 수 있다. 그러므로 새신자의 영적 필요는 아주 소중하다고 말할 수가 있다.

1) 가정 문제에 대한 상담의 필요성을 인식한다.

새신자들에게는 누구에게나 각자 다른 환경이 존재한다. 사람에 따라서 친밀감 대 고립감이 존재하기 때문에 어떤 형태로든지 문화적인 충격으로 인해서 고립감을 느끼지 않도록 목회 상담적인 돌봄이 필요하다.

2) 건강상 문제에 대한 상담의 필요성을 인식한다.

새신자가 건강상 문제로 고민할 때 그가 겪고 있는 상황에서 위로하고 용기와 힘을 주기 위해서는 먼저 그 사람의 동정을 잘 살피고 그 사람의 아픈 마음을 잘 수용해 주며, 그리스도 안에서 새신자가 건강해 질 수 있도록 돌봐야 한다. 이때 새신자의 건강에 관심을 가지고 중보 기도하여 주어야 한다.

3) 재정적 어려움을 당할 때의 상담의 필요성을 인식한다.

새신자가 재정적인 어려움을 당하고 있을 때 근심하는 것은 누구나 할 수 있는 문제이다. 이때 재정적으로 어려움을 당 할 때 위해서 기도해 주고 격려해 주면서 전인적인 면에서 돌봄을 주어야 한다.

4) 친구인 동시에 멘토(Mentor)가 되어준다.

새신자 돌봄에 있어서 가장 소중한 것은 다정한 친구 관계이면서 그의 영적 멘토가 되어 주는 것이다. 인간은 태어나면서부터 그 누구나 "군서본능(群居本能-외로움을 느낌으로 동료를 찾아서 무리를 형성하려는 욕구의 본능)"의 의식이 마음속에 자리잡고 있다. 교회에 적응하는데 있어서 교회가 어떤 곳이며, 교회생활은 어떻게 해야 하는지 모르는 것을 부담 없이 물어보고 교회에 편안하게 잘 적응 할 수 있도록 그리스도께로 안내하기 위해서는 영적인 멘토가 되어주어야 한다.

멘토(Mentor)라는 말의 기원은 그리스 신화에서 비롯된다. 고대 그리스의 이타카 왕국의 왕인 오디세우스가 트로이 전쟁을 떠나며, 자신의 아들인 텔레마코스를 보살펴 달라고 한 친구에게 맡겼는데, 그 친구의 이름이 바로 멘토였다. 그는 오딧세이가 전쟁에서 돌아오기까지 텔레마코스의 친구, 선생님, 상담자, 때로는 아버지가 되어 그를 잘 돌보아 주었다. 그 후로 멘토라는 그의 이름은 지혜와 신뢰로 한 사람의 인생을 이끌어 주는 지도자라는 의미로 사용되었다고 한다. 이러한 의미의 멘토링(Mentoring)은 한 마디로 현장 훈련을 통한 돌봄이라고 말할 수 있다. 즉 먼저 믿고 훈련받은 사람들이 풍부한 경험과 지식을 가지고 1:1로 전담하여 구성원(멘티:Mentee)을 지도, 코치, 조언으로 돌봄으로서 온전한 신앙으로 양육하는 것이라고 할 수 있다.

새신자가 교회에 등록했을 때 개인별로 한 명의 멘토가 정해짐으로 그 주일에 새 가족 환영실에서 일대일 만남의 시간을 갖는다. 멘토는 이 새 신자에게 친교 파트너(친구역할)도 되고 교회의 안내자도 되며 교회의 여러 소그룹(예배, 친교, 성장, 사역, 증거 소그룹 등)으로 인도하여 새 신자가 원할 경우 일대 일로 양육한다.

성경에는 이러한 멘토(Mentor)와 멘토리(Mentee)가 이드로와 모세(출 18장), 모세와 여호수아(신 31:1-34:9), 요나단과 다윗(삼상 18:1-4, 19:1-7, 20:1-42), 또래간의 멘토(요나단과 다윗), 엘리야와 엘리사(왕상 19:16-21, 왕하 2:1-16, 3:11), 여호야다와 요아스(대하 24:1-25), 바나바와 사울(바울)(행 2:36-37, 9:26-30, 11:22-30), 바나바와 마가요한(행 15:36-39, 딤후 4:11), 브리스길라와 아굴라와 아볼로(행 18:1-3, 24-28) 등이 나온다. 이러한 멘토들이 있을 때 새신자들이 건강하게 성장 할 수 있기 때문이다.

교회는 새신자의 영혼을 돌보아 주는 일이다. 그것은 인간 속에 있는 영적인 것뿐만 아니라 몸과 영혼과 정신이 하나가 된 인격적인 전인으로서의 영혼인 것이다. 영혼을 잘 돌보아 주는 목회의 사역은 새신자 돌봄에 있어서 더욱 필요하며 가장 중요시되는 것이다. 이제 교회는 주님의 지상 명령을 실천함에 있어서 새신자들을 하나님의 말씀으로 잘 양육하고 돌봄으로서 건강한 교회로 성장을 할 수 있기 때문이다.

장기 결석자의 돌봄

Care and Counselling
10. 장기 결석자의 돌봄

　우리는 교회 안에서 마음에 상처, 인간관계의 어려움, 직업상의 문제, 결혼과 이혼, 환경의 변화로 인한 이사, 재난, 이단과 접촉으로 인해서 교회를 장기적으로 결석한 성도들을 만나게 된다. 이때 목회자들은 목회적인 돌봄을 통해서 그들이 가지는 문제를 해결해 주어야 한다.

　어느날 새 가족의 사업체를 방문하였을 때 자신의 남편이 대학 시절에 교회를 잘 다니고 전도도 잘하는 등 오랫동안 예수를 잘 믿었었는데, 지금은 교회를 나가지 않고 있다고 말하였다. 그 직접적인 이유는 대학교에 다닐 때 중국어를 전공하면서 열심히 교회 생활을 하고, 중국말로 진행되는 큐티 반을 만들어 활동을 할 정도로 신앙이 좋은 사람이었는데 어느 날 친구와 함께 여행을 떠났다가 친구가 죽게 되어 그 충격으로 "왜 이런 일이 자신에게 일어나는가" 이해가 되지 않아 교회를 나가지 않게 되었다는 것이다. 대부분 장기적인 결석을 하는 사람들은 여러 가지의 갈등의 문제가 다양하게 내재되어 있다는 것을 알 수가 있다. 이러한 문제에는 광의적으로 사회적인 면과 교회적인 면이 있고, 협의적으로는 가정적인 면과 심리적인 면에서 일어나는 사건들이 갈등의 영향을 끼쳐 교회를 나가지 않게 만들기 때문이다. 이때 장기적으로 신앙생활을 등한히 하는 사람들은 대부분 복음에 대해서 오해를 하고 있다는 사실이다.

1. 복음에 대한 오해

1) 하나님의 형상이란 측면에서 본 인간 이해의 부족

하나님은 인간을 창조하실 때에 "하나님의 형상대로 사람을 창조하시되"(창 1:26-28)라고 인간 창조를 말씀하고 있다. 여기서 하나님의 형상대로 라는 말은 '지정의'의 차원에서 같은 특질을 가졌다는 의미를 말한다. 즉 그분의 형상에는 인간의 본질적인 구성요소들인 지적인 힘, 자발적인 애정, 도덕적 자유 등과 같이 다른 피조물계에는 없지만 인간이 공유하고 있는 지속적인 특징을 가지고 있다는 것을 말한다. 이 말은 인간은 하나님의 형상대로 지음을 받았기 때문에 하나님을 갈망하고 생각하고 느끼실 수 있는 역량을 가진 독립적인 인격체인 것을 의미한다.

상담학자 래리 크랩(Larry Crabb)은 인간을 "깊은 갈망을 가진 인격적인 존재, 사고하는 지성적인 존재, 선택하는 의지적 존재, 느끼는 감정적 존재"라고 말하였다. 특히 인간에겐 나를 만드신 하나님에 대한 갈망이 있기 때문에 비록 타락해서 인간의 영성이 희미해지기는 했지만 여전히 하나님의 형상이 남아 있다는 것을 인식하지 못하고 오해하고 있는 것이다. 이런 점에서 장기 결석자들은 하나님의 형상회복에 대한 절대적인 부족 때문에 자신의 위치를 망각하여 교회의 생활을 멀리 하게 되는 것이다.

2) 타락한 영향력을 통해서 본 인간 이해의 부족

인간의 타락 사건의 핵심에는 하나님을 시험하고 하나님의 사랑과 지혜로 설정된 경계선을 침범하고자 하는 인간의 욕망 때문이다. 이러한 욕망은 무한한 욕심을 가진 인간이 타락한 후에 하나님의 자리에 자신의 주인이 되고자 하는 과욕으로 인해서(롬 1:22) 인간이 가지는 의지 자체가 오염되어서 하나님께 불순종하는 의지로 변질되기 때문이다. 이러한 변질이 분별, 정의, 용기, 절제, 믿음, 소망, 사랑에 대적하는 교만, 시기, 분노, 호색, 탐심, 게으름, 탐욕들로 나타나서 죄의 중대함과 편만함을 가져옴으로 개인의 삶뿐 아니라 사회에 미치는 영향을 통해서 지속적인 하나님과의 관계의 삶의 필요성을 잃어버리게 된 것이다. 이러한 결과가 장기적인 결석의 원인으로 나타나고 있는 것이다.

3) 정체성을 통해서 본 인간 이해의 부족

자아 정체성이란 내가 나 자신을 어떻게 보고 있느냐 하는 문제이다. 즉 내가 생각하고 바라보게 되는 나, 타인이 생각하는 나, 하나님이 생각하고 바라보는 나의 측면을 보아야 하는데 인간이 이기적이기 때문에 이러한 정체성을 올바로 가지고 있지 않다는데 문제가 있다.

정체성(identity)이란 말은 심리적인 의미로 사용될 경우에는 내면세계의 통합 또는 자기 존중감의 의미로 사용된다. 즉 이 말은 '지속적으로 변화하는 환경과 내면의 세계 속에서도 평안을 가지고 하나님과 이웃과 자신의 관계를 유지시키는 상태이다'라고 말할 수가 있다.

그래서 Roger Hurding은 목회적 돌봄은 관계를 맺어 주는 일, 그리고 사람들이 사물의 질서에 어떻게 맞춰야 하는지 알도록 돕는 일과 관련되어야 한다고 말한다.

사회적으로 인간의 정체성의 관계성(connectedness)을 발견하는 일에는 자기 이해와 자기 존중에 대한 욕구를 포함해서 여러 가지 측면들이 있다. 개인의 과거에서 어느 한 경험이 그 사람의 결정적인 정체성을 만들 수 있기 때문이다. 이러한 삶의 경험들은 내가 내린 의견에 초점을 맞추고 매사를 결정하기 때문에 정체성의 상실을 회복하는 것이 급선무이다.

여기서 인간의 정체성을 파괴하는 다섯 가지 영역(뿌리)은 부모의 영향, 삶의 경험, 이룰 수 없는 기준, 비교의식, 자신의 부모에게서 언어를 통해서 받은 부정적인 영향력은 삶의 경험에 견고한 진으로 작용하기 때문이다. 그래서 정체성의 회복은 하나님의 창조 질서 가운데 참된 자아를 찾기 위해서는 그리스도를 통하여 하나님과의 관계를 회복해야 하고 성령의 역사으로 인하여 우리의 죄로 물든 사고방식들을 보여주실 때 그것들을 버리고(깨뜨리고) 하나님의 진리에 순종해야 한다.

2. 장기적인 결석을 하는 사람들

사람은 태어나면서 혼자 독립하여 사는 것이 아니고 누군가의 돌봄 속에서 성장해 가고 영향력을 받으면서 인생을 경영해 나간다. 이러한 영향력 속에서 성도들이 장기적인 결석을 하는 경우를 보면 그 이유는 다양하다고 말 할 수가 있다.

1) 이단과 접촉한 자

이단들은 우는 사자와 같이 두루 삼킬 자를 찾아다니므로 언제 어떻게 교우들이 이단에게 넘어가서 자신들의 정체성을 잊어버리고 변신하여 이탈할지 모른다. 이단들은 기독교인들보다 더 집요하게 그들을 찾아다니고 돌봄의 사역을 하며 금품으로도 유혹하여 끌어간다.

그러므로 신앙의 교리 교육을 통해서 성도들이 진리의 말씀에 굳건히 서도록 돌봄을 주어야 한다. 연약한 성도들은 성경의 사상을 잘 알지 못하므로 신앙의 체계가 바로 서 있지 못한다. 그래서 이단의 감언이설에 분별력이 없어서 넘어지고 호도를 당함으로 목회적인 돌봄으로 잘 돌보지 않으면 장기 결석에 이르고 다시 돌아와도 문제를 일으키며 어려움을 가중시킬 수 있기 때문이다.

2) 마음에 상처

교회 안에서 봉사하는 일로 인하여 서로의 의견이 맞지 않을 때 서로에게 상처를 입는 경우가 있다. 이때 자신의 의견이 수렴이 되지 않으면 감정이 상하게 되어서 갈등을 격은 사람들끼리 서로 쳐다보기 조차 싫은 경우가 생기고 서로 피하게 된다. 공동체 안에서 점점 이러한 상황이 발전하게 되면 마음에 부담이 되고 교회와 소원해 지며 다른 교회로 옮기고 싶은 마음이 들도록 사탄은 교회를 흔들어 놓으며 분열을 초래한다.

그리고 주를 위해서 일을 했지만 사람들에게 적절한 칭찬이나 인정을 받지 못하면 마음이 서글퍼지고 다른 사람들이 나를 인정해 주지 않을 때 서운함이 눈덩이처럼 불어나 마침내는 자신이 감당 할 수 없을 만큼 정신적 심리적 갈등을 겪다가 교회를 떠나게 된다.

3) 인간관계의 어려움

대인 관계에 어려움을 겪는 사람들에게는 교회의 활동에서 개인적인 차이에 따라 오해를 불러일으키기도 하고 상처를 받기도 한다.

인간관계에서 소극적인 마음을 가진 자들은 서로 어울리는데 제약을 받고, 대인 관계를 어려워하다가 외톨이가 되며 숨어서 관객으로서의 신앙생활을 하다가 교회를 떠나게 되는 경우도 있다. 이러한 인간관계를 겪으면 심지어는 다른 종교를 선택하기도 한다.

4) 직업상의 문제

직업상에서 같은 동질성을 가지고 있다면 서로 돕는 관계를 형성하므로 마음이 통하여 서로 쉽게 친구가 될 수 있어야 한다. 그런데 직업의 관계가 서로 동질화가 아닌 배타적인 관계에 있으면 마침내 그 직업을 따라서 거주지를 옮겨야 하고 행동에 제약을 받아서 교회와 소원해진다.

그리고 교회에서 바람직하다고 생각하는 직업을 가진 사람들은 떳떳하게 교회에 출석을 할 수 있지만 그렇지 못한 사람들은 음성적으로 신앙생활을 하고 마음에 가책을 느끼며 결국 이러한 문제들이 교회를 소홀히 여기게 만들어서 장기적인 결석을 하게 만드는 원인이 된다.

5) 결혼과 이혼

현대 가정들이 역할 구조가 변화하여 전통적 가정에 구조를 이루고 살아가던 방식들이 변화하고 있다. 결혼한 가정에서 시부모와의 갈등을 겪으면서 그들의 비위를 맞추기 위해 교회를 다니다 보면 그것은 점점 굳어져서 장기 결석에 이를 수 있다. 또한 가치관의 차이로 인하여 결혼 생활에 갈등을 겪게 되는데 이 과정을 잘 뛰어 넘지 못하면 이혼의 위기까지 가며 장기 결석과 함께 교회와 소원해 진다.

갈등으로 인한 가정의 해체는 부부 당사자만의 문제가 아니라 가족 전체에 영향력을 미쳐 가족 구성원간에 상황의 변화가 장기 결석에 들어가는 위협을 양산하게 된다.

6) 환경의 변화로 인한 이사

현대 가정의 변수가 여러 과정에서 일어나므로 이사를 갈 수밖에 없는 상황에서 이사를 가게 되면 아무리 결심을 한다고 해도 교회와의 거리가 멀어져 교회를 나오기가 어려워진다. 이런 어려움을 반복 하다 보면 꼭 그 교회로만 가야 하나 하면서 출석하는 횟수가 줄어들고, 마침내는 적당한 시기에 출석을 보류하게 되고, 마음에 맞는 교회를 찾지 못함으로 교회출석이 소원해져서 장기 결석을 하게 될 수 있다.

7) 재난

재난은 갑작스럽게 발생하는데 생명을 위협하는 스트레스 사건이다. 재난은 첫째로 부정의 단계를 거친다. 둘째는 가족 구성원들이 일어난 일에 대한 자신들의 느낌을 알게 될 때 분노의 단계에 들어간다. 셋째는 협상의 단계를 넷째는 가정이 재난의 모든 부분을 깨달을 때 이들은 좌절의 단계로 들어가게 된다. 다섯째 수용의 단계로 도달해서 가정은 재난이 일어나기 전과는 매우 다른 모습을 보인다.

누구나 재난은 찾아 올 수 있다. 그러나 어느 가정이 불의한 사고로 재난의 희생물이 될 때 그 구성원들은 공동의 경험을 통해 더욱 가까워지는 경우가 있는 반면 반대로 예기치 않은 때에 재난이 찾아오면 이해를 하지 못함으로 하나님에 대한 서운함과 원망으로 교회를 등한히 함으로 장기 결석에 들어 갈 수 있다.

3. 장기 결석자들을 위한 돌봄의 방법들

장기적인 목회적 돌봄은 교회의 구성원 및 공동체의 일상적인 필요 모두에 대한 교회의 관심을 실제적으로 표현해야 한다. 그러기 위해서 장기적인 결석을 하는 사람들을 돕기 위해서는 다양한 방법으로 하나님의 치유(God's Healing)하심을 전제로 장기, 단기적인 여러 가지 방법으로 장기 결석자들을 상담학적으로 돌봐야 한다.

1) 목회상담

그리스도인들이 상담을 성경과 일반 은총의 신학의 빛 속에서 평가하고 그런 평가를 통해 좋은 것과 나쁜 것과 상관없는 것을 분별할 때, 상담은 목회적 돌봄의 합당한 요소로 이해될 수 있다. 즉 상담은 목회의 현장에서 심리적 기제가 적절히 강조되는 돌봄의 관계를 통해서 삶의 어느 한 측면 또는 모든 측면에서 건설적인 변화를 일으키도록 돕는 것을 목표로 하는 활동이다. 이러한 방법을 가지고 장기 결석자들을 대할 때 그들의 이야기를 먼저 들어 줌으로서 그들을 치유하면서 위로와 권면와 지탱으로 돌봄을 주어야 한다.

2) 삶의 한 측면 혹은 모든 측면의 용서

상담에서 인간의 삶의 모든 측면을 파노라마식으로 개괄해야 한다는 의미가 아니라, 삶의 어떤 부분을 다루더라도 전체를 염두에 두어야 한다는 의미다. 영적 지도와 상담은 종종 중복되는데 영적 지도는 그리스도인으로서의 개인적인 성장에 초점을 맞추기 때문에 영적 친교를 통해서 심리적 딜레마와 정서적 장애를 다루어야한다. 그래서 삶의 모든 국면에 대해서 용서하고 용서받도록 하는 방향으로 나가면서 심리적 차원과 영적인 차원을 신중하게 균형을 취해 주어야 한다.

3) 심리적 기제들

하나님의 형상을 담고 있는 심리의 측면은 영혼이나 영보다는 마음이라는 개념을 포함하고 있기 때문에 심리학이 인간의 사고, 소망, 느낌, 꿈, 직관, 상상, 의사결정, 활동, 행동 패턴의 측면에서 인간의 본성의 본질을 연구하는 포괄적인 분야로 인간을 이해한다면 상담자는 내담자의 삶의 지배하는 내적인 갈등, 불순한 동기, 불안, 변화에 대한 저항 등에 이해와 통찰을 가지고 접근해야 한다. 그래서 그들이 가진 문제들을 경청할 때 심리적 기제들로 인해서 이해를 통한 효과적인 돌봄을 가질 수가 있기 때문이다.

4) 치유와 온전함

치유는 온전함과 동일한 과정으로 죄악으로부터 구원과 회복의 온전함을 의미하며 전인의 심원한 치유를 가리킨다. 그러나 완벽함이나 완전함 즉 다시 병들거나 상태가 나빠지지 않는다는 것, 또는 전혀 늙지 않거나 친구나 불화를 겪지 않거나 하나님의 용서를 더 이상 필요로 하지 않는다는 것을 의미하는 것이 아니라 우리 존재의 모든 국면에서 좋은 쪽으로 극적이고 광범위한 변화를 가져와 궁극적 치유의 충만하게 구현된 온전함을 향한 지속적인 여행길에 들어서는 것이다. 구원과 치유는 혼합되어서 그리스도를 통해서 온전케 되었고, 온전케 되고, 온전케 될 것이라고 선언할 때 성경에 충실하다.

온전한 치유를 위해서 때로는 타자들 즉 친구, 가족, 동료신자, 심지어 적까지 개입되어서 사용되어질 때 기쁨, 냉소, 지지, 불신, 격려, 실망 등으로 우리에게 반응 할수 도 있고, 사회적 돌봄에 종사하는 전문가들, 자원봉사 기관들, 법률기관들까지 긴밀한 협력이 요구되는 것이다.

4. 장기 결석자들에게 목회적인 돌봄

우선 장기 결석자들은 교회와 분리되어 거리감을 두고 있다. 에덴에서 축출 당한 아담과 이브처럼 떨어져 나가 자신의 생각 속에 갇혀 있다.

돌봄자들은 그들을 위해서 기도를 하면서 접촉을 하여야 할 것이다. 그들은 교회로부터 분리되어 숨어버린 경우이므로 에덴에서 숨어 버린 아담과 이브를 하나님이 찾아 오셔서 그들의 상태를 진단하시며 그들과 대화를 시도하셨듯이 그들에게 찾아가는 것으로부터 돌봄이 시작되어야 한다.

예수 그리스도가 높은 보좌에서 이 땅의 죄인들을 위하여 찾아 온 것처럼 하나님의 주권을 가지고 그들을 찾아가되 겸손으로 허리를 동이고 찾아가서 그들을 만나고 지혜로운 돌봄을 주어야 한다.

1) 있는 그대로 수용의 돌봄

그들이 교회를 떠날 수밖에 없었던 사정이 있었기에 돌봄자가 만나기 원해서 전화로 연락을 하거나 방문을 하면 그들은 우선 교회에 출석하지 못한 것으로 인해 미안해하고 부끄러움의 단계에 이를 수도 있다. 이들은 정상적인 그리스도인의 생활을 하지 못한 것으로 돌봄자를 만나게 되면 숨고 싶은 마음이 앞 설 수 있으므로 그들의 마음을 받아 주며 평안하게 해 주는 말을 하므로 그들의 마음을 여는 것이 무엇보다 중요할 것이다. 그러므로 그들이 자신의 사정을 털어놓을 수 있도록 분위기를 조성하고 대화를 시도하여야 할 것이다.

2) 진지한 사랑의 돌봄

피돌봄자는 돌봄자가 찾아 왔을 때 진심으로 자신을 도울 수 있는 사람인지를 먼저 살펴본다. 반면 사무적이고 의무적인 직업상의 돌봄은 피돌봄자들을 식상하게 만든다. 그리고 쉽게 마음의 문을 굳게 닫고 그 시간만을 피하면 될 것이라고 생각 할 수 있다. 그러므로 진실 된 마음으로 피돌봄자들이 소망 없는 세상에서 오직 유일하게 의뢰할 수 있는 분이 하나님 뿐이라는 사실을 깨닫도록 하여 주며 마음에서 그 진리를 따라 가도록 격려하며 복음으로 이끌어야 할 것이다.

3) 관계를 지속한 인내의 돌봄

돌봄의 사역을 하면서 우리는 자칫 인내를 잃어버릴 수 있다. 진실한 사랑을 가지고 대해도 그들이 변화하지 않을 때 돌봄자는 지쳐서 그들을 돌보는 것을 포기 할 수 있다. 그러나 예수님이 사람들을 돌보실 때에 그 사람이 구원에 이르도록 끝까지 포기하지 않으시고 베드로를 돌보신 것을 우리는 기억해야 한다. 그가 예수님을 부인하고 갈릴리 바닷가로 고기 잡으러 갔을 때에 주님은 다시 그에게 나타나서 그의 마음을 위로하시며 먹을 것을 준비해 주시고 그를 연민의 정으로 무한한 사랑을 가지고 받아 주셨다. 그러므로 돌봄자에게도 한계가 올 수 있으니 예수님께로 그 능력의 자원을 받아 인내 하면서, 열매를 바라보면서 돌보아야 한다.

4) 계속적으로 기도하며 돌봄

피돌봄자들의 문제를 가지고 정기적으로 기도는 하는 것이 무엇보다도 중요하다. 피돌봄자에게 그를 위해 기도하는 시간을 가르쳐 주어서 그들도 기도에 동참 할 수 있도록 하면 더욱 좋을 것이다.

기도를 통해서 그들의 삶이 새로워 질 수 있으므로 그들의 문제를 듣고 기록하면서, 하나님이 어떻게 응답하시는지 결과를 보면서 기도 하며 돌보는 것은 서로가 확인을 할 수 있어서 좋다. 문제의 응답을 기다리면서 해야 하는 것인지 급한 기도인지 등등 사정을 헤아려 기도함으로 좋은 열매를 기대 할 수 있다.

5) 예배의 회복의 돌봄

우리가 돌봄자로서 사역을 하는 것은 궁극적으로 그들로 하나님께 나아 갈 수 있게 하는 예배의 회복의 돌봄이다. 예배는 천국에 가서도 지속 될 것이기에 이 회복은 무엇보다 중요하다. 절망적 상황이나 무관심의 상황에 있는 그리고 교회 출석을 꺼리는 그들에게 하나님이 동행하고 있다는 것을 피돌봄자와 함께 체험하게 하므로 그들의 멀어진 낙심된 마음과 영적 침체를 극복할 수 있도록 도와준다.

엘리야가 하나님의 세미한 음성을 듣는 것은 절망적인 상황에 있는 사람이 하나님의 동행 가운데 축복을 누릴 수 있다는 임재 의식을 사렙다 과부에게 가져다 준 것처럼 하나님의 위로가 인생의 패배감을 극복하고 사렙다 과부의 절망에서 일어나 예배를 회복하게 한 것처럼 이러한 돌봄은 사역의 꽃이라고 해도 과언이 아닐 것이다.

  홀로 남아 있는 순간에 인간은 누구를 기대하고 기다린다. 그가 절대적인 하나님이든 사람이든 영향을 받게 되는데 돌봄의 사역은 교회에 출석을 하다가 무슨 이유에서든지 교회와 분리되어서 소원해지고 구원의 사각지대에 빠지려 할 때 그런 자들을 위해서 돌봄의 사역을 하는 것이다.

  친구가 필요한 것은 친구의 얼굴을 빛나게 하는 것도 있지만 소극적으로는 서로를 세워 주어서 침륜에 빠져 있는 자들을 돌아보아 구원의 자리로 다시 회복시키는 하나님의 귀중한 치유의 사역이라고 할 수 있다. 그러므로 돌봄자는 장기 결석을 하는 자들을 살피고 돌아보아 절망하지 않고 열매로서 구원의 반열에 서도록 최선을 다하는게 중요하다고 하겠다.

  요즈음 가정사역에 대해서 많은 사람들이 관심을 가지고 돌봄을 하고 있다. 이것은 현대 목회사역의 패러다임의 전환이 필요하다는 것을 반증할 것이다. 사실 상담이 인간의 영역이라면 치유는 하나님이 절대 고유 영역이기에 지속적인 돌봄을 통해서 어려움에 있는 성도들의 삶을 회복하기 위해서 교회 안에 실제적으로 적용되어야 한다. 이러한 측면에서 장기적으로 결석을 하는 자들에 대해서 돌봄자들은 관심과 다양한 돌봄의 사역을 가지고 그들이 건강하게 신앙생활을 할 수 있도록 기여해야 한다. 이러한 장기 결석자들을 위한 돌봄 사역이 교회가 더욱 활력을 찾고 열매가 풍성해지기를 기대해 본다.

탈진에 빠진 사람에 대한 돌봄

한국의 베짜기에 대한 연구

Care and Counselling

11. 탈진에 빠진 사람에 대한 돌봄

21세기를 맞은 오늘날, 우리는 인간복제가 가능해진 최첨단의 과학만능주의 시대에 목회자들이 살고 있다. 이때 목회자들은 이러한 현실과 현실적 요구 앞에 어떻게 대처할 것인지 생각하면서 다양한 가치관을 형성하고 살아가야 한다. 이 시대는 첨단과학 기술의 눈부신 발전, 국제 경쟁 시대, 벤처 사업의 등장으로 인한 옛 사회적 구조의 해체, 인터넷으로 인한 지식과 정보의 홍수, 끊임없이 계속되어 온 물량주의, 기존의 가치관의 파괴와 권위의 상실 등으로 오늘날 한국교회 목회자들의 설자리를 어렵게 만들고 있다. 이런 시대적 상황 속에서 목회자의 개인적인 요구는 정도를 넘어서고 있지만 다양한 교인들의 요구에 적절하게 순응하지 못한다면 성직과 전문직이라는 틈바구니에서 심각한 스트레스와 갈등을 피할 수 없다. 이러한 스트레스와 갈등으로 인해서 목회 탈진 현상은 사역의 현장에서 능률과 효율성을 빼앗아 갈 뿐만 아니라, 고독과 실의, 좌절과 정신적인 고통, 그리고 우울증에 시달리게 한다. 이미 미국에서는 이러한 목회자들의 위기를 전망하고 이에 대한 예방과 치료를 위한 연구를 교회와 교인, 그리고 교단적인 차원에서도 목회 탈진에 대한 이해와 함께 적절한 대책을 세워야 한다.

1. 탈진의 정의

영어에서 탈진은 번 아웃(burnout)으로 표현 된다. 탈진은 특히 영적인 지도자들에게 잘 나타나는 증상이라고 할 수가 있다. 웹스터 사전에서는 탈진(burnout)이란 말을 세 가지로 설명하고 있다.

첫째로 탈진이라는 말은 건물 등과 같은 어떤 것의 내부나 내용물이 타는 것을 지칭하는 것이며, 둘째로 전기학 분야에서 볼 때, 이 말은 고온으로 인한 발화로 회로가 타버려 고장을 일으킬 때 사용된다. 셋째로 임학(林學)에서는 엄청난 산불이 나서 숲의 바닥 위에 있는 생명력 있는 부식토를 파괴하게 되어 결국 숲이 황폐하게 된 경우를 말한다.[21] 이처럼 원래 탈진이라는 말은 인간과 관련지어 사용한 것이 아니었다. 그러나 이제는 이 말이 어떤 사회적인 또는 심리적인 현상을 가리키는 것으로 사용되고 있다.

탈진(burnout)이라는 말을 처음 사용한 심리학자 허버트 프로이덴버거(Herbert Freudenberger)에 의하면 탈진이란 에너지 고갈 상태, 또는 어떤 사상이나 관계 혹은 생의 여정에서 마다하지 않고 쏟아 부은 자기희생이 기대한 결과를 낳지 못했을 때 발생하는 피곤과 좌절의 상태이다.[22]라고 말하였다.

---
21) John A Sanford, Ministry Burnout, 심상영 역, 탈진한 목회자들을 위하여(서울: 도서출판 나단,1995), p.9
22) H. J. Freudenberger, "The staff burn-out syndrome in alternative institutions," Psychotherapy : Theory, Research and Practice (12, 1975), p.73.

심리학자 크리스티나 마슬락(Christina Maslach)은 탈진을 "신체적인 소진, 만성적인 피로, 무력감과 절망감 등과 일, 생활, 타인에 대한 부정적인 자아상과 태도의 심화 등에 의해서 나타나는 신체적인, 정서적인, 그리고 정신적인 소진상태"[23]라고 정의하였다. 이뿐 아니라 목회상담가인 하워드 크라인벨(Howard Clinebell)은 "탈진이란 말은 본래 로켓이 모든 연료를 다 소모한 후에 잠깐 동안 그대로 날아가는 상태를 일컫는 말"[24]이라고 정의하고, 이 때 공기저항과 중력이 그 로켓의 속도를 감소시키고, 드디어 지구 안으로 회수해 들일 수 있게 되는 것이라고 설명하였다.

탈진이라는 말은 수많은 정의를 만들어 내고 있지만 탈진이란 그 특성상 자기의 희생을 마다하지 않고 남을 지나치게 헌신적으로 도와주는 사람들에게 자주 발생하는 증상으로, 들어주고 돌봐주는 능력을 지나치게 사용함으로써 감당키 힘들 정도로 오랜 기간 동안 너무 많은 사람들과 너무 무거운 책임감에 짓눌려 소진하고 마는 '정서적인 소진상태(emotional exhaustion)'라고 정의할 수 있다.

2. 탈진의 원인으로서의 스트레스

일반적으로 탈진은 만성적인 스트레스의 결과로, 스트레스가 계속되는 상황에서 오랫동안 벗어나지 못할 때 일어난다. 그러기에 탈진은 스트레스에 의해서 야기되는 결과적인 현상이라고 할 수 있다. 물론 스트레스가

---

23) R.M. Oswald, Clergy Self-Care : Finding a Balance for Effective Ministry (New York: The alban Institute, 1991), p.59.
24) Howard Clinebell, Well Being, 이종헌, 오성춘역, 전인건강 (서울: 한국장로교출판사, 1995), p.174.

모두 부정적인 가치만 있는 것은 아니다. 스트레스를 그 효과에 따라서 유익한 스트레스(eustress)와 해로운 스트레스(distress)로 구분할 수 있다. 스트레스라고 하는 것은 장.단점이 있지만 장점 보다 단점을 많이 내포하고 있다. 즉 유익한 스트레스는 심리적인 성장과 변화에 꼭 필요한 부분으로 유익한 기능을 하여서 생활에 활력소가 되기도 한다. 그러나 현대사회 속에서 현대인들이 겪는 스트레스는 유용한 기능보다는 악조건으로 힘들게 하고, 좌절하게 하고 삶에 의욕을 상실하게 하는 나쁜 증후군 같은 작용하는 경우가 더 많기 때문이다.[25]

스트레스 학설의 선구자 한스 셀리(Hans Selye)는 스트레스의 증후군을 "범적응 증후군(General Adaption Syndrome)"이라는 개념을 발표하면서, 경계단계(alarm stage), 저항단계(resistance stage), 탈진단계(exhaustion stage)의 3단계로 구성되어 있다고 설명한다.[26] 경계단계(alarm stage)는 충격기(shock phase)와 역충격기(counter shock phase)로 나뉘어지는데, 충격기는 유해 자극에 대한 최초의 즉각적인 반응단계이다. 이 시간에는 맥박이 빨라지는 증상, 근육긴장의 감소, 체온감소, 혈압감소 등과 같은 증후가 나타난다.

역충격기에는 방어기제의 일종인 반동반응이 일어나는데, 이 기간 동안에는 부신에서 아드레날린이란 호르몬이 분비되어 심장박동을 증가시키고, 호흡수, 혈당치, 땀분비를 증가시키며, 동공을 확대시키고 소화작용을 억제하여 어려운 상황에서 대처할 수 있게 한다. 또한 몸이 스트레서(stressor)로 인한 긴급 상황에 장시간 대처하고 있기 때문에 이 경계단계

---
25) 이후로 '스트레스' 라는 말은 부정적 의미의 '해로운 스트레스(distress)' 를 의미한다.
26) Hans Selye, The Stress of Life (New York: McGraw-Hill Book Company, 1984), pp.36-47.

에서 목숨을 잃을 수도 있다. 그래서 유기체가 생존하기 위해서는 두 번째 단계인 저항단계(resistance stage)를 거치게 되는 것이다. 저항단계에서는 스트레스 때문에 입은 손상을 보충하여 극단적인 추위나 어려운 육체적인 노동, 근심과 같은 스트레스에 적응하거나 스트레스와 더불어 사는 것을 배우게 된다. 이 단계에서는 유기체가 스트레스에 최대한 적응하는 상태로서 이 기간 동안에 증상의 소멸 및 발전 여부가 결정된다. 흔히 사람들은 일상생활에서 경계단계와 저항단계를 여러 번 경험한다. 일상생활의 많은 요구에 적응하기 위해서, 그리고 생활의 더 심한 위협으로부터 자신을 보호하기 위해서 이런 방어기전이 필요한 것이다. 그러나 스트레스가 오랫동안 지속되면 신체는 위기에 대응하기 위해 계속 준비상태에 있어야 하는데, 그 준비상태를 유지하려는 몸의 요구를 견뎌내지 못하면 탈진 단계(exhaustion stage)에 이르게 된다. 오랜 기간 동안 유해자극에 노출되어 있으면 어렵게 획득한 적응력은 다시금 그 기능을 상실하게 되어 탈진 단계에 들어가는 것이다.

하나님께 소명을 받고 양들을 돌보는 목회 사역이라도 그 사역 자체에 고유한 문제와 함정을 안고 있다. 그래서 목회자들이 공통적으로 겪는 스트레스의 대부분은 봉사직에 종사하는 사람들(사회 사업사, 교사, 간호사, 경찰, 가난한 법률가, 치료사, 의사 등)의 것과 유사하다고 할 수 있다.[27]

목회자들은 이들보다 대체로 다른 전문가들이 비해서 비교적 스트레스를 잘 다루고 있다고 힐트너(Hiltner)는 결론을 지었다.[28]

---

27) S. Daniel & M. Rogers "Burn-out and Pastorate : A critical review with implication for pastors," Journal of Psychology and Theology (Fall, 1981), p.244
28) Seward Hiltner, Ferment in the Ministry (New York : Abingdon Press, 1969), p.19

3. 탈진의 증상

미국 정신의학회(American Psychiatric Association)가 발행한 『정신장애의 진단 및 통계 편람 제4판』(Diagnostic And Statistical Manual Of Mental Disorders-Fourth Edition, DSM-IV)에 탈진의 증산에는 분명한 특징이 있다고 정의 하였다. 즉 동기 유발 부진, 흥미와 의욕 상실, 위축, 슬픔, 식욕 상실, 수면 장애, 결단력 저하 등의 우울 증상과 함께 다양한 신체적 증상들이 나타날 수 있기 때문에[29] 이용원은 목회자의 탈진의 원인이 되는 증상을 몇 가지 유형으로 구분하였다.[30]

① 고독감 : 목회자는 좋은 동료(peer)를 가지기 힘들기 때문에 일생동안 외로움을 겪으며, 부당한 비판을 받을 때 믿고 대화를 나눌 상대가 마땅치 못해서 고립감을 느낀다.

② 압박감과 불안 : 과중한 업무로부터 압박감과 불안이라는 다양한 스트레스를 받게 된다.

③ 갈등 : 이것은 상반된 요구, 기회, 욕구 또는 목표에 당면하여 결단 내려야 할 때 경험한다. 결혼생활, 자녀문제, 교회 지도자들과의 문제 등에서 흔히 생기는 스트레스 유형이다.

④ 좌절과 실패 : 이것은 목표나 목적의 달성이 방해받거나 지연될 때 경험하는 것으로, 주로 일에 대한 의미를 상실했거나 지적 무력감을 느낄 때, 그리고 흔히 오랜 목회생활 후에 느끼게 되는 스트레스 라고 말하였다. 사실 탈진의 증상은 신체적으로 항상성을 유지하기 힘든 에너지의 감소, 일이나 직업에 대한 실패감으로 인한 자긍심의

---

[29] Louis McBurney, Counseling Christian Workers, 윤종석 역, 사역자상담(서울: 도서출판 두란노, 1995), pp.233-234
[30] 이용원, "목사와 스트레스," 신학과 목회 제 VI집 (경산 : 영남신학대학교, 1992), pp.16-17

감소, 일의 투자에 비해 보상이나 사례가 적은 것에 대한 소득과 지출의 불균형, 다른 길을 인식하지 못하는 무력감과 절망감, 세계관이 흔들리는 이상의 상실, 자신이나 타인, 일이나 조직체 등에 대한 냉소적이고 비관적인 입장, 모든 자원을 탕진한 듯한 자기 소진 등이라고 오스왈드(Oswald)는 말하고 있다.[31]

콩고(D.G. Congo)와 호킨스(Don Hawkins)는 탈진의 증상을 이렇게 말한다. D.G. Congo는 "두통, 위장병, 만성감기, 체중감소, 불면증, 숨참, 긴장과 불안의 감정, 음식,커피,초콜릿의 과도한 사용, 기억력 손실, 과민반응, 공상, 비난하는 경향, 움츠림, 냉소, 부부간의 불만족, 조급함, 열등감, 무감각, 취미에 대한 흥미손실, 삶의 한 영역에 가진 편견, 영정인(정신적인) 메마름"[32]을 탈진의 증상이 나타난다고 말하고 있고, 호킨스(Don Hawkin)s는 탈진현상을 세 가지 영역으로 구분하여 설명하고 있다.[33]

첫째로 정신적인 영역인데, 한 인격체나 직업인에게 나타나는 환멸감이나 패배감, 분노, 냉소적인 사고방식, 부정적인 태도, 성급함, 무력감이나 절망감·자기 의혹 등의 좌절감, 죄책감,[34] 어떤 일을 완벽하게 충분히 잘하지 못했다는 느낌, 무관심, 집중력 부족, 자기 비하, 환상에서 깨어난 느낌, 환멸, 자기 정체성의 상실, 정신 착란 등이 있다.

둘째는 신체적인 영역으로, 등이나 목이 아픈 것, 편두통, 불면증, 식욕

---

31) R.M. Oswald, Clergy Self-Care : Finding a Balance for Effective Ministry. p.59.
32) D. G. Congo, "Burnout," p.112
33) Don Hawkins, Paul Meier, Frank Minirth, Richard Flounoy, How to Beat Burnout, 김은철 역, 탈진된 마음의 치유 (서울: 규장, 1995), pp.18-22
34) 여기서 '죄책감' 이란 지나치게 책임의식이 강하거나 헌신적이 되려고 애쓰기 때문에 생기는 잘못된 죄책감을 말한다.

상실, 궤양, 고혈압, 되풀이되는 감기, 소화불량, 알레르기, 그리고 심할 경우 심장마비나 심장발작을 일으킬 수 있다. 세 번째는 영적인 영역으로, 하나님의 능력을 의지하기를 거부하고 스스로 하나님의 역할을 하는 것, 영적인 진공상태에서 자신을 포기하는 것에서 나타난다고 생각했다. 이처럼 자신을 포기 할 때 그 어떤 영적 에너지가 채워져야 하는데 채워지지 않을 때 이런 현상이 나타나는 것이다.

4. 탈진의 요인

목회의 일은 끝이 없고 눈에 보이는 결과도 없으며 반복적인 일을 하다가 보면 에너지의 소모는 큰 반면 하는 일은 허공을 치는 것 같고 뭔가 손에 잡히는 것이 없다는 것을 스스로 느낀다. 이때 나타나는 현상이 탈진의 원인이 된다. 목회자들이 탈진의 원인이 되는 이유 중에 하나는 성도들의 기대를 만족 시킬 수 없다는 불안감이 온다. 따라서 성도들에게 좀더 솔직하게 접근하면서 이해를 구하고 양해를 구해야 하지만 목회자들이 하는 일이 반복적으로 하다가 보면 끝없는 반복적인 일로 인해서 탈진이 찾아오게 되기 때문이다.

그래서 샌포드(Sanford)는 목회자를 정의하기를 "목회자는 마치 큰 바위를 산꼭대기까지 굴러 올려 미처 꼭대기에 닿기도 전에 다시 그것을 아래로 굴리고, 또 다시 그것을 산위에 굴러 올려야 하는 운명을 지닌 그리스 신화에 나오는 시지프스와 같은 사람이다"[35]고 말한다. 그의 말처럼, 끝임 없는 업무에 시달려야 하는 목회자는 항상 탈진의 가능성 앞에 노출되어

---
35) J. A. Sanford, 탈진한 목회자들을 위하여, p.14

있는 존재들이다. 이러한 목회적인 일들을 가지고 윌리몬(Willimon)은 목회 사역에서 탈진의 요인을 15가지로 제시하고 있다.36)

① 교회의 일에는 끝이 없다.

② 교회는 목회자들에게 성취하기를 바라는 기대들과 직무들에 대한 명료한 틀을 제시하지 않는다. 특히 이 요인은 상대적으로 역할이 잘 규정되어 있는 담임목회자들보다는 부목회자들에게서 심각하게 나타난다. 이들에게는 목회 사역 전반에 대한 모든 일을 할 것으로 기대되고 있기 때문이다.

③ 목회 사역은 반복적인 경향이 짙다. 목회 사역 대부분이 자체 반복적이다.

④ 목회자들은 해마다 동일한 사람들과 사역해야 한다.

⑤교회는 절망적인 요구의 사람들을 위한 안식처요 피난처이기 때문에 항상 어려움과 곤란이 끊이지 않는 곳이다. 병들고 상처 입은 사람들은 종종 힘겹고 많은 것을 요구한다. 그리고 교회에는 상처 입고 도움을 필요로 하는 사람들이 그렇지 않은 사람들보다 더 많을 수밖에 없다.

⑥ 어떤 사람들은 교회의 참 목적에 대한 깊은 위임에서 교회에 나오는 것이 아니라, 단지 교회로부터 인정받고 싶고 긍정 받고 싶어 하는 목적에서 교회에 나오기도 한다. 그러나 교회가 그들에게 위임을 요구하고, 받기보다는 줄 것을 권하고, 섬김을 받기보다는 섬기기를 요청한다면 그들은 곧 목회자에게 증오심을 나타낸다.

⑦ 목회자는 Jung이 페르조나(persona)라고 불렀던 사회적 자아를 가

---
36) W. H. Willimon, Clergy and Laity Burnout (Nashville : Abingdon Press, 1989), pp,31-51

지고 시간의 대부분을 보내야 한다. Jung에 의하면 페르조나란 우리의 진실한 내적 감정들을 감추기 위해서 쓰는 심리적인 가면이다. 목회자들은 교인들의 문제에 깊은 관심을 나타내지만 그렇지 못할 때가 많다. 그러나 피곤에 지쳐 있을 때에도 교인들의 요구가 들어오면 목회자는 또다시 페르조나를 뒤 집어 쓰고 그들에게로 달려가야 한다.

⑧ 목회자들은 실패로 인해서 탈진할 수 있다. 목회자들은 현재 교회의 모습과 하나님께 명하시는 교회의 실체 사이의 현격한 차이로 인해 긴장을 풀지 못한다. 그런 차이가 때로는 목회자들의 생명을 위협하기도 한다.

⑨ 교회와 그 사역은 주변 문화에 의해서 가치 있는 것으로 평가 받지 못하고 있다. 오늘의 시대는 돈의 가치를 높이며, 한 인물의 가치를 그가 받는 급여에 의해서 평가한다. 따라서 대다수 헌신적인 목회자들도 자신이 받는 사례가 낮을 때 자신의 가치가 평가 절하되고 있다는 느낌을 가지게 된다. 이처럼 교회의 그물이 되는 문화 때문에 목회자들은 성서와 교회 전통에서 정의된 교회의 진정한 목적에 충실하려 하기 보다는 모든 사람들에 인정받고 찬사 받기를 원하게 된다.

⑩ 목회자들은 제도적으로 쇠퇴의 길을 걷고 있는 상황에서도 포기하지 말고 목회에 임해야 한다. 교회가 점차 쇠퇴하게 될 때 목회자의 우울증세는 심화될 수밖에 없다.

⑪ 교회와 목회 사역의 대부분은 그저 머리로만 하는 여행(head trip)에서 벗어나지 못하고 있다. 교회는 영적이고 지적인 문제들을 다루어야지, 육체적이고 신체적인 문제를 취급해서는 안 된다고 생각하고 있다. 따라서 대다수의 목회자들은 그들의 육체에 대해 심각한 반감을 갖고 있다. 많은 경우 정서적이고 관계적인 문제들은 실재하는 몸을 무시하는데서 비

롯된다.

⑫ 부적절한 시간 경영이 많은 목회자들을 고갈시킨다. 많은 목회자들은 좀 더 중요한 목회 사역에 할애해야 할 시간을 사소하고 별로 중요하지도 않은 일에 빼앗기고 있다.

⑬ 목회는 종종 엉망진창이 될 수도 있다.

⑭ 목회 사역은 목회자의 배우자의 헌신이나 적어도 동정적인 지원을 요구한다.

⑮ 목회자는 자기 견해와 다르더라도 교단의 가치 체계와 신학적인 성향, 우선순위 등과 조화를 이루어야 한다.

이상의 목회 탈진 요인들을 Willimon은 열거하면서, 결국 탈진이란 에너지 고갈의 문제라기보다는 '의미 상실의 문제'라고 말한다. 사실 목회의 탈진은 의미의 상실인 동시에 에너지의 상실이며 의미와 에너지의 회복을 요구하는 일종의 병리현상이라고 할 수 있다.

5. 지도자들의 탈진과 회복

성경에 보면 영적 탈진을 격은 사람들이 많이 나온다. 그 중에 한 사람이 하나님의 사람 엘리야이다. 엘리야가 신경쇠약이나 심신의 기력 저하 등을 가리키는 '탈진'(burnout)하였다는 말은 없지만[37] 심리학적인 증상으로 볼 때 영적 탈진으로 인한 무기력증에 빠진 것은 사실이다. 종종 탈진을 이야기 할 때 잘못된 인식은, 기도가 부족하고 신앙이 나태해질 때 발생하는 증상이라고 생각 한다. 그러나 탈진은 그리스도의 삶에서, 특히 목회

---
37) /Don Hawkins, Paul Meier, Frank Minirth, Richard Flounoy, 탈진된 마음의 치유, p.166

사역을 감당하는 목회자에게서 예기할 수 있는 한 측면이요, 정상적인 삶이다

구약 성경 열왕기상 18-19장은 엘리야의 실패와 탈진의 문제를 아주 심도 있게 다루고 있다. 갈멜산에서 엘리야는 바알의 선지자들과 사력을 다한 결투를 했다. 그 결과 육체적인 에너지와 정신적인 에너지와 영적인 에너지를 집중하여 그 결투에서는 성공했으나, 엘리야는 성공 뒤에 오는 허전함과 환멸, 실망과 낙담을 경험해야 했던 것이다. 그는 분명 하나님의 도우심을 입어 기적적인 갈멜산에서의 대승을 거두고, 엘리야는 우상 숭배자들에 대한 승리를 완수하고 왕국의 수도에서까지 바알 종교를 완전히 제거하려고 이스라엘로 달려갔지만 이세벨의 악의에 의해서 좌절되고 말았다. 이세벨은 바알 선지자들을 죽인 분노 때문에 엘리야에게 "내일 이맘때에는 정녕 네가 죽으리라"는 말을 전 할 때 엘리야는 이 말을 듣는 순간 낙담하여 그곳을 떠나 광야로 도망하였다. 이제 더 이상 엘리야는 이세벨과 싸울 힘이 남아 있지 않았기 때문에 그에겐 오직 탈진 상태에서 벗어나는 것만이 필요했다.

엘리야는 이 문제를 해결하기 위해서 브엘세바로 갔고, 거기서부터는 광야로 들어가서 그곳에서 생명의 피곤함을 여호와 앞에 쏟아놓고 메마른 광야 길을 하룻길쯤 간 후 엘리야는 로뎀나무 아래 주저 앉자서 죽기를 간구하였다.

> 여호와여 넉넉하오니 지금 내 생명을 취하옵소서(왕상 19:4)

이 말은 탈진 상태에서 자신의 솔직한 심정을 토로한 말이다. 이때 하나님께서는 탈진한 엘리야에게 먼저 천사를 보내어 육적인 탈진을 치료하셨

고, 로뎀나무 아래서 깊이 잠이 든 엘리야에게 숯불에 구운 떡과 물을 먹여 주신 것이다. 이러한 시간을 수면(휴식)과 음식을 통해서 엘리야의 육체적인 탈진은 회복되고 난 이후에 하나님은 엘리야를 하나님의 산 호렙으로 인도하셨다.38) 그는 호렙에서 쉰 다음 엘리야의 탈진은 회복된 것이다.

6. 사역자들의 탈진 원인

목회와 신학39) 의하면 한국교회 목회자들은 대부분 주일 저녁과 월요일에 가장 큰 해방감(안식감)을 느끼는 것으로 나타났다. 주일 저녁과 월요일에 해방감을 느끼는 이유는 주일 설교와 주일에 교인들과 만나야 하는 인간관계, 그리고 각종 교회행사로부터 오는 정신적, 육체적 스트레스에서 잠시 벗어난다고 생각하고 있다. 월요일이 모든 업무를 끝내고 쉬기 때문이다. 쉼은 이 처럼 탈진을 예방하는 힘이 있다. 문제는 이러한 쉼을 원하지만 한국 교회 목회자들은 대부분 규칙적인 운동을 하지 못하고 있는 것으로 나타났다.

일반적으로 최소한 일주일에 3회 이상은 규칙적으로 운동을 해야 효과를 얻을 수 있다고 하는데, 주 2-3회 이상 규칙적으로 운동하는 목회자는 전체의 30.1%에 지나지 않았다. 반면 운동을 전혀 하지 않거나 규칙적으로 운동을 하지 않는 목회자가 전체의 66.0%에 이른다고 한다. 이 처럼 2/3정도가 규칙적인 운동을 하지 않고 있는 것이다.

한국 교회 목회자들의 탈진의 가장 큰 원인으로 교회 성장에 대한 중압

---

38) 박수암, "성경에 비춰 본 지도자들의 탈진과 회복," p.54
39) 목회와 신학, 제119권 1999, 5월호 pp.118-120

감 때문이라고 응답했다(34.2%). 그리고 교인과의 불편한 관계(16.9%), 목회자에 대한 교인들의 기대감(11.1%), 과중한 설교(8.4%), 과중한 업무와 과로(0.9%)등 탈진의 원인이 외적인 요인으로 말미암는다고 응답한 경우가 모두 71.5%나 되었다. 반면 목회자 자신의 영적결핍(21.9%)나 게으름 (0.2%)이나 건강관리 소홀(0.2) 등 목회자 자신에게서 탈진의 원인을 찾는 경우는 낮게 나타났다.

이처럼 한국 교회의 목회자들은 영적 성장을 향한 부담이 탈진의 원인이기에 마음에 안정을 찾지 못하는 것이다. 물론 자신의 영적 한계 때문이기도 하지만 환경적인 요인과, 자신의 무능에서 찾아오는 한계는 영적 결핍에 이르러서 결국 자신을 힘들게 만들기 때문이다. 이때 비록 천천히 목회적 부흥이 더디 간다고 할지라도 엘리야처럼 다시 힘을 얻기 위해서는 정신적인 스트레스를 잘 극복하고 과중한 업무 보다는 규칙적인 운동과 여적 충전을 통해서 탈진에서 벗어나야 한다.

7. 탈진이 초래하는 병리 현상

탈진은 스트레스로 인해서 찾아오기 때문에 여러 가지 병리 현상을 가져오게 된다. 그래서 목회자의 탈진이 초래하는 심각한 병리현상의 원인을 '내부를 향한 분노'라고 Faulkner은 지적하면서, 그 분노의 거부에서 오는 증상을 다섯 가지로 제시하였다.[40]

---

40) Ibid, pp.88-93

1) 소진(exhaustion)

소진은 피곤을 가져온다. 피곤이 멈추지 않을 때 신체적 소진이 된다. 신체적 소진은 우리가 알아야 할 것을 알려주는 신체언어이다. 이럴 때 필요한 것은 쉬는 일이다. 잠깐 눈을 붙이거나 의자에 앉아서 쉬어야 한다.

2) 격리(detachment)

격리는 좀더 심각한 병리현상으로, 고통을 피하기 위해 자기를 보호하는 방어기제이다. 격리는 거절당하는 것을 피할 수 있도록 도와준다. 격리는 신체적인 격리와 정서적인 격리를 모두 포함하는데, 신체적인 격리란 목회자가 혼자 있을 곳을 찾아다니는 것이다. 반면 정서적인 격리는 내성적으로 친밀감을 상실한 것을 뜻한 것으로, 그것이 만성적으로 변질될 경우 심각한 병리현상을 초래할 수 있다.

3) 냉소(cynicism)

다른 사람을 향한 분노가 때로는 질투와 시기심으로 변할 수 있다. 이럴 때 나타나는 병리한상이 냉소이다.

4) 조급함(irritability)

조급함은 냉소와 함께 일어나는 병리현상으로 참지 못하는 것이다.

5) 의심(suspicion)

좌절하고 탈진해버린 목회자들은 의심하기가 쉬워진다. 시각이 흐려져

넓게 보지 못하고 열쇠 구멍처럼 좁은 시각으로 사물을 바라본다. 화면 전체를 바라보지 못하고 작은 일부만 바라보기 때문에 의심이 계속된다.

한편 Holmes는 목회자의 죄로 인해서 일어 나는 '무감각' 이야말로 목회자들이 가지고 있는 근원적인 죄이며, 이 무감각이 탈진의 대표적인 증상으로 다음과 같은 심각한 병리현상을 초래하게 된다[41]고 말한다.

① 권력욕.
교회 안에서 많은 목회자들이 권력을 갖고자 한다. 목회자들은 지혜로운 권력을 더욱 요구하게 되고, 그리스도의 소명과 점차 멀어지게 만드는 권력욕은 영적 탐구의 열정을 상실한 나태의 죄이다. Oates는 목회자들의 권력 지향적 성향이 결국 목회자로 하여금 사회병리적 인격 장애를 가져왔다는 Richard Hester의 보고를 제시한다.[42]

② 격리(insulation)와 회피(evasion)
목회자의 탈진은 솔직하게 직면하면 치유될 수 있지만, 그렇지 않으면 나태의 형태를 띤 격리와 회피라는 모습으로 드러나 치유하기가 힘들어진다. 목회자는 가능한 한 분주해짐으로써 자신의 영적 공허 상태를 회피하려는 유혹이 있다. 스스로 통제할 수 없고 스스로 판에 박힌 방법으로 행동하지만, 내적인 생명이 텅 비어 있어 줄 것이라곤 아무 것도 없다. 반면 격리란 대처할 에너지가 전혀 없는 상황으로부터 자신을 조심스럽게 보호하는 것이다. 목회자는 자신이 심히 허약하다는 망상을 가지고 외부에 대해서 분노한다. 교인들과 적대 관계에 있거나 적개심을 품은 설교를 하거

---
41) Urban T. Holmes, Spirituality for Ministry, 김외식 역, 목회와 영성(서울: 대한기독교서회, 1988), pp.70-90
42) W.E. Oates, When Religion gets Sick, 정태기 역, 신앙이 병들 때 (서울 : 대한기독교출판사, 1987), pp.162-165.

나 때로는 사람과의 접촉을 회피하는 등 교묘하게 위장되어 나타난다.

③ 냉소

분노보다 더 나쁜 것이 냉소이다. 탈진하기 쉬운 목회자들은 자신들이 무한한 사랑과 이해의 근원을 소유하고 있다고 믿는다. 이러한 신념으로 불가능한 상황 속으로 뛰어 들어가지만, 결국 급속한 고갈이라는 운명에 처하게 된다. 그리고 경청하는 자세를 갖지 못하고 기도와 신학을 멀리한다.

④ 수단과 목적의 혼동

물질 이면에 있는 것을 다루려 하지 않고 물질 전체를 거룩하게 생각한다. 예복이나 성경, 웅장한 성가대석, 파이프 오르간 같은 종교적인 물건들을 하나의 목적으로 삼는 것이다. 이런 경우 결국 목적을 지향하지 못하고 자신들에게 유리한 작용을 하는 수단에만 집착하게 된다.

⑤ 실패에 대한 두려움

나태와 비열정이라는 목회자들의 죄의 뿌리에는 실패에 대한 두려움이 자리 잡고 있다.

⑥ 혼외정사

성적인 유혹은 다른 많은 사람들이 다루기 힘든 것처럼, 목회자들에게도 커다란 유혹이다. 많은 목회자들이 이 유혹을 이기려고 하지만, 수시로 그 유혹에 빠지기도 한다.[43]

---

[43] 지난 20년 동안 조사하여 1999년도에 발표한 연구 결과에 따르면, 미국 목회자들 중에서 사역 기간 중에 배우자가 아닌 사람과 성관계를 가진 사람이 12%나 되었고, 성관계 외에 성적 접촉을 가진 사람은 18%로 나타나, 전체 목회자 중에서 30%가 성적 이탈을 경험한 것으로 나타났다. 목회와 신학 편집부, "미국목회자에 대한 진실들 : 20년간 설문자료," 목회와 신학 제 119권 (1999년 5월호), p.119

사람들이 가장 도덕적으로 약할 때가 육체적으로 고갈을 느낄 때 이다. 육체적인 탈진은 많은 순간 도덕적 무장해제상태를 낳곤 한다. 성적 범죄에 빠진 목회자들은 대부분 사역에 있어서 과도한 부담으로 인하여 고갈되었을 때이다.44)

8. 탈진예방과 돌봄

모든 목회 사역은 예수 그리스도의 사역에 의해서 규정되고 측정된다. 목회자들에게 요구되는 목회상은 빌립보서 2장 1-11절에서 보여진 '겸손히 종으로 섬기신 그리스도' 이다 목회자들이 자주 듣는 말씀 또한 "아무 일에든지 다툼이나 허영으로 하지 말고 오직 겸손한 마음으로 각각 자기보다 남을 낫게 여기라"는 것이다.

다른 사람을 위해서 희생하는 삶, 자신을 내어주는 삶을 위해서 주름 받은 존재로 규정되고 있다. "목회자는 섬기는 자이다. 예수 안에서 우리는 복음적 목회 사역의 본질을 알게 된다.… 예수는 한 사람의 종 이었다"45) 고 말한 것처럼, 목회사역은 종으로 오신 예수의 사역에 기초하고, 그 사

---

44) 전병욱, "성적 유혹을 이기는 청년 사역자," 목회와 신학 제110권 (1998년 8월호), pp.82-83. 정석환은 목회자의 성적 탈선의 문제가 단순히 개인적인 문제가 아니라 구조적인 문제라고 지적한다. 즉 지나친 경쟁주의와 성과주의, 충분한 휴식과 휴가 업이 과중한 업무와 희생만을 강요하는 한구교회의 목회 스타일, 목회자들을 양성하는 신학교ᅥ에서의 인성교육과 심리치료에 대한 충분한 교육의 미비점, 각 교단들이 소속 목회자들의 건강과 스트레스에 대처할 수 있는 목회자들을 위한 정신건강 프로그램에 대한 관심의 미비점 등과 관련되어 있다는 것이다. 정석환, "중년기 목회자의 성정 유혹에 대한 심리적 분석," 목회와 신학 제 132권 (2000년 6월호), p.106

45) Harry G. Goodykoontz, The Minister in the Reformed Tradition(Louisville : John Knox Press, 1963), pp.18-19

역을 닮아 가는 것에서 성취된다고 생각한다.

이것은 특히 한국적 상황에서는 더욱 그렇다. 김종렬은 "목회자는 예수님의 가르침대로 섬기는 자로서 겸손하고 자기 목숨을 내놓을 수 있는 희생정신이 있어야 한다."46)고 말한다. 즉 겸허하게 남을 섬기는 일과, 남의 인격과 능력을 존중하고, 자기 이익을 챙기는 욕심을 버리고, 공동체의 이익을 위해 자신을 희생하며, 자신의 능력과 힘을 과시하지 않고, 오히려 자신의 무기력(Ohmmacht)을 철저히 인식하고 하나님의 절대능력(Vollmacht)의 손에 자신을 의탁하는 목회자여야 함을 강조한다. 이러한 목회 개념에 전통적인 목회개념과 그것에 충실하려는 자세가 목회탈진의 주된 원인이 되고 있다는 것을 암시해 주고 있다.

① 이상적이고 지나치게 헌신적인 목회자

② 가난한 자들, 환자들, 임종자들과의 계속적이고 직접적인 접촉으로 인해 의기소침해지거나 역전이를 겪어야 하는 목회자

③ 모든 사람을 만족시켜 주어야 한다는 강박감을 가지고 있으면서도, 교회 안에서 발생하는 갈등을 참아내지 못하는 목회자

④ 갈등이나 마찰을 피하려는 목회자

⑤ 자기 자신의 영력을 보호하기 위해서 혹은 잠시 쉬기 위해서, 사적인 일이나 혹은 재창조를 위한 시간을 얻어내기 위해서 'NO!' 라고 대답하는데 힘겨운 목회자

⑥ 역할 혼돈에 시달리는 목회자.

이렇듯 전통적으로 목회자에게 요구되는 목회사역에 대한 자세와 헌신

---

46) 김종렬, "교회 갱신을 위한 바른 목회자상," 신학과 목회 제IX집 (경산 : 연남신학대학교, 1995), p.118

이 목회탈진의 심각한 문제인데, C.L. Rassieur는 더 이상 목회 사역의 기초가 전통적인 목회개념에서 요구하고 있는 '자기 부인'에 두어서는 안 된다고 주장한다. 효율적인 목회사역의 기본인 '자기 부인'의 개념에 근거하고 있는 한 '탈진한 종'들만 양산할 뿐이기 때문이다. C.L. Rassieur는 자기 자신에 대한 기본적인 긍정과 타자에 대한 돌봄을 동시에 요구하는 "네 하나님을 사랑하고 네 이웃을 네 몸과 같이 사랑하라"는 말씀에 목회사역의 진정한 의미를 두어야 한다고 말한다.[47]

예수 그리스도를 위한 목회사역은 목회자 자신이 개별적인 한 인격체로서의 자아를 회복하는 데서부터 시작해야만 한다는 것이다. 이렇게 자기 자신에 대해서 부끄러움을 느끼지 않고 긍정할 수 있는 목회자만이 현대 목회가 지니고 있는 다양하고 복잡한 스트레스에 대처할 수 있는 것이다.

9. 탈진의 예방과 실제적인 방법

개인적 차원에서의 자기 돌봄은 통전성을 목표로 해야 한다. 통전성을 목표로 하는 개인적 차원에서의 탈진의 예방과 치료는 네가지 측면을 동시에 고려해야 한다. 신체적 측면, 정서적 측면, 영적·지적 측면, 정신적 측면 등이 그것이다.

1) 신체적 측면에서의 돌봄

---

47) Charles L. Rassieur, Stress Management for ministers (Philadelphia : The Westerminster Press, 1982), p.43
48) 황성주, "성경은 예방의학 교과서입니다," 빛과소금 제128권 (1995년 11월호), p.94. 황성주, "목회자의 건강, 라이프 스타일에 달려있다," 빛과 소금 제 132권(2000년 6월호) p.179

병원에 찾아오는 목회자들 중 67%가 한 가지 이상의 병을 가지고 있고 7%는 세 가지 이상의 병을 가지고 있으며, 41%는 간이 나쁘다는 연구 결과가 있다.[48] 의학자들은 육체적으로 건강하고 활기찬 상태를 유지하는 것이 장수하는 비결이고, 몸무게를 정상적으로 유지할 수 있을 뿐만 아니라 혈압, 심장병 등을 예방할 수 있는 지름길이라고 말한다.[49] 그리고 건강을 유지하고 위해서는 적어도 일주일에 20분씩 3회정도 운동을 해야 한다고 말한다. 의학자들은 이러한 규칙적인 운동을 설득하고 있으나, 대부분의 목회자들은 이를 따르지 않고 있다. Oswald는 목회자들이 자신들에게 유익한 규칙적인 운동을 실행하지 않는 가장 큰 이유를 '타성에 젖어있기 때문'이라고 말한다.[50] 활동적인 운동은 정서적으로 생기를 북돋아주고, 감정을 고조시킴으로 우울증을 대비할 수 있도록 해준다. 그리고 건전한 운동은 우리 마음을 염려로부터 벗어나게 하며, 분노와 걱정을 건강하게 극복할 수 있도록 도와준다.

2) 음식 조설

건강을 유지하는데 있어서 균형 있는 식사만큼 중요한 것도 없을 것이다. 대부분의 영양학자들은 여러 가지 다양한 음식들을 약간씩 골고루 섭취하는 것이 가장 이상적이라고 주장한다.[51] 잘못 들여진 음식 습관은 과도한 스트레스와 탈진에 연계되어 많은 어려움을 초래할 수 있기 때문이다. 감정적으로 격해져 있는 상태에서 과도한 카페인, 설탕, 소금, 지방분,

---

49) Don Hawkins, Paul Meier, Frank Minirth, Richard Flounoy, 탈진된 마음의 치유, p.129
50) R.M. Oswald, Clergy Self-Care : Finding a Balance for Effective Ministry. p.143.
51) Don Hawkins, Paul Meier, Frank Minirth, Richard Flounoy. 탈진된 마음의 치유, pp.129-130

알코올, 그리고 정제된 밀가루 음식을 섭취하는 것은 그 상태를 더욱 악화시킬 수 있다. 한 연구 결과에 의하면, 한국교회 담임 목사들은 75.7%가 규칙적으로 식사를 하지만, 1/4에 가까운 24.3%가 불규칙적인 식생활 습관을 가지고 있는 것으로 나타났고, 응답자의 45.8%가 10시 이후에 야식하는 일이 가끔 있으며, 6.8%는 자주 야식을 한다고 응답했다. 목회자의 절반 이상이 야식을 함으로 음식 조절에 실패하고 있음을 보여준다.[52]

3) 수면

충분한 수면은 건강을 유지하는데 필수적인 조건이다. 수면이 부족하면 정상적인 면역체계에 장애를 일으켜 병에 감염되기 쉽고, 또 병을 더욱 악화시키기도 한다.[53] 한 연구 조사에 의하면 낮 동안에 정상적으로 활동하고 또 최상의 컨디션을 유지하기 위해서는 적어도 8시간의 수면이 요구된다.[54] 충분히 잠을 자 두지 않으면 우울해지거나 신경질이 나기 쉽고, 자기가 하는 일에 집중하기도 불가능해질 뿐만 아니라, 삶이 즐겁지도 않다. 수면은 신체와 정신과 마음 모든 영역에 걸쳐 필수적인 요소이다.

탈진을 치료하는 데에도 알맞은 수면은 필수적이다. 엘리야는 탈진상태

---

52) 정장복, 주승중, "한국교회 담임목회자들의 건강실태에 대한 조사연구," 목회와 신학 제 115권 (1999년 1월호), p.105

53) Stanley Coren, Sleep Thieves: An Eye-opening Exploration into the Science and Mysteries of Sleep, 안인희 역, 잠 도둑들 (서울: 황금가지, 1997), pp.229-231. 이 책에서 Coren은 일에 잠을 빼앗긴 현대인들에게 '잠은 낭비가 아니다'는 것을 여러 실험을 통해서 증명해 주고 있다. 그에 의하면, 해마다 잠과 관련된 실책과 사고가 미국에서만 560억 달러 이상의 손실을 가져오고 있고, 거의 25,000명의 목숨을 앗아가고 250만 명이 넘는 사람들이 사고로 인한 장애에 빠지고 있다고 말한다. Ibid, p.7

54) Don Hawkins, Paul Meier, Frank Minirth, Richard Flounoy, 탈진된 마음의 치유, p.130

에서 로뎀 나무 아래서 깊은 수면을 취했다. 거기에서 탈진의 치료가 시작된 것이다. 그런데 불행하게도 한국교회 목회자들은 충분한 수면으로도 만족하고 있었다.

3) 유머

분노와 우울증과 같은 부정적인 감정이 신체적 건강에 부정적 영향을 끼치는 것과 마찬가지로, 환희와 웃음과 같은 긍정적인 감정의 경험은 신체적 건강에 좋은 영향을 끼칠 수 있다. 잠언 17장 22에도 즐거운 마음이 양약에 비유되어 있다. 웃는다는 것은 정신적으로 건강하다는 뜻이다. 기분이 좋을 때 대뇌에서는 엔돌핀이라는 합성물질이 나온다. 이때 사람은 행복감을 느낀다.55) 이럴 때 나오는 웃음은 자신을 회복하는데 큰 도움이 된다.

4) 격려

스트레스는 어느 정도 필요한 것이긴 하지만, 만성적 스트레스는 탈진을 초래한다. 그러므로 스트레스를 가져오는 대상으로부터 잠시 격리될 필요가 있다. 그 격리에는 네 가지 통로가 있다.56)

① 취미 – 우표 수집, 정원 가꾸기, 독서, 요리, 화초 키우기 등.

② 운동 – 테니스, 수영, 등산, 낚시, 야구, 산책 등.

③ 예술 – 박물관 관람, 오페라 관람, 화랑, 연극, 뮤지컬, 영화 감상 등.

④ 표현 예술 – 시작, 작곡, 연극, 회화, 조각, 꽃꽂이 등.

4) 영적·지적 측면에서의 자기 돌봄

---

55) Don Hawkins, Paul Meier, Frank Minirth, Richard Flounoy. 탈진된 마음의 치유, p.136
56) R.M. Oswald, Clergy Self-Care : Finding a Balance for Effective Ministry, p.183

G. R. Collins는 탈진의 치료 방법으로 '규칙적인 기도와 묵상, 중보기도' 등을 제안했다.57) 그러나 현대의 목회자들은 신선한 영성을 유지하기 위해서는 독특한 문제들에 직면해야 한다. 왜냐하면 목회자들은 이미 기도나 예배 등에 너무 익숙해져 있어서 그것들에 대한 신비로움을 잊어버렸기 때문이다. 목회자는 성경을 읽어도 다른 사람의 영적 요구를 위해서 읽을 뿐 자기 자신의 헌신을 위해서 읽는 경우가 많지 않다. 여러 곳에서, 여러 모임에서 다른 사람을 위해서는 기도를 드려도, 정작 자기 자신을 위한 기도를 드릴 시간이 없다. 다른 이들의 영적인 삶을 풍요롭게 하는 데에는 많은 시간과 정열을 투자하지만, 정작 자신을 위해서는 실패하는 경우가 많다. 그래서 Oswald는 묵상, 찬양(chanting), 금식, 성무일도 등을 탈진의 치료 도구로 활용할 수 있다고 제안한다.58) 영적 성숙을 위한 훈련의 방법에는 세 가지 영역에서 12가지 훈련이 있다.

① 내적 훈련 - 묵상의 훈련, 기도의 훈련, 금식의 훈련, 학습의 훈련

② 외적 훈련 - 단순성(정직)의 훈련, 홀로 있기의 훈련, 복종의 훈련, 섬김의 훈련

③ 단체 훈련 - 고백의 훈련, 예배의 훈련, 인도하심을 받는 훈련, 기뻐하는 훈련

탈진은 목회사역에 가장 큰 위험으로 작용하고 있는 숨은 적이기에, 그에 대한 적절한 예방과 치료를 하지 않으면 목회자 자신뿐만 아니라, 목회자의 가정과 교회, 더 나아가서 지역사회와 교계에까지 막대한 손실을 초

---

57) G.R. Collins, "burn-out : The Hazard of Professional Helpers," Christianity Today (21, 1997), pp.12-14
58) R.M. Oswald, Clergy Self-Care : Finding a Balance for Effective Ministry. pp.97-113

래할 수 있다. 더욱 심각한 문제는 목회자들이 자신의 사역 안에 탈진의 가능성이 있거나 이미 탈진 현상을 보여주고 있는데도, 오히려 그것을 헌신의 증거로 알고 감사하거나 아예 그런 증상들을 무시하여 무감각해졌다는 데 있다. 이제 목회자들이 규칙적인 생활 속에서 자기를 잘 보면서 영적 충전을 할 때 피로감, 우울증, 권태감이 사라지고 개인적으로 자기 개발과 자기 조절을 통해서 자기를 관리하는 능력이 필요하다. 동시에 교회적으로 목회를 잘 할 수 있도록 더 많이 기도해 주고 후원해 주면서 보람과 긍지를 갖고 일 할 수 있도록 각종 지원을 아끼지 말아야 한다.

영적 무기력의 돌봄

Care and Counselling
12. 영적 무기력의 돌봄

영적 무기력은 왜 오는가? 영적 무기력이란 과연 어떤 상태인가? 우리는 심각한 영적 무기력에 빠질 때가 있다. 우울증처럼 그때는 아무것도 하기 싫어지고 모든 것을 중단하고 싶을 때가 간혹 있다. 의미도 목적도 없어지고 의욕도 상실될 때가 있다. 그럴 때는 그냥 모든 것을 내려놓고 싶기도 하고 어디론가 떠나고 싶기도 하다. 이런 일은 성도라면 누구나 한번쯤은 겪어봤을 것이다. 솔직히 언제나 유쾌하고 즐겁지는 않다.

미국의 어느 시사주간지에서 본 것인데 〈미국 질병 통제 예방 센터〉가 16만 6천명을 상대로 전화 설문 조사한 결과 우울한 느낌을 느끼는 날은 여성들이 매월 평균 3.5일이었고 남성들은 평균 2.4일이었다. 연령별로는 18-24세 사이가 우울한 날이 가장 많았고 그리고 고소득층과 고 학력 층이 저소득층과 저 학력 층보다 우울한 감정을 덜 느끼는 것으로 드러났다. 또한 운동을 안 하거나 담배를 피우는 사람들이 운동을 하고 담배를 피우지 않는 사람들보다 우울함을 더 느낀다는 보고였다.

위의 통계는 일반적인 우울증에 관한 것이다. 그렇다면 일반 사람들이 겪는 우울증의 원인이야 둘째로 치더라도 우리 성도들이 신앙생활을 하면서 겪는 영적 무기력은 매월 평균 몇일 일까, 과연 날짜로 파악될 수 있는 것일까? 궁금하지 않을 수가 없다.

인간은 항상 일정한 감정일 수가 없기 때문에 감정에는 기복이 있다. 항상 기분이 좋거나 평안할 수는 없기에 우리 모두는 우울증이 있을 수 있고 영적 무기력에 빠지기도 한다. 왜냐하면 어떤 사람도 실패와 좌절에서 면제될 수 없는 예외적 존재가 없기 때문이다.

그 뿐 아니라 성도라면 모두가 죄에 대해 약한 죄성을 지닌 존재들이기 때문이다. 인간관계에서 실패를 경험하거나 중요한 것을 상실했을 때 감정은 우울해 지기 마련이다. 기대치가 무너지거나 소망이 깨어질 때 영적 무기력증이 온다. 죄를 지으면 자동적으로 영적 침체 즉 무기력에 빠진다. 신앙생활을 하면서 한번쯤 절망해 보지 않고 우울해 보지 않은 사람이 있을까? 모든 사람이 때론 낙담하고 절망하고 우울해 한다. 모든 성도는 순례의 길을 가며 영적 무기력을 경험한다. 죽은 자 외에는 모두가 경험하는 피할 수 없는 신앙생활의 일부이기 때문이다.

영적 무기력에 빠진 자의 돌봄에 있어서 결론부터 말씀드리면 성도 중에 누군가 절망과 우울함 영적 무기력한 상태에 있다면 그것은 그가 아직도 확실하게 살아 있고 정상적 신앙생활 과정 중에 있다는 증거다. 우리 중에 영적 무기력을 경험하고 있다면 그것은 영적으로 건강하다는 것이다. 영적 바이러스와 싸우고 있기 때문이다. 하나님은 그런 과정을 통해서 성도에게 신령한 영적 근육을 만들어 주시기를 원하시는 것이다.

우리를 더 성숙하고 완전한 영적 군사로 훈련시키기 위해서 하나님의 손길이 그 가운데 있게 마련이다. 그래서 위대한 신앙의 승리자들은 우울증이나 영적 무기력을 경험하지 않은 사람들이 아니라 그 우울증과 영적 무기력을 극복하고, 오히려 그 우울증과 영적 무기력을 통해 하나님을 더 깊이 만난 사람들이기 때문이다. 그렇다면 영적 무기력의 증상은 무엇인가?

1. 영적 무기력 증상

영적 무기력 증상은 그 특징이 성도들의 생활을 어렵게 만들어서 삶의 기쁨을 절감시키며 일상적인 삶의 균형을 깨뜨리고 감정을 다운시킨다. 이뿐만 아니라 영적 의욕을 상실하게 만들어서 미래를 향한 전진과 성공을 어렵게 만들고 방해해 버린다. 이것을 구체적으로 말하자면 여섯 가지로 나눌 수 있다

첫째 일상적인 사람의 리듬을 깨트려 버린다.
예를 들어서 잠을 잘 못 자고 특히 밤늦게 까지 깨어 있어서 새벽에 일찍 일어나 하루를 지낼 것을 걱정하게 하여 새벽예배도 가는 것을 어렵게 만든다. 또는 반대로 과도하게 잠을 자게 하거나 쓸데없는 공상을 하게 하여서 별 유익이 없는 염려와 걱정으로 낭비한다. 그리고 그렇게 시간을 낭비하는 자기가 혐오스럽게 느껴진다. 즉 시간 개념을 엉망으로 만들어서 자신의 삶을 낭비하게 만들고 혐오스럽게 만드는 증세이다.

둘째 인간은 영과 감정과 육신이 조화를 이룰 때 행복하고 최상의 컨디

션을 유지하게 되는데 그것을 인간의 여과 감정과 육심을 통해서 상실을 가져오게 한다. 입맛이 없고 소화가 안 되고 만사가 재미없게 만들어서 힘이 없고 피로가 쉽게 옴으로 몸이 지치게 된다.

셋째 별다른 이유도 없이 죄책감이 자주 들고 스스로 무가치하다고 생각하거나 무기력감을 느낀다. 괜히 눈물이 나고 잘해왔던 신앙생활이 허무하게 느낀다. 우울증의 증상과 같이 절망적인 느낌과 염세적 사고가 마음을 지배한다.

넷째 사역을 포기하고 그 자리를 피해버린다.
교회 행사에 시큰둥해지고 모든 모임에 소홀해진다. 성도들과의 관계를 스스로 단절시키고 혼자 있고 싶어 하면서 일에 집중이 잘 안되고 만사가 귀찮아 진다. 즐거워했던 일들이나 취미 생활에서 의욕이나 흥미가 상실된다.

다섯째 영적 무기력에 빠진 사람들은 걱정을 만들어서 하는 경향이 있다. 원인을 분석할 수 없는 불안에 사로잡히기도 하고 초조감이 일고 쉽게 짜증을 내기도 한다. 다가오지도 않은 미래에 대해 앞당겨 걱정하고 염려한다.

여섯 번째 영적 무기력증이 심해지면 극단적으로 신앙을 떠나거나 삶보다는 죽음을 많이 생각하게 된다.

2. 영적 무기력에 빠진 원인

그렇다면 이러한 영적 무기력의 원인들은 무엇일까? 생각해 보자.

첫째, 죄와 죄책감이 영적 무기력의 원인이다.

가인의 예를 살펴보자.

창세기 4장을 보면 가인이 아벨을 들에서 쳐 죽였다. 그때 하나님이 자신의 제물을 열납하지 않으신 것에 대한 잘못된 반응으로 나타난 죄가 살인죄였다. 그 때 가인을 향해서 하나님께서 "네 아우 아벨이 어디 있느냐?" 물었을 때 "내가 알지 못하나이다. 내가 내 아우를 지키는 자니이까?" 그러면서 신경질적인 대답을 하였다(창 4:12). 이때 가인은 심각한 영적 무기력에 빠진 것이다.

다윗의 경우를 생각해 보자

> 여호와여 주의 노로 나를 책하지 마시고 분노로 나를 징계치 마소서. 주의 살이 나를 찌르고 주의 손이 나를 심히 누르시나이다 주의 진노로 인하여 내 살에 성한 곳이 없사오며 나의 죄로 인하여 내 뼈에 평안함이 없나이다 내 죄악이 내 머리에 넘쳐서 무거운 짐 같으니 감당할 수 없나이다(시 38:1-4)

우리야의 아내 밧세바를 범한 후 양심을 찌르는 영적 무기력을 호소하는 다윗의 애절한 고백이다.

세상에서 제일 무거운 짐은 죄의 짐일 것이다. 모든 인간은 이 죄의 문제가 해결되기 전에는 마음에 평안함이 없다. 죄와 죄책감이 한 영혼을 누르고 있으면 정신적으로 영적으로 붕괴를 경험하게 되며 영적으로 무기력이 찾아오고 그 영혼을 깊이 침식시키는 것이다.

둘째, 맡겨진 일이 너무 무겁고 짐이 될 때 영적 무기력을 경험한다.

누구든지 하나님께 헌신 할 때, 또는 일이 중복 될 때 종종 이런 증세가 나올 수가 있다.

셋째, 영적 승리 후에 영적 무기력이 찾아온다.

이 증세에 대표적인 사람이 엘리야이다. 엘리야는 이스라엘에 비 한 방울 내리지 않는 가뭄을 가능하게 한 사람이다. 여호와가 그릿 시냇가에 그를 숨기시고 까마귀를 동원하셔서 아침과 저녁마다 떡과 고기를 날라 먹이신 하나님의 사람이다. 그의 말 한마디에 밀가루 한 움큼과 기름 몇 방울이 다하지 아니하고 마르지 아니하는 기적을 일으킨 사람이다. 사렙다 과부의 죽은 아들을 살려낸 능력의 종이요 기도함으로 3년 가뭄 끝에 비를 내리게 한 기도의 사람이다. 어디 그 뿐인가? 갈멜산의 영적 대결 후 바알의 선지자 450명을 쳐 죽인 영적 승리한 사람이다. 그런 그가 탈진한 것은 영적 무기력에 빠졌기 때문이다. 그래서 누구든지 영적 승리 후에 특히 조심해야 한다.

네 번째, 환경의 변화가 영적 무기력을 가져온다.

마태복음 11장 2-3절을 보면 요한이 예수님을 증거하고 요단강에서 세례를 베풀며 헤롯을 비판하다가 옥에 갇혔다. 그가 자기 제자들을 예수님께 보내며 "오실 그이가 당신이오니이까? 우리가 다른 이를 기다리오리이까?" 예수님을 그토록 강력하게 증거하고 외쳤던 요한 사도가, 세례까지 주었던 요한 사도가, 갑작스러운 환경의 변화에 영적으로 무뎌지고 무기력에 빠진 것이다.

다섯 번째 깨어진 인간관계가 영적 무기력의 원인이 된다. 성도는 인간관계를 잘 맺어야 한다. 인간관계로 감정이 소모되거나 고갈되지 않도록 주의해야 한다.

3. 영적 무기력에 빠진 사람들의 돌봄

그렇다면 우리는 영적 무기력에 빠진 성도들의 돌봄을 어떻게 해야 할까? 영적 무기력에 빠진 자의 돌봄은 어떻게 해야 할 것인가?

첫째, 하나님을 확실하게 믿고 신뢰하도록 인도해야 한다. 인간은 연약한 존재이다. 그러기 때문에 소망을 사람에게 두면 낙심하게 되어서 절망하게 된다. 그러므로 하나님을 목말라 함으로 찾아야 한다(시 42;1-5, 잠 3: 5-6)

둘째, 죄의 문제라면 죄를 고백하고 하나님께 용서를 구하고 인도함을 받아야 한다. 회개는 영적 자유와 새로운 출발을 의미한다. 이런 의미에 있어서 다윗은 죄를 용서받은 자의 참된 행복을 시편 32편에서 이렇게 노래한다.

> 허물의 사함을 얻고 그 죄의 가리움을 받은 자는 복이 있도다. 내가 토설치 아니할 때에 종일 신음함으로 내 뼈가 쇠하였도다. 내가 이르기를 내 죄를 여호와께 자복하리라 하고 주께 내 죄를 아뢰고 내 죄악을 숨기지 아니하였더니 곧 주께서 내 죄의 악을 사하셨나이다. 악인은 많은 슬픔이 있으나 여호와를 신뢰하는 자에게는 인자하심이 두르리로다. 너희 의인들아 여호와를 기뻐하며 즐거워할찌어

다. 마음이 정직한 너희들아 다 즐거이 외칠찌어다(시 32:1, 3, 5, 10, 11)

이것이 죄의 문제를 해결 받은 자의 축복이다.

셋째 기도하도록 인도한다. 기도는 내 문제들을 하나님께 맡기는 영적 작업이다. 그러므로 조급하게 기도하지 말고 기다려야 한다. 절망 중에 기다림의 기간은 고통을 유발하지만 한편 영적 성숙과 성장을 가져오기 때문이다.

넷째, 휴식을 취하도록 인도한다. 부족한 영양을 섭취하고 적당한 운동과 여가를 즐기면서 시간을 가져야 한다. 성경에서 엘리야를 다루시는 하나님의 손길을 보면 마음껏 엘리야를 마시우고 먹이시고 재우신다. 그리스도인의 휴식이나 운동은 영성을 체험하는 한 방법이 되기 때문이다.

다섯째, 모든 것이 끝이 있음을 상기 시켜준다. 영원히 비 오는 날만 계속되는 날씨는 없듯이 절망은 새 아침을 여는 소망의 문이 되기 때문이다. Neville Talbot이 이런 말을 했습니다.

When you come to the bottom, you find God.
당신이 바닥에 떨어질 때 그곳에서 하나님을 발견하라.

바닥에 내려가면 그곳에서 하나님을 만날 수가 있다 라고 말하였다. 요나의 경우가 그렇지 않느냐? 엘리야의 경우가 그렇지 않느냐? 이제는 끝이라고 결론을 내리는 것은 바보들의 결론일 뿐이다.

여섯째, 상황을 즐기는 기술을 터득하도록 인도한다. 무슨말이냐면 어차피 변화가 불가능하다면 그 상황을 즐겨야 한다. 절망도 소중한 삶의 한 부분이기 때문에 언제나 상황을 인정하고 삶의 한 부분임을 받아드려서 생의 모든 부분을 음미해야 한다(고후 4:8-9).

일곱째, 믿음의 언어를 의도적으로, 지속적으로 사용하도록 해야 한다. 긍정적 언어는 절망을 극복하게 하는 힘이 있기 때문에 심은 데로 거두기 때문이다(요 6:63).

여덟째, 주어진 상황에서 감사하며 최선을 다해야 한다. 어떤 경우에도 결코 포기하지 말아야 한다. 최선을 다한 것으로 그 열매를 확인하면서 상황을 넘어 감사해야 한다.

아홉째, 소망과 희망의 불씨에 정열의 기름을 부어야 한다.
주어진 축복들을 세어 보고 여전히 소망은 있기 때문에 계속 불씨를 가지고 있으면 소망이 있다는 것을 알게 된다.

열째, 다른 사람을 섬기고 봉사하는 일에 헌신해야 한다. 계속 사명에 헌신하면서 나보다 더 아픈 사람을 향해 다가가서 안아 줄 때 자신의 삶이 영적 무기력에서 벗어나게 한다.

끝으로 영적 무기력에 빠진 자를 돌보는 일은 결코 쉽지 않은 일이다.

영적 무기력에 빠진다는 것은 넓게 보면 결코 나쁜 것만은 아니지만 이런 과정을 통해서 하나님은 우리를 더 성숙한 자리로 나아가게 하실 것이다. 또한 이일로 다른 사람들을 더 깊이 이해하는 안목과 넉넉한 마음의 그릇을 가지게 되고 하나님을 더욱 의지하게 하고 인간을 기대하지 않는 법을 배우게 한다. 그러면서 하나님의 깊은 만져 주심과 부드러운 치유를 베푸시는 하나님을 체험하게 되고 주님의 사랑을 깨닫게 된다. 또한 삶을 더 깊이 바라보고 사랑하게 되고 주변 환경과 사람들을 더욱 소중하게 생각하게 된다.

영적 무기력은 육체의 피곤함도 같이 동반한다. 그러므로 혹 너무 피곤하면 잠시 쉬면서 먹고 자면서 영적 육적 에너지를 재충전하여 모든 일을 하나님께 지혜롭게 맡기며 기도하며 나아갈 때 영적 무기력의 감옥에서 탈출할 수 있다.

죽음의 영적 침체의 돌봄

Care and Counselling
13. 죽음의 영적 침체의 돌봄

　퀴블러 로스(E. Kubler Ross)는 죽음이야말로 인간이 당하는 가장 큰 위기라고 말하고 있다. 죽음은 우리 모두에게 온다. 모든 인간은 싫든지 좋든지 삶의 종국에 가서는 죽음이 예정되어 있다. 이러한 죽음과 그에 수반되는 사별이라는 위기 상황은 사람들이 당면하는 위기 가운데서도 가장 큰 위기인 것이다. 그러므로 목회자는 병상이나 임종의 자리 혹은 사고에 의한 갑작스러운 죽음 앞에 서 있을 경우에 올바르게 위로해 주기 위하여 죽음이란 수수께끼에 관하여 알지 않으면 안 된다.

　구나라트나(Gunaratna)는 "우리는 죽음을 이해함으로서 삶을 이해한다. 죽음은 넓은 의미에서 생명의 과정의 일부이기 때문이다. 다른 의미로 삶과 죽음은 동일과정의 양단이며 죽음의 목적을 이해함으로서 우리는 삶의 목적을 이해할 것이다"라고 말했다. 즉 의지, 삶의 방법에 따라 죽음을 받아들이는 의미가 달라지며, 반대로 죽음에 대해서 가지는 신념에 따라 삶의 방법이 달라진다는 것이다.

죽음의 의미는 사람들마다 다르다. 예컨대 한 사회의 가치구조, 개인의 종교, 지위, 신분, 역할, 인생관, 성별, 사회계급, 연령, 심신의 건강, 교육 수준, 성패(成敗)경험, 인간관계 등에 의해 죽음의 의미는 결정된다. 그러므로 죽음의 의미와 현상들을 잘 이해할 때 삶은 더욱 풍요로와 질 수 있게 될 것이다. 특히 그리스도인들이 죽음에 관하여 올바르게 숙고한다면 죽음 앞에서 하게되는 상투적인 빈말과 그릇된 위로 대신에 죽기 전에 삶을 더욱 영예스럽고 의롭게 영위할 수 있도록 자극을 주며, 지옥과 심판 등 죽음에 대한 불가해한 공포로부터 해방도 가능케 하여 사람들로 하여금 이 세상에서의 삶을 더욱 보람 되도록 변화시킬 수 있을 것이다.

그러나 죽음에 대한 우리 사회의 태도는 타부적, 회피적, 위장적 이어서 죽음을 현실 앞에서 정직하게 받아들이지 않는 편이다. 그러므로 말미암아 죽음에 대하여 누구나 두려움을 가지고 있으며 죽음과 사별을 경험할 때 그 위기를 잘 극복하지 못하는 것이다. 바로 이런 상황에서 오늘날의 목회자는 사람들에게 사후 세계와 현실의 삶이 주는 의미를 밝혀줌으로서 사람들을 공포와 상실과 불안으로부터 극복할 수 있도록 해 주어야 한다. 따라서 죽음의 의미와 사별의 현상을 얼마만큼 이해하고 있느냐 하는 문제는 목회자나 개인에 따라 최악의 위기가 될 수도 있고 영적 성장을 한 차원 높일 수 있는 기회도 될 수 있는 것이다.

1. 임종자의 심리적 다섯 단계

죽음을 앞둔 대부분의 사람들은 평소와는 다른 특수한 심리상태에 놓이게 된다. 따라서 목회자는 임종자의 심리상태를 미리 간파하고 그에 적절한 목회적 배려를 간구해야 한다. 퀴블러 로스(E. Kubler Ross)는 죽을 몸으로 진단이 내려진 200여명의 임종 환자들의 심리적 전개과정을 관찰, 연구한 결과 임종기의 환자는 대부분 다섯 단계의 심리상태를 거친다고 그의 저서 "On Death and Dying"에서 말하고 있다.

제 1 단계 – 부정과 고립

임종기의 환자는 비록 병원 직원이나 그의 가족으로부터 직접 들은바 없다 하더라도 흔히 자신의 상태를 자각하게 된다. 그러나 스스로의 자각에도 불구하고 환자에게 그의 건강상태가 악화되었다는 사실이 일단 알려지면 그는 일시적으로 충격을 받고 서서히 충격에서 벗어나면서 거부반응으로 부정하기 시작한다. 죽을병(Terminal Illness)이라는 통지를 받은 사람의 최초의 반응은 "뭐라고요? 난 아냐! 뭔가 잘못되었을 거야"라는 거부 또는 부정이다. 이러한 환자 측의 부정반응은 이름 있는 병원, 이름 있는 새 의사들을 찾아가 재진을 받음으로서 처음 진단이 틀리기를 바라는 노력으로 나타난다. 또한 자기가 죽는다는 사실을 생각했다가도 즉각 떨쳐 버린다. 이러한 거부와 부정은 절박한 상태에 놓인 환자들에게 괴롭고 소름끼치는 상황을 견디어 나가는 건전한 방법이라고 로스는 말한다.

거부는 뜻밖의 충격적 소식을 받은 뒤 환충 작용을 하며, 환자로 하여금 자신을 가다듬게 만들고, 시간이 흐르면서 좀 덜 강경한 방어수단으로 대체하는 여유를 준다. 거부 또는 부정은 일시적인 방어수단이며 조금 있으면 부분적 순응(Partial Acceptance)으로 대체된다. 잔존하는 거부도 고통을 계속 중압시키며 끝까지 지탱되는 경우는 매우 드물다. 환자의 부정반응은 가족과 병원 직원들로부터 스스로를 격리시키는 고립형태로 변형

될 수 있다. 그들 중 누구도 자신의 부정욕구를 이해하지 못할 것이기 때문에 심리적인 거리를 두게 된다. 이 심리적 거리는 고립을 느끼게 되며 고독이 증가하고 두려움을 갖게 되어 죽음을 올바로 직면하지 못하게 된다. 그러므로 상담자는 환자들로 하여금 자신의 병에 대해 좀 더 현실적인 견해를 갖도록 도와 주어야하며 환자가 그의 상태에 대해서 말하고 싶어할 때 진정한 마음으로 같이 대화를 해주어야 한다. 비록 환자의 말이 앞뒤가 뒤틀리고 모순되더라도 그것을 지적해 내지 말고 환자의 자기방어를 묵인할 수 있어야 한다.

제 2 단계 - 분노

제 1 단계의 부정을 더 이상 유지할 수 없게 될 때, 환자는 그것을 분노와 사나움, 시샘과 원망의 감정으로 대체시키기 시작한다. "왜 하필이면 내가 죽어", "왜 저 사람한테는 이런 일이 안 생기는 거야"라는 분노 반응을 환자는 가족 및 병원 직원들에게 표현하게 된다. 분노는 좀 더 오래 살기를 기대했었고 그런데 현재 속임을 당하고 있다고 느끼는 환자에게 더욱 심각하다. 부정과 거부의 단계와는 달리 이 분노의 단계는 가족과 의료진이 감당하기 대단히 힘들다. 그 이유는 이 분노가 아무대로나 닥치는 대로 폭발하기 때문이다. 또한 이때쯤 되면 환자는 이미 건강상태가 쇠약해져서 단순한 기능조차 수행할 수 없게 된다. 그는 계속해서 도움을 받아야 하기 때문에 그런 그의 신체조건 및 운영에 대한 통제력의 약화가 고민과 분노의 감정을 일으키게 한다. 환자는 자립능력이 있는 사람, 자기가 할 수 있기를 바라는 일을 척척 해낼 수 있는 유능한 사람들로 언제나 무력하게 둘러싸여 있다는 바로 그 사실이 노여운 것이다.

때로는 이 단계에서 신에게 저주를 퍼붓는 사람도 있다. 신에게 화를 내는 것은 무력한 분노를 다루는 강력한 무기로 사용될 수 있다. 가족이 찾아와도 퉁명스럽고 반가와 하지를 않아 면회가 고통스럽기만 하다.

그래서 가족은 침울하고 눈물이 나며 환자에게 죄 지은 듯하고 부끄러움을 느낀다. 바로 이때 가족이나 상담자는 환자에게 이해와 관심과 존경심을 표현해 주어야 한다고 로스는 말한다. 환자의 분노를 이해하고 헤아려 줄 때, 환자는 자신이 아직도 가치 있는 인간, 보살핌을 받는 사람, 할 수 있는데 까지는 활동이 허락된 인간임을 알게 되며 분노의 감정은 점차 사라지게 된다. 결국 환자의 분노 행동은 "나는 아직 살아있으니 나를 무시하지 말라. 나는 아직 죽지 않았다고. 누군가의 대화를 필요로 한다"는 뜻을 의미하는 것이다. 그러므로 환자의 입장에서 그의 이야기에 귀를 기울이고 마음껏 분노를 터뜨리게 해야 하는 것이다.

제 3 단계 - 타협

이 단계는 짧다. 첫 단계에서는 그 슬픈 현실을 도저히 마주 대할 수 없고 둘째 단계에서는 사람들과 하나님을 노골적으로 분노를 표시하고 나면 환자는 타협을 시도한다. "하나님이 나를 데려가시기로 작정하셨고 내 간절한 애원에도 대꾸가 없었다. 그러나 내가 잘만 기도를 하면 내게 은혜를 베푸실 지도 모른다"는 요구에서 애원의 단계로 넘어가는 것이다.

이러한 타협의 단계는 불가피한 삶을 어떻게든지 연장시키고자 하는 한 가지 노력에서 비롯된다. 타협은 대개가 하나님과 하는 타협들이다. 이 단계에서 환자는 하나님에게 어떤 형태의 선행조건을 약속하면서 삶의 최후 단계에서 할 수 있는 최소한의 시간, 혹은 지나간 그의 생애를 돌이켜 볼 수 있는 한치의 시간이라도 연장시켜 줄 것을 협상한다. "평생을 하나님께 헌신하기로", "교회에 일평생 봉사하기로" 맹세하면서 한치의 시간이라도 갖고자 하는 소원이 보증되면 그는 더 이상 협상 요구 행동을 하지 않게 된다. 로스는 이 시기를 가리켜 분노의 단계의 변형단계라고 한다. 그런 반응은 그들이 소원하는 바를 거부당했을 때의 어린이들의 반응과 비슷하다. 거부에 대한 어린이의 초기반응은 역시 부정이고 분노이다. 얼마 안 되어 어린이는 부정과 분노가 더 이상 유효하지 않다는 것을 발견하고 타협 반응으로 어떤 선행을 자진해서 행한다.

마찬가지로 환자에게 있어서 타협 반응은 조건화된 반응이며 분노반응의 대리 충족 반응이다. 또한 선행조건을 하나님께 언약하는 것은 심리학적으로 과거의 죄의식이나 무의식적인 악 감정을 무마하려는 표현이기도 하다. 그러므로 상담자는 환자의 언약을 묵살하지 않고 받아들임으로서 환자의 공포심이나 죄의식에 대한 두려움을 해소시켜줄 수 있다. 그러나 자기가 정했던 기한이 지나가 버리면 타협은 더 노골적이 되고 그때마다 언약을 지키지 않는 입장이 되고 말기 때문에 환자의 죄책감이 더 커지게 된다. 따라서 상담자는 그에 대한 무난한 심리학적 배려가 있어야 한다.

제 4 단계 – 우울

회복의 가망이 없는 환자가 자기 병을 더 이상 부인 못하게 될 때, 증상이 더 뚜렷해지고 몸이 현저하게 쇠약해질 때, 환자는 임박해오는 죽음을 더 이상 부정하려 들지 않고 우울 상태로 빠져든다. 이때 환자가 느끼는 우울 반응은 이미 임박해 오고 있는 죽음을 실감하고 있기 때문에 수용(受容)의 단계에 대비될 수 있는 비탄의 시기로 접어 들어가게 된다. 이 단계에서 환자는 극도의 상실감으로 인한 자기 감정적 애도(哀悼)와 비탄(悲嘆)을 느낀다. 환자가 겪는 비탄의 과정을 반동적 우울과 예비적 우울로 구분할 수 있다.

(1) 반동적 우울

과거나 현재의 손실과 관계된다. 환자가 배우자나 자녀를 부득이 남겨 놓은 채 먼저 떠나지 않으면 안 된다는 상황에서 느껴지는 죄책감과 밀접하게 관련된다. 환자는 그가 와병(臥病)중이고 가족에게 경제적 부담을 주고 있으며 또는 건강했을 때의 능력 있는 부담자로서의 자신의 훌륭한 이미지를 훼손당하게 될까봐 두려워하게 된다. 이때는 환자가 그의 생애를 뒤돌아보고 그가 그의 가족이나 친지들의 기대에 맞게 성취해온 바가 무엇인가를 평가해 보는 때다. 이 시기에 환자는 그와 관련된 사람들에게 그런 감정을 표현하면서 충분한 의사소통을 할 수 있어야 한다. 만약 그런 요구가 충족되지 않는다면 환자는 임박해 오는 죽음을 받아들일 수 없을지도 모르며, 따라서 죽음에 순응하려는 그의 소원과 조금만 더 연장시켰으면 하는 생명의 요구 사이에서 괴로워하게 될 것이다.

(2) 예비적 우울

이미 일어난 과거의 상실에서 말미암은 것이 아니고 다가오는 미래의 상실에서 초래되는 것이다. 사랑하는 모든 것을 곧 잃게 된다는 데서 오는 우울로서 최후의 운명을 순수히 받아들이기 위한 예비적 수단이라고 말할 수 있다. 이 시기에는 격려나 위안이 아무 소용이 없다. 반동적 우울의 단계에서는 환자가 할 말이 많고 사람들과의 대화를 많이 요구하며 여러 분야의 사람들이 자기 일에 적극 개입해 주기를 바라지만 이 시기에는 말이 필요 없다. 말없이 손을 토닥거려 주거나, 머리를 쓸어주거나, 조용히 곁에 앉아 있는 등, 이심전심의 신체언어(Body Language)가 필요하다. 이때가 되면 환자는 기도를 청하고 지난 일 보다는 앞일을 걱정하기 시작한다. 또한 스스로를 삶과 가족으로부터 유리시키기 시작한다. 이렇게 환자는 죽을 준비가 되어있는 반면 가족이 그런 태도를 인식하지 못하면 환자는 가족과의 갈등으로 심한 비탄에 빠져들게 된다.

제 5 단계 – 순응

이 단계에 이르면 대부분의 환자는 지치고 극도로 쇠약해진다. 자주 졸며 선잠을 자고 깨어있는 시간도 짧다. 이때의 수면은 어떤 통증이나 불쾌감으로부터의 휴식이 아니라 점차 쇠약해지고 있는 신체적인 상태에서 기인된다. 환자는 자기의 운명을 두고 분노하거나 우울해 하지도 않는다. 그러나 순응의 단계가 행복한 감정의 단계는 아니다. 오히려 감정의 공백기에 가깝다. 머나먼 여정을 떠나기 전에 취하는 마지막 순응단계에서 가족과 상담자가 해 주어야할 일은 환자의 옆에 있어주는 것이다. 손을 잡거나 무언의 대화를 통해 환자가 아직 존재해 있다는 사실을 재확인해 주어야 한다.

지금까지 살펴본 임종단계는 대부분의 임종환자가 거쳐 가는 심리상태이다. 물론 모든 임종환자가 다 똑같은 순서로 이 단계를 거치는 것은 아니다. 그러나 이와 같은 심리상태가 유가족에게도 사별 후 비슷하게 나타나기 때문에 목회자로서는 꼭 알아 두어야할 필요가 있다.

2. 임종자와 유족의 심리 상태

목회자는 죽음의 의미와 죽음을 맞는 태도에 대해 가르쳐야 할 뿐만 아니라, 병자와 임종하는 사람들에게 특별한 관심을 가지고 그들을 방문하여 주안에서 힘을 북돋아 주어야 한다. 즉 임종 자들로 하여금 하나님께 대한 믿음과 희망과 사랑을 잃지 않고 용기를 가지고 그리스도인다운 죽음을 맞을 수 있도록 그리하여 구원을 얻도록 목회적 배려를 해야 한다. 그러나 임종시에 대부분 사람들은 평소와는 달리 특수한 심리 상태에 놓이게 된다. 따라서 목회자는 임종자의 심리상태를 미리 간파하고 그에 적절한 목회적 배려를 할 필요가 있다. 물론 위급한 임종자에게는 곧 바로 그의 구원을 위한 직접적인 배려를 해야 하겠지만 그래도 시간적 여유가 있는 임종자라면 보다 세심한 주의를 가지고 접근하는 것이 더 큰 효과를 낼 수 있을 것이다.

3. 임종 단계에서의 위기 상담적 역할의 돌봄

임종에 대해서 모르는 사람은 임종에 처했을 때 당황하고 무력감을 느끼지만 일단 임종에 대한 이해를 갖는다면 치유와 화해를 불러일으키는데 유능한 목회자가 될 수 있다. 퀴블러 로스(E. Kubler-Ross)가 주장하는 임종환자의 각 단계에 따르는 죽는 자에 대한 목회자의 돌봄을 살펴보고자 한다.

첫째, 임종환자는 부정의 단계에서 자신이 죽을병이라는 데에 심한 충격을 받고 부정하며, "난 아냐, 뭔가 잘못 되었을 거야"라고 거부하나 사실 어느 정도의 부정은 오히려 바람직하고 건전하다. 이럴 때 목회자는 당신은 확실히 무서운 병에 들었으니 의사의 진단을 믿어야 한다고 강요하지 말고 심한 충격을 이해해 주며, 어느 의사의 진단은 어떻습니까? 하고 관심만 표해야 하겠다. 이렇게 환자가 비협조적인 행동으로 가족과 병원 직원들로부터 스스로를 격리시킴은, 환자의 부정욕구를 충족시켜 주지 못하는데서 비롯됨으로, 환자로 하여금 건강을 더 유지할 수 있는가에 관심을 갖도록 하고, 임종환자의 마음의 준비가 되기까지 기다려 주는 목회적 배려가 있어야겠다. 중환자가 현실 문제를 솔직히 이야기 할 수 있는 사람이라면 무조건 자기의 죽음을 부정하는 태도를 포기할 것이다. 그리고 나서 그는 분노하고 발악하는 단계로 돌아갈 것이다.

둘째, 분노의 단계에서 환자는 "왜 하필이면 내가 죽어" 라는 분노의 반응을 가족 및 병원 직원들에게 표현하게 됨으로 가족들이나 병원 직원들은 환자를 만나기를 꺼려하거나 싫어하지만 목회자는 더욱 접근해야 한다. 퀴블러 로스는 "환자에게 이해와 존경심을 전달하면 짧은 시일 내에 분노의 반응이 중단되며 반론이나 설득하려고 하지말고 분노를 발산시키도록 하며 심지어는 하나님께 대해서 분노 반응을 보여도 받아 주어야 한다"고 했다. 목회자 자신부터 죽음의 공포에서 어느 정도 벗어나고 지나치게 방어적인 태도를 청산해야만 임종 환자를 무난히 대할 수 있다. 이 단계에서 목회자가 유의해야 할 사실은 환자가 맺었던 인간관계와 환자가 실제로 느끼는 분노의 대상은 자기 자신이며, 자신의 삶 속에서 맺었던 인간관계와 삶의 의미라는 것을 깨닫고 관용과 이해를 보여 주어야 한다.

셋째, 첫째 단계와 둘째 단계를 지나면 환자는 타협을 시도하는 것이다. 그래서 불가피한 기정사실을 어떻게든 연기(延期)하려 드는 것이다. 이때 타협반응으로 어떤 선행을 자진해서 행하겠다고 하나님께 흥정한다. "이

번에 나를 살려 주시면 주를 위하여 일생을 바치겠습니다"는 식으로 죽음의 사실을 놓고 흥정하는 단계이다. 이때 목회자는 환자가 타협하는 것은 심리학 상으로는 언약이라는 것과 죄의식과 관계가 있으므로, 따라서 환자의 그런 말들은 묵살하지 않는 편이 좋다. 그럼으로써 환자의 무리한 공포심을 풀어주고 죄벌을 받겠다는 식의 태도를 수정할 수 있게 된다.

목회자는 환자에게 심한 충격을 주지 않는 범위 안에서 죄책감을 느끼는가를 부드럽게 알아본 후 예수 그리스도를 통하여 죄사함을 받고 마음을 편안하게 하도록 인도 하여야할 것이다.

넷째, 타협의 단계가 지나면 환자는 의기소침한 우울의 단계로 들어간다. 이 단계는 회복의 가능성이 없는 환자가 깊은 침체에 들어가 말도 안하고 자기 혼자 씨름하는 때이므로 환자는 우울의 원인을 규명하고 그 비현실적인 죄책감이나 수치심을 완화시켜 주어야 하는데 대부분 예비 우울반응을 환자가 그의 가족과 가졌던 갈등을 해결하지 못한 상황에서 발생한다. 또 이때는 지나친 확신을 피해야 하며 언어적 의사 소통은 별 의미가 없고 그의 곁에 오래 있어 주며 손을 꼭 잡아주면서 앞일을 위해 기도해 줌이 바람직하다. 또한 목회자는 환자들에게 내키는 대로 울부짖고 소리치도록 거들어 준다. 다만 영원한 이별과 결별의 이 시간을 "인간답지 못하고 비굴하게" 처신하지 않도록 조력을 하고 환자가 싫어하면 방문객을 제한하고 병리 검사를 최대한으로 축소하며, 인간적으로 가능하다면 병원 같은 기관에서가 아니라 집에서 죽을 수 있도록 배려해야 할 것이다.

다섯째, 환자가 수용의 단계에 이르면 환자는 그의 운명에 관하여 우울반응이나 분노반응 같은 것은 일으키지 않는다. 환자는 최선을 다하여 최후를 맞게 되는데 이 수용의 단계에 도달하도록 돕는 일이 중요하다. 이 지점에 무난히 도달하는 길은 대개 노인 환자들은 말없이 이해심만 보여주고 말없이 지나친 참견만 않으면 주위로부터 별반 도움이 없어도 도달하며 그보다 못한 사람들은 죽음을 맞이하기 위해 준비할 시간이 상당히 있어야만 이 단계에 도달하는데 주위에서 보다 많은 이해심과 도움을 보여야 한다. 죽음을 앞둔 환자에게는 곁에 말없이 앉아서 귀를 기울여줄 사람이 필요하므로 목회자는 계속 심방하며 그분의 유언을 들어주고 로마서 8장에 하나님의 사랑에서 우리를 끊을 수 없다는 말씀을 들려주어서 공포와 절망을 초월한 상태에서 죽음에 임하게 해야 한다. 통회는 영광과 생명의 근본이라는 것을 설명해 주어야 할 것이다.

또한 죽음에 임박한 사람들에게 보여줄 것은 우리의 큰 관심이며 관심을 가지고 있다는 가장 좋은 표현은 환자 옆에서 기도하는 것이고 또 같이 기도하는 것이다. 기도함으로 가라앉지 않은 마음이 평온하게 되고 죽음을 순수하게 받아들인다. 기도의 은총은 무한하다. 목회자의 정성여하에 따라서 기적과 같은 결과를 내는 것도 기도의 힘이 아닐 수 없다. 결국, 목회자는 환자에 대한 잘못된 위안을 버리고 환자로 하여금 자기 죽음을 위해 준비하도록 도와주어야 한다.

환자가 죽음의 어두운 골짜기에서도 버림을 받지 않는다는 것을 믿게 해 준다. 예수 그리스도는 선한 목자가 되시며 죽음이라 할지라도 그리스도의 손에서 그를 갈라놓을 수 없다는 것을 환자에게 확신 시켜 주어야 한다. 이 경우 모든 것은 목회자 자신의 부활과 영원한 생명에 대한 확신으로 가득차 있느냐 그렇지 못하느냐에 달려 있다. 목회자는 죽음의 위기로부터 구원에 대한 희망을 늘 고수해야 한다.

4. 유족 가족에 대한 위기 상담적 돌봄

　직업적으로 남을 돕는 사람들, 즉 의사나 목사나 상담 가들은 흔히, 너무나 완벽하게 사별로 인한 고통과 고뇌 앞에서 눈을 감아 왔기 때문에, 죽음을 애통해 하는 인간사의 필수 불가결한 행위를 인정하려 하지 않는다. 그들이 애통과 상례를 인정하고 격려해야 하겠다고 생각할 지라도 그들 자신이 그전에 경험했던 죽음과 손실에 대한 미해결의 고뇌 때문에 다른 사람의 고통을 보고서도 속수무책이 된다. 그들은 유족에게 거짓말을 하기보다는 차라리 침묵을 지키는 것이 상책일 것이다. 거짓말은 오히려 유족의 고뇌를 더 깊게 하거나 격렬한 분노감 마저 일으키기 때문이다.

　목회자는 이를 인정하고 사랑하는 사람을 잃은 것은 아마도 인간 삶에서 가장 격심한 위기를 맞는 것이므로, 각별한 목회적 배려가 있어야한다. 유족을 돕는 시기는 장례식 직후가 가장 좋으며, 그들로 하여금 마음껏 이야기하고, 죄책감도 그대로 표현하게 하며, 평소의 해야 할 일들을 보살펴 주어서 임종자의 도움 없이도 세상에 적응하여 앞으로 살아갈 수 있도록 도움을 주어야 한다. 그리고 기독교적 장례식을 통하여 유족들이 마음껏 애통하도록 배려함도 좋다. 이것은 유족이 장례 후에 정신 치료가의 도움 없이도 바람직한 생활로 들어가게 하는 훌륭한 방법이다. 유족을 도와줄 때는 그들로 하여금 넓은 의미에서 보면 보다 만족한 인간관계를 형성하도록 도와주는데 있다. 유족은 흔히 죽은 사람과 함께 자신 속에 있던 좋은 점이 모두 죽었다고 생각한다. 이렇게 자신을 잃어 버렸을 때는 현재 진행하고 있는 인간관계를 재조정하고, 또 새로운 애착의 대상을 발견하는 일이 무척 힘들게 느껴진다. 그것은 임종자에 대한 애매한 감정과 증오에 자기 자신을 거부하는 감정이다. 목회자는 이러한 유족을 인내 있게 돌보아

주고, 깊이 이해해 주며, 희망을 되찾을 수 있도록 하여, 오히려 인생이 가치가 있고 뜻있는 인간관계가 아직도 가능하다는 새로운 자신감을 주어야 한다.

목회자의 역할은, 애통을 미리 예방해야 하는 것과 죽음과 사별이 인간에게 있어서 누구 나를 불문하고 찾아오는 가장 근본적이고 보편적인 것이라는 것을 일깨워 주어 빨리 사별의 위기에서 벗어나도록 하는 것이다.

릴리 핀커스(Lily Pincus)는 첫째, 사별을 예방하는 길은 이 세상에 없다. 그러나 가장 예방적인 조치로서 훌륭한 것은 죽음과 사별이 인간에게 불가피 하다는 것을 인정하는 마음의 자세뿐일 것이다. 둘째, 죽음에 대한 교육은 삶에 대한 교육이다. 죽음을 제대로 알고 그 사실을 그대로 받아들임으로서 죽음의 그림자를 지울 수 있으며 우리의 인생이 오히려 이와 같은 공포와 불안에서 해방될 수 있고 삶의 경험이 더욱 충일해 지고 풍부해질수록 죽음은 거의 문제가 되지 않을 수 있다고 했다. 또 투르나이젠(Thurneysen)은 "죽는 자와 상을 당한 유족들을 위한 위로는 성서와 교회의 교훈으로서 신뢰할 만한 인식의 근거 위에서만 가능할 수 있다"고 말했다. 그러므로 목회자는 예수 그리스도 안에서만이 유족들에게 진정한 위로가 되어질 수 있음을 명심하고 더욱 더 그리스도의 사랑을 전해주는데 힘써야할 것이다.

오늘날처럼 사회가 복잡하고, 다양한 변화의 과정에서 발생하는 여러 가지 심각한 위기는 현대인들을 말할 수 없는 곤경의 늪으로 몰아넣고 있다. 이러한 위기의 증가는 목회자로 하여금 위기로 말미암아 고통당하는 자들에 대한 돌봄(Care)과 상담(Counseling)을 수행하도록 강력히 요청하고 있다.

사람이 일생을 살아감에 있어 여러 가지 위기가 다가올 때, 그 위기를 어떻게 대처하느냐에 따라 보다 바람직한 인격으로 성장하느냐 아니면 좌절과 절망의 구렁텅이에 빠져들어 실패의 생을 살아가느냐 하는 전환점이 되어지는 것이다. 따라서 목회자는 위기에 처한 사람을 도와서 그 위기로부터 벗어나도록 해야 할 의무와 책임이 있는 것이다. 목회자는 이 일을 수행하기 위해서 일반적 상담의 방법론뿐만 아니라 신앙적인 방법론이 더욱 더 큰 효과를 가져온다는 사실을 명심하고 신앙을 통한 전인적 성장을 위해 최선을 다해야할 것이다.

특히 사별은 인간 누구에게나 순식간에 타격을 주는 심각한 위기이며, 사별을 예방하는 길은 이 세상에 없다. 사별한 가족들이 슬픔과 상실을 해결하지 못하고 지연될 수록 그 사람의 전인건강은 더욱 심각하게 악화된다. 이런 사별로 말미암은 절망 가운데 처해 있는 자들에게 죽음에 대한 바른 이해와 의미성을 통하여 위기의 과정에서 벗어나도록 도와야 한다. 왜냐하면 죽음에 대한 대응적 태도, 그리고 인간에게 있어서 죽음의 의미는 자기 자신의 삶을 어떤 방향으로 살 것인가를 결정하는데 중요한 원리가 되기 때문이다. 목회자는 사별의 고통을 건전하게 처리하도록 도와줌으로 건강한 성장의 길로 이끌어야할 사명이 있는 것이다. 그러므로 목회자는 사별을 한 유가족들에게 적합한 위기 상담적 역할을 통하여 사별의 위기를 극복하고 한 차원 높은 전인적 성장에로 이끌어 주어야 한다. 나아가 모든 인간은 어떠한 고통에도 창조적으로 대응해 나갈 수 있다는 자신감과, 인간의 모든 고통 가운데서 외면하시고 침묵하시는 하나님이 아니라 친히 함께 하시고 도와주시며 역사 하시는 하나님을 확신하는 신앙을 가질 수 있도록 도와야 한다.

목회자는 다양한 위기에 처한 자들을 돕는 실질적인 전문가이다. 그러기에 그 임무의 막중함을 깨닫고 부단히 위기상담에 대한 이론적이고 체계적인 연구, 그리고 위기 당한 자들의 심리상태를 잘 파악하여 위기에 처한 자들에게 필요 적절한 상담을 통해, 건강하고 바람직한 삶을 살아가도록 도와주며 나아가 온전한 신앙인의 길로 인도해야 할 것이다.

장기적인 돌봄

Care and Counselling
14. 장기적인 돌봄

긴 병에 효자 없다는 말이 있다. 이 말은 장기적인 돌봄은 어렵다는 것입니다. 피 돌봄자들이 어떤 질병이나, 사고로 인해서 가족들이 겪는 어려움은 말로 표현 할 수가 없다. 그러나 피돌봄자의 입장에서 보면 장기적인 어려움으로 자신들의 집에 갇히거나 아니면 양로원 시설에 보내게 되던지, 또는 혼자 살아야 한다. 자신의 아픔을 이해하지 못한 채 다른 사람의 손에 이끌려서 살기 때문에 희망이나 꿈이 상실되고, 미래에 대한 비전이 상실되고 이전에 가까웠던 사람들과의 만남이나 관계가 소원하여 지면서 재정의 악화와 함께 직업의 상실을 가져온다. 이때 이혼하는 경우도 있다. 이런 요소들이 한꺼번에 신체에 여러 변화들이 찾아 올 때 직장을 잃게 되고, 아내는 이혼하여 떠나고, 결국 집을 팔아 다른 곳으로 이사를 가게 되는 일들이 거의 같은 시간에 일어나게 된다. 이처럼 어떤 질병이나, 건강의 문제는 그 만큼 더 많은 어려움을 경험하게 한다.

한꺼번에 많은 변화에 직면하게 되면 장기적인 피돌봄자는 자신이 할 수 있는 일을 해보려고 노력하지만 그로 인하여 점점 소외되고 고독하게 되어서 내적으로 상처를 간직하게 된다. 이때 장기적인 피돌봄자는 상실의 경험으로 인해서 3가지 현상이 일어난다.

첫째는 충격이다(shock). 모든 것을 잃어버림에 대한 상실의 충격은 너무나도 크다. 이러한 충격은 상실과 함께 모든 것이 끝났다는 자괴감이 엄습하면서 내적 외적인 환경의 변화로 인해서 발버둥쳐 보지만 아무 것도 반등시키지 못한다. 이때 돌봄자가 할 수 있는 일이란 그 자리에 함께 있어 주는 것뿐이다.

둘째는 반동(recoil)이다. 잃어버린 상실에 대한 반동으로 어떤 작용에 대하여 그 반대로 충격이 나타날 수가 있다. 예를 들어서 당뇨병으로 시력을 잃어버린 사람은 여러 달이 지나면 우울증, 분노, 죄책감 등으로 시달리게 된다. 이때 돌봄 자들은 그들의 기분을 잘 수용하고 이해해 주어야 한다.

셋째는 재활(rebuild)이다. 장기적인 피돌봄자가 한꺼번에 많은 제약과 한계를 경험하게 되면 가능한 범위 내에서 재활을 시작한다. 이때 돌봄자는 희망이 있는 가능성에 대해서 대화와 방법, 여러 가지 재활의 통로를 만들어 주고 재활 할 수 있도록 격려를 아끼지 않아야 한다. 그러나 장기적인 피돌봄자가 갖고 있는 비현실적인 꿈이나 기대감을 직접적으로 도전하는 것은 도움이 되지 않는다.

장기적인 피 돌봄자가 교회에 출석 할 수 없는 상황이 될 때 마음의 고통은 더욱 심하게 된다. 그리하여 고립으로 찾아오는 고독은 장기적인 피돌봄자에게 가중되는 고통이다. 이때 같이 있어 줄 친구가 그립고, 그들이 잠깐이라도 밖으로 나갈 수 있는 기회를 얻기를 바라기도 한다. 그렇지만 환경은 여의치 못해서 장기적인 치료나 돌봄을 필요로 하기 때문에 우울증에 시달리게 되고 그러면 사람들의 발걸음은 점차 뜸하게 되면서 고립과 고독은 장기적인 피돌봄자에게 별로 달갑지 않는 생활 양상이 되고 만다. 이들에게는 고립과 고독이 너무 깊기에, 사랑을 그리워하며 어떻게 해서든지 사람들의 관심을 갖게 하기 위해서 많은 수단을 간구한다. 이러한 인위적인 수단에 대부분의 사람은 익숙지 못하고 결국 돌봄을 포기하게 된다.

장기적인 피돌봄자의 고독감은 매일 같이 부딪히고 만나야 하는 가족들이나 친구, 친척들, 간병인, 돌봄을 위해서 고용한 사람들과의 관계가 악화되기 쉽다. 그들은 장기적인 피돌봄자가 보이는 그칠 줄 모르는 분노, 짜증, 우울, 불평, 불만족 등등으로 인해 화가 날수도 있고, 또한 장기적인 피돌봄자 때문에 자신들이 덫에 걸리고 노예가 되는 듯한 기분을 가질 수도 있기 때문이다. 이렇듯 자신 때문에 주변의 사람들이 불편해 지는 심기를 보면서 장기적인 피돌봄자는 자신에 대해서 또는 타인에 대해서 화를 내며 적개심을 품을 수 있다. 그래서 관계가 개선되는 것이 아니라 점점 악화되는 경향이 나타남으로 장기적인 피돌봄자가 경험하는 고통스러운 고독에 대한 이유를 충분히 이해하고 그들을 돌보는데 필요한 용기와 인내를 발휘 할 수가 있어야 하는 것이다.

1. 장기적인 돌봄의 장애물

장기적인 피돌봄자를 돌보는 것은 정말 힘들고 도전이 되는 사역이다. 그래서 장기적인 돌봄에 방해가 되는 것들을 머리에 미리 숙지해야 한다.

1) 의사소통의 상실

예를 들어서 노인은 청각의 노화로 듣는데 어려움을 겪게 된다. 또한 정도의 차이가 있지만 치매의 현상으로 자신이 할 말을 기억하지 못하는 경우도 있다. 그래서 말하는 입장에서는 분명한 생각이 있어도 듣는 입장에서는 듣기가 어려운 경우도 있기 때문에 의사소통에 어려움이 있더라도 장기적인 피돌봄자는 자신의 기분을 표출하고 그것을 이해하여 줄 사람이 필요하다. 이때 피돌봄자가 의사소통이 없으면 고독감을 가중시켜서 서로가 서로에게 부담이 되는 것이다. 그러므로 돌봄자는 장기적인 피돌봄자를 돌볼 때에 말을 잘 이해 할 수 있는 방법을 찾고 연구하여서 기분을 잘 이해하는 돌봄 자가 되어야 한다.

2) 우울증

장기적인 피돌봄자는 대개의 경우 우울증에 시달릴 수가 있다. 인생이 고달프고, 상태가 더 나아질 희망도 없기 때문에 우울증을 피해 가기란 참으로 힘든 일이다. 이때 우울증이 있는 사람의 가장 큰 특징은 말이 적어지고 결국에는 의사 소통이 거의 사라진 다는 점이다.

대부분 우울증에 시달린 사람들은 대화에 별로 주목하지 않고, 질문에 대한 대답도 듣는 이에게 화가 치밀어 오를 정도로 짧고 단순하여서 주된 내용은 희망이 없음이나, 비참한 인생, 부정적이고, 한마디로 힘이 쭉 빠지게 하는 주제가 단골메뉴이다. 그리고 우울증이 있는 사람은 한 이야기를 계속 되풀이하므로 듣는 이로 하여금 거의 미칠 지경으로 몰고 갈 수 있기 때문에 인내력이 필요하다.

3) 분노

분노란 자신들이 정당하게 대우를 받지 못하고 있다고 느낄 때 나타나는 감정이다. 이러한 분노가 때로는 그 분노와 상관없는 사람에게 표출 될 수가 있다. 이를 심리학적 용어로 지진이론(earthquake theory)이라고 부른다. 이 이론은 누군가에게 야단을 맞고 애꿎은 사람에게 바가지를 긁는 행위를 말한다. 장기 돌봄자를 돌볼 때에 분노를 터트린다든지, 대화를 거절하는 것은 제 2차적인 행위로서 그 이전에 분노로 발전하게 된 어떤 고통이나 기분이 있기 때문이다. 그러므로 그 분노의 요인을 제공한 고통이나 기분을 발견하여 그 고통과 기분을 치유하고 경감시켜야 분노의 감정을 다스릴 수가 있다.

4) 이용하려는 심리와 돌봄의 경계

오랫동안 장기적으로 어려움을 겪게 되면 피돌봄자는 자신의 생활을 잘 조절해 갈 능력을 상실해 간다. 이에 대한 심리로 다른 사람의 마음을 조정하려는 유형이 4가지로 나타난다. 돌봄자가 피돌봄자를 지속적으로 돌보다 보면 돌봄자와 대화를 나눌 때 '아니오' 라고 말하는 사람이 있다. 이런 사람은 지나친 **유순형**으로서 남의 청을 지나치게 거절하면 죄책감을 느끼기 때문이다. 반대로 **통제형**은 다른 사람이 정한 돌봄의 한계를 무시하고 자신의 뜻만을 관찰시키는 사람이다. 이에 대해서 **무반응형**은 타인에게 제공해 달라는 사랑과 돌봄에 대해 반응을 보이지 않고 경계의 선을 넘지 않으려고 노력한다. 반대로 **기피형**은 다른 사람이 제공해 주는 사랑과 돌봄을 받지 않고 경계의 선 안으로 들어오지 못하게 한다. 이점을 잘 감안해서 돌봄의 경계의 이슈를 정해야 한다.

5) 신앙의 갈등

장기적인 피돌봄자는 오랫동안 질병으로 인한 고통스러운 현실 때문에 마음에 신앙이 갈등으로 나타나는 경우가 있다. 그들은 자신들을 장애자로 만든 사람을 용서해 주는데 많은 갈등을 갖게 될 것이다. 또한 자신들이 그들을 용서해 줄 수 없는데 '하나님은 과연 자신들을 용서하여 주실까'에 대한 의구심을 갖기도 한다. 그러면서 자신들이 견디기 어려운 상황 때문에 하나님의 전능하심이나 사랑에 대해 의심을 갖게 한다. 이들은 '하나님은 왜 나를 천국으로 부르지 않는 것이지요? 내 인생은 이제 쓸모도 없고 비참하기만 한데, 하나님이 정말 돌보아 주시나요?. 이러한 신앙의 갈등은 행복하고 희망찬 삶을 갈구하는 마음을 많이 흔들어 놓게 된다. 이때 돌봄자는 신앙이 없이는 이 세상은 무의미하며 희망도 없다는 격려와 위로를 통해서 그들이 신앙의 갈등을 겪지 않도록 해야 한다. 만약 피돌봄자가 하나님으로부터 버림을 받았다고 느끼게 되면 실로 극복하기 어려운 고통과 신음 속에서 살아가기 때문에 위로와 격려를 아끼지 않아야 한다.

그러면 어떻게 장기적인 돌봄을 가질 수가 있을 것인가? 여기에는 일곱 가지의 원칙이 있다.

2. 장기적인 돌봄을 위한 일곱 가지 원칙

첫째, 그 자리에 있어 주기(be there)

돌봄자는 장기적인 피돌봄자에게 어려움 당하는 그 자리에 함께 있어 주어야 한다. 돌봄의 자리를 떠나서는 안 된다는 사실이다. 이때 돌봄자는 그 자리에서 함께 있어 줌으로 피돌봄자를 돌보기 위한 축복된 자요, 하나님이 사용하시는 가장 강력한 도구이기 때문이다. 비록 힘들고 어려워도 장기적인 돌봄은 시간과의 전쟁이요, 자기와의 싸움에서 돌봄이 이루어져야 한다. 그럴 때 장기적인 돌봄이 좋은 결과로 나타나서 합력하여 선을 이루기 때문이다.

둘째, 규칙적이고 계획된 방문을 하기

장기적인 피돌봄자가 혼자 있는 시간이 많기 때문에 성격의 변화로 인하여 때로는 마음에 조금만 안 들어도 말과 행동으로 돌봄자에게 화를 내고 상처를 주는 경우가 있을 수가 있다. 이것은 돌봄자가 미워서 그러는 것이 아니고 자기 안에서 내적 갈등으로 인하여 일어나는 마음의 분노이기 때문에 돌봄자가 오해를 해서 장기적인 돌봄을 끊어 버린다면 피돌봄자는 마음에 많은 후회와 상실을 가져온다.

그렇지만 그들은 자신이 화를 내고 분노 한 것을 잊어버리고 계획된 방문을 기다린다는 사실이다. 그래서 피돌봄자에게 시간과 날짜를 철저히 지키는 정기적인 돌봄이 필요하다.

셋째, 기분을 헤아리기

장기적인 피돌봄자를 돌보는 데에 있어서 가장 중요한 부분은 피돌봄자의 기분을 헤아리고, 받아주고, 표출하도록 돕는 것이다. 장기적인 피돌봄자는 대부분이 어렵고 복잡한 감정을 소지하고 있기 때문에 자신의 기분이나 감정에 대해서 말하고 표출하는 것이 얼마나 중요한지를 모르고 있는 경우가 많다. 이때 돌봄자가 지속적으로 감정을 헤아려 주고 조건 없이 그들의 기분을 잘 받아주면 피돌봄자들이 자신의 감정을 표출하도록 하는데 많은 도움이 되는 것이다.

예를 들면 장기적인 피돌봄자 중에는 우울증에 걸려서 별로 말이 없는 경우가 있을 수가 있다. 이때 돌봄자가 주의 깊게 관찰해야 할 것은 피돌봄자가 자신들의 감정을 표현하는 여러 가지 방법을 터득하여야 한다. 그들의 비음성적인 언어 즉 얼굴 표현, 제스처, 몸짓, 옷 매무세 등등에 주의를 기울여야 한다. 그러면서 감정을 담고 있는 비음성적인 언어를 발견하였으면 지혜롭게 물어야 한다. '아까 눈물을 흘리시던데 슬프신 가요.' '딸의 이름을 말 할 때 인상을 찌푸리던데 무슨 뜻이 있나요', '오늘 밝은 옷을 입고 계시는데 기분이 좋으신가 봐요', 이때 문득 하나님의 말씀이 생각이 나는군요. 시편 4편 1절에 나오는 '내 의의 하나님이여 내가 부를 때에 응답하소서 곤란 중에 나를 너그럽게 하셨사오니 나를 긍휼히 여기사 나의 기도를 들으소서' 이 간절한 기도가 성도님의 간절한 기도와 일치하는지요. 이렇게 말을 하면서 그들의 기분을 헤아려 주어야 한다.

넷째, 인내심을 가지기

장기적인 피돌봄자를 깊이 이해하기 위해서는 내적인 감정을 알아야 한다. 그들은 내적 감정이 단조롭고 변화가 없어서 인내심이 필요하다. 그들의 마음에는 깊은 한이 있기 때문에 마음을 잘 열지 않는다. 이러한 한이 치유되기 위해서는 많은 아이디어를 가지고 단조로움을 피하도록 해야 한다. 그러기 위해서 좋은 책을 읽어주고 꽃을 선물함으로서 기분을 전환할 수 있도록 해야 한다.

다섯째, 정온적인 사람이 되기

장기적인 피돌봄자는 자신의 외로움을 조금이라도 덜기 위해서 돌봄자가 보다 자주 방문하도록 하기 위해서 또는 오래 머물기 위해서 동정심을 유발할 가능성이 있다. 그러므로 돌봄의 경계를 분명히 하면서 정온적으로 '예'와 '아니오'를 말 할 수가 있어야 한다.

여섯째, 다른 사람들도 만날 수 있도록 배려하기

장기적인 피돌봄자의 고립감을 해결 할 수 있는 해독제는 다른 사람과도 보다 많이 만날 수 있도록 주선해 주어야 한다. 집에 오랫동안 갇혀 있기 때문에 구역 예배나, 기도회 모임을 갖게 하면서 장기적인 피돌봄자를 깊이 배려해 줌으로서 타인과의 만나는 기회를 주는 것이 유익하다.

일곱째, 예배를 드릴 수 있는 기회를 주기

장기적인 피돌봄자는 주일 낮 예배에 참석 할 수가 없기 때문에 성찬에 참여하는 의식을 행 할 수 있도록 해주는 것도 좋은 방법이다. 또는 주일 주보를 전해 주며 예배와 설교 내용을 전달해 줌으로서 한 공동체의 한 가족이라는 것을 알게 해야 한다. 이러한 관계가 돌봄자와 피돌봄자 사이에 만남을 통해서 관계가 좋아지며 좋은 관계를 탄탄하게 할 수가 있기 때문이다. 그러면서 성경 테이프나, 복음성가, 또는 찬송가, 설교 테이프나, 간증 테이프를 함께 들음으로서 피돌봄자의 신앙의 상징성에 대해서 의견을 나누고 믿음의 권면을 통해서 낙심했던 마음들이 하나님을 더욱 사랑하는 자리로 가게 할 수가 있기 때문이다.

우리가 장기적인 돌봄을 해야 하는 이유를 '그는(예수님) 실로 우리의 질고를 지고 우리의 슬픔을 당하였거늘' (사 53:4) 라고 성경은 이렇게 말한다. 여기서 우리는 장기적인 돌봄의 자세를 예수님에게서 배우게 된다. 예수님과 같은 마음을 가지고 고통을 나누고 기쁨도 함께 나눌 때 '내가 주릴 때에 너희가 먹을 것을 주었고 목마를 때에 마시게 하였고 나그네 되었을 때에 영접하였고 벗었을 때에 옷을 입혔고 병들었을 때에 돌아보았고 옥에 갇혔을 때에 와서 보았느니라' (마 25:35-36) 라고 말씀하고 계신다. 그러기 때문에 우리는 장기적인 돌봄을 통해서 피돌봄자가 방치된 사람이 아니라 그들도 우리와 같은 하나님의 형상이라는 존재 의식을 가지고 따뜻함과 예수님의 사랑으로 다가서서 활력을 넣어 줄 때 돌봄을 통한 치유의 역사가 일어나기를 기도해야 한다. 그래서 여는 기도를 통해서 돌봄을 시작하고 돌봄이 끝났을 때에는 마감기도를 하고 헤어져야 한다.

여는 기도

우리의 아픔과 질고, 슬픔과 절망을 거두어 가시고 기쁨과 온전함과 희망을 주심에 감사드립니다. 저희들이 사랑하는 성도를 장기적으로 돌볼 수 있게 하시고 주님 안에서 만나고 뵈올 때 주님의 은혜로 사랑하는 성도의 짐을 가볍게 할 수 있는 지혜를 허락하여 주시옵소서. 주님이 이전에 이 모든 일을 우리를 위해서 십자가에서 담당하신 것처럼 이제 저희들이 사랑하는 성도를 돌볼 때에 주님이 함께 하시고 날마다 새 힘을 얻게 하여 주옵소서. 우리의 위로와 새 힘이 되시는 예수님의 이름으로 기도합니다. 아멘

3. 장기적인 돌봄을 위한 대화의 방법

돌봄 기도가 시작 된 다음 장기적인 돌봄은 긴 돌봄이기 때문에 다음과 같은 활력이 되는 활동요소들을 사용하는 것이 바람직하다.

1) 테이프를 듣고 나서 함께 대화 나누기.
    - 성경 테이프
    - 복음 성가나
    - 찬송 테이프
    - 설교나 간증 테이프
2) 좋아하는 찬송을 함께 부르며, 그 찬송에 관련한 추억이나 의미 나누기
3) 비디오 테이프를 함께 보면서 토론하기.
    - 십계
    - 천지창조
    - 기독교 명사의 강의
    - 예배 테이프
    - 피돌봄자의 지난 과거 결혼
    - 졸업 테이프를 보면서 대화나누기.
4) 함께 성경을 읽거나 좋은 글 읽고 의견 나누기.
5) 함께 생각하기.
    - 피돌봄자의 가정 이야기
    - 피돌봄자의 취미이야기
    - 특별한 편지 읽고 의견나누기
    - 특별한 사진이나 신앙적인 대화 나누기.

6) 기도를 통한 대화 나누기.
 - 타인을 위해서 중보 기도해 주기.
 - 신앙생활 기쁨 나누기.
 - 장애물 뛰어넘기 등이다.

이러한 활동 요소들로 돌봄을 가진 다음 헤어질 때는 만날 약속을 하면서 다음과 같이 마감 기도를 하고 헤어져야 한다.

마감 기도

영원하신 하나님 아버지, 처음부터 끝까지 우리를 돌보시는 주님께 감사를 드립니다. 우리의 심령에 주님의 사랑으로 채우셔서 장기적인 질병으로 어려움을 겪는 성도를 기쁘게 돌볼 수 있도록 허락하시고 주님이 함께 하여 주시어서 성도로서의 온전한 교제와 나눔을 가지게 하옵소서.

그래서 주님이 우리를 돌보시는 것을 체험하게 하시고 우리를 돌보시는 분이 하나님이심을 깨닫도록 날마다 인도하여 주옵소서. 우리를 돌보시는 예수님의 이름으로 기도합니다. 아멘

성인아이의 돌봄

수포자의 탄생

Care and Counselling
15. 성인아이의 돌봄

가정은 인류 사회의 기본 단위이며, 기본적인 사회집단의 제도이다. 또한 사회를 존재, 존속케하는 필요불가결한 기본 단위이기 때문에 역사가 듀란트(Durant)는 '문명의 핵'이라고 표현을 했다. 가정은 하나님께서 인간을 위해 만드신 최초의 공동체이다. 그래서 가정의 학습태도, 경험, 가치관 등이 서로 다른 구개의 문화가 결합되어진 곳이기 때문에 시간의 흐름에 다라 가족의 구조는 더욱 복잡해져 성과 세대를 달리하는 구성원으로 얽히게 되는 것이다[59]. 이러한 관점에서 가정의 최대의 적은 성숙하지 못한 성인아이 이다. 그 이유는 무엇일까? 성숙하지 못해서 빚어진 문제들이 표출되기 때문이다.

가족 상담자들은 대부분 역기능 가정에서 자란난 사람들은 알코올 중독자나 일 중독자, 도박꾼, 외도를 해 자녀를 돌보지 않는 아버지, 이혼했거나 이혼한 가정에서의 편모 또는 계부, 계모, 엄격하고 율법주의적인 신앙

---
59) 김유숙, 「가족상담」, (서울: 학지사, 2000), p.15

생활을 고수했던 부모, 중풍과 같은 중병을 앓는 환자, 의처증이나 의부증세를 나타내는 부모를 둔 가정, 아니면 기본적으로 식생활을 하기 어려울 정도로 가난한 가정을 통틀어서 왜곡된 가정관을 가지고 있어서 사회적인 나이에 비해서 정신적인 성숙도 어린 사람이라고 말한다.[60] 이 처럼 대 부분의 성인아이는 개인적, 사회적, 신앙적으로 역기능적인 사고 로 인하여 개인과 가정, 타인과의 대인관계를 혼란스럽고 힘들게 하고 자신 스스로도 이러한 성격 때문에 악순환을 거듭하게 만들고 있는 것이다.[61]

1. 가정의 정의

이 세상에 사는 사람은 누구나 가정을 배경으로 태어나서 살아간다. 가정은 사회의 가장 기초 단위이며, 가장 원초적인 양육환경이다. 마가렛 사원(Margaret M. Sawin)은 "가정은 우리 인간 세계에 기본적인 단위이며 거대한 사회의 축소판이다. 우리는 가정 안에서 인간의 모든 상호작용 사랑과 증오, 협동과 경쟁심, 신뢰와 적대관계, 조화와 갈등, 그 밖의 많은 것들의 기본적인 유형들이다"라고 설명하고 있다.[62] 이 처럼 가정은 개인의 성장 발달에 절대적인 영향을 미치며 사회를 형성하고 존속시키는 기본 단위이기 때문에 물리적, 정신적 공간을 함께 소유하는 개인들의 단순한 집합이 아니라 세대를 거듭함에 따라 각 가족 고유의 문화를 소유함으로써 가족의 규범이나 역할, 권위, 구조, 대화형태, 가족원의 협동과정, 문제

---

60) 찰스 셀, 「아직도 아물지 않은 마음의 상처」 정동섭, 최민희 역 (서울: 두란노, 1992), p.11
61) 브루스 리치필드 외 공저, 「하나님께 바로서기」 (서울: 예수전도단, 2000), p.11
62) 강경호, 「역기능 가정의 성인아이와 상담」 (고양: 한사랑 가족 상담연구소, 2002), p.12

해결 방법 등을 효율적으로 수행해나가는 자연스러운 사회 집단인 것이다.63) 이러한 가정에서의 역할과 작용 때문에 자녀들은 가정환경의 영향 받아 자신의 개성과 성격, 그리고 정서, 삶의 방식 등을 형성하여서 한사람의 인격을 형성하는 것이다.64)

1) 순기능 가정의 정의

심리학자 사티어(Satir)는 활기차고 양육적인 가정, 즉 건강한 순기능적인 가정들에게서 발견되어지는 양상을 네 가지로 나누고 있다. 첫째, 순기능 가정의 가족 구성원은 자기 가치가 높으며 둘째, 서로간의 의사소통이 직접적이고 명백하며 셋째, 가정에 세워진 규칙들은 융통성이 있고 인간적이며 적절하게 바꿀 수 있고 넷째, 사회와의 연결이 개방적이고 희망적이라고 말한다.65)

순기능 가정은 도전과 위기에 능동적으로 반응하며 현실을 부정하거나 왜곡하는 대신에 가족의 자원을 활용하여 건강하게 대처해 나간다. 문제를 위협으로 자각하지 않고 해결해야 할 과제로 생각하며 도움이 필요하면 자신의 문제를 공개하고 외부의 도움도 기꺼이 받는 가정이다.66) 이는 가정에 부여된 기능을 잘 이루어 나간다는 것으로 효과적이며 생산적으로 그 기능을 발휘하는 것을 말한다. 그러므로 가족 구성원간의 바른 성장과 성숙이 이루어지고 가족 구성원들의 욕구 또한 적절하게 서로 충족되어서

---

63) 김경옥, 「역기능 가정 성인아이의 정서적 특징과 신앙생활에 관한 연구」석사학위논문, (서울: 총신대학교 선교대학원, 2003), p.11
64) 강경호, 「역기능 가정의 성인아이와 상담」, p.12
65) 유정호,「목회상담학에서의 성인아이의치유」,석사학위논문,(목원대학교신학대학원,2001) p.46
66) 강경호, op, cit, p.20

서로 보완하며 협력하는 가정이 순기능 가정인 것이다.[67]

이들은 명확하게 설정된 기독교 세계관을 가지고 있으며, 가족이 공통된 신앙생활을 하면서 윤리와 도덕을 가르치고 실천하는 가정으로서 옳은 일과 그른 일을 구별할 줄 알고, 하나님의 뜻에 따라 올바른 수단으로 인생의 목적을 성취하고자 노력하여서 가족들 상호간에 긍정적인 이해와 바른 가치관을 가지고 각자가 인격형성에 도움을 주면서 살아간다.[68]

2) 순기능 가정의 특징

순기능 가정은 가정의 분위기가 긍정적이고 비판적이지 않기 때문에 각 가족구성원이 있는 그대로 수용하고, 용납하여서 있는 그 대로 개인의 특성을 인정한다. 그뿐 아니라 각자 자신의 역할에 따라 활동하면서 아이는 아이답게, 청년은 청년답게, 어른은 성인답게 행동하면서 살아간다. 그래서 순기능 가정이라는 말은 기능적인 말과 같은 의미로 건강한 가정을 의미한다. 여기서 가정이 건강하다는 뜻은 가정 안에서 갈등이나 위기가 문제가 없다는 뜻이 아니라 문제와 갈등이 있을 때에 능동적으로 반응하며, 가정 내의 자원을 동원하여 스트레스를 대처하고 정복함으로써 더 강해지는 가정을 의미한다.[69] 이뿐 아니라 순기능 가정은 다음과 같은 방법으로 자녀들의 감정을 인정해 주고, 자녀들의 감정에 반응하면서 그 감정이 적절한 것일 때에는 자녀들의 감정을 지지해 주고 돌보아 준다.[70]

---

67) 권원숙, 「역기능 가정에서 자라난 성인아이의 정서적 문제와 치유방안」, p.18
68) 김만홍, 「성인아이 치유이야기」, (인천: 가족사랑), p.12
69) 정동섭, 「어떻게 사람을 변화시킬 수 있는가」, (서울: 요단, 1996), p.102
70) 팀 슬레지, 「가족치유 마음치유」 정동섭 역, (서울: 요단 출판사, 1996), p.25

데이빗 스톱은 정상적인 가정이란 "자율적인 개인으로 잘 자랄 수 있도록 안정감과 자유를 마련해 주는 무조건적인 사랑을 경험할 수 있는 곳"이라고 정의 했다.

2. 역기능 가정

역 기능 가정이란 한마디로 가정의 역할이 제 기능을 다하지 못하는 가정을 말한다. 즉 인간이 가지고 있는 가장 기본적인 신체적, 정서적 욕구를 충족시켜 주지 못하고 정상적인 양육을 받지 못하는 가정을 말한다. 이는 자녀들이 성숙하는데 필요한 사랑이 부족하거나 건강하지 못한 사람으로 인해서 인간의 기본적인 욕구가 충족되지 못하고 오히려 인간의 감정이 억압되어 자아가 정상적으로 성장을 못하는 가정이다.

1) 역기능 가정의 정의

가정에서 모든 정력을 소모하여 문제를 해결할 자원이 하나도 남지 않게 된 가정을 역기능 가정이라고 정의 할 수가 있다. 즉 이 말은 정서적 및 심리적으로 혼란된 가족 체계, 신체적 및 성적으로 학대하는 가족 체계, 그리고 근본주의적이거나(종교적으로) 경직되게 독선적인 가족 체계가 역기능 가정라고 말 할 수가 있다. 스트레스의 관점에서 병든 가정을 연구한 Curran은 역기능 가정은 스트레스에 대처하기 위해 충분한 자원을 동원할 수 없는 가정으로 그 결과 스트레스로 하여금 가정을 더 긴장시키고 부서지게 만드는 특징이 있다고 지적하였다.

Sell은 가정에 습관적으로 술을 마시는 알코올 중독자나, 가정을 돌아보지 않고 돈 버는 일이나 직장 일에만 열중하는 일 중독자, 충동적으로 노름을 하지 않으면 견디지 못하는 도박꾼, 외도를 해 다른 살림을 차리고 배우자와 자식을 돌아보지 않는 아버지, 이혼했거나 재혼한 가정에서의 편모, 계부, 계모, 엄격하고 율법주의적인 신앙생활을 고집했던 부모, 근친상간, 습관적으로 성 폭행을 일삼는 아버지 등을 둔 가정을 역기능 가정이라고 했다. 역기능 가정은 부모간의 연합이 대단히 취약하여 가정에 지도력이나 질서가 없고, 누가 부모이고 누가 아이인지 구별하기가 어렵다. 온화하고 따뜻한 사랑의 결여, 일관성 없는 가정 규칙을 따르려는 데서 오는 혼란, 권력 구조적 변화, 팽팽한 감정적 긴장, 왜곡된 의사소통 등이라고 볼 수 있다.

2) 역기능 가정의 특징

이 세상에는 완전한 순기능 가정이나 역기능 가정은 없다. 대부분의 가정은 역기능성과 순기능성이 혼합되어있다. 그러나 한 가지 분명할 것은 이 역기능 가정은 그 속에서 자라난 아이에게 고통을 안겨 준다는 것이다.[71] 역기능 가정의 특징은 부모간의 연합이 대단히 취약하여 가정에 지도력이나 질서가 없고, 온화하고 따뜻한 사랑의 결여, 일관성 없는 가정 규칙을 따르려는 데서 오는 혼란, 권력 구조적 변화, 왜곡된 의사소통 등이 혼란을 가중시켜서 감정과 정사적인 면이 결핍되어 있는 것이 특징이다. 그래서 역기능 가정의 특징은 다음과 같다.

첫째로, 역기능 가정은 순환한다는 것이다. 한 원가족에서 역기능이 형성되면 그 영향은 그 다음 세대에도 영향을 끼치게 되고 결국 악순환의

---

71) 노용찬, 「성인아이치유를 위한 12단계」 (인천: 글샘, 2000), p.148

고리는 계속 이어지게 된다. 부모들은 자신들의 미성숙함과 결여되었던 분화 능력을 자기 자녀들에게 고수한다. 한 가족의 운명은 앞 세대가 가졌던 관계의 소산이다.[72]

둘째로, 이 역기능 가정에서 자란 성인아이는 원 가족을 탈피해서도 계속적으로 겪게 되는 감정의 연상선 위에 놓여져 있다. 그러므로 그 체계를 벗어나서도 감정과 정서, 행동상의 많은 문제점과 힘든 부분을 가지고 살아가게 된다.

셋째로, 이 역기능 가정에서 자란 성인아이는 신앙관계에도 영향을 미치게 되는데 하나님과의 친밀한 관계 형성을 힘들게 한다.

역기능 가정이란 기능이 원활하지 않아 성장을 저해하는 가정을 말한다. 바로 역기능가정이란 가정이 자녀출산과 양육 및 종적보존, 성적 욕구 충족 및 통제, 사회화 교육, 지위부여, 경제적 협동, 정서적 지지와 만족, 그리고 사회통제기능 등 다양한 기능을 수행하는데 이러한 기능이 비정상적으로 이루어지는 가정이다.[73]

역기능 가정은 심리적으로 혼란한 가족 체계, 혹은 육체적, 정서적, 성적, 종교적 학대가 있는 가족체계, 근본주의적이거나 경직된 독선적인 가족체계를 가지고 있다. 그래서 이러한 가정에서 자란 자녀들은 인간의 가장 기본적인 욕구를 충족 받지 못하게 되고 정산적인 양육을 받지 못하거나, 자신의 정서를 보살피기 보다는 오히려 부모의 정서에 의존된 삶을 살아가게 되기 때문에 마음에 상처를 안게 되는 것이다.[74] 또한 역기능 가정

---

72) Michael P. Nichald C. Schwartz, 「가족치료」 김역애외 7인역 (서울: 시그마 프레스, 2002), p.554
73) 강경호, 「역기능 가정의 성인아이와 상담」, p.112
74) 권희정, 「역기능 가정에서 자란 성인아이의 치유」졸업논문, (크리스찬치유상담연구원, 2004), p.17

이란 스트레스에 대처하기 위해 충분한 자원을 동원할 수 없는 가정으로 그 결과 스트레스로 하여금 가정을 더 긴장시키고 부서지게 만드는 가족이다. 처음에는 알콜 중독을 비롯한 중독적 가족에게만 적용되었던 개념이 이제는 일중독자, 충동적 도박꾼, 습관적 좀도둑, 그리고 이른바 성중독자를 포함하는 가족에게도 널리 적용하게 되었다.[75] 이처럼 역기능 가정은 마음대로 선택되거나 유연한 것이 아니다. 암묵적으로 혹은 공개적으로 가족을 유지하기 위한 필요성에서부터 연유한다 라고 말 할 수가 있다.[76]

3) 역기능 가정의 분류

데이빗 스툽(David Stoop)은 역기능 가정을 크게 네 가지 형태로 나누어 분류하였다.[77]

① 혼란된 가정

이 가정은 권위, 질서, 훈련이 없다. 좋은 지도자로 가정을 이끌어 가야 할 부모로부터 혼돈된 생활을 하고 있기 때문에 자녀들에게 이래라 저래라 하고 말하지도 못한다. 그들은 무엇이 옳고 그른지를 모른다. 대부분 알코올 중독자라든지 경제 능력이 없는 무책임한 부모 아래서 자라나는 자녀들에게서 쉽게 나타날 수 있는 가정이다. 혼란한 가정에는 실질적인 리더쉽이 전혀 없다. 각자는 자기 자신이 법이다. 규칙은 변변치 않은 것

---
75) 유정호, 「목회 상담학에서의 성인아이 치유」, p.45
76) 존 브래드 쇼, 「가족」, 임옥희 역, (1987), p.113
77) 강경호, 「역기능 가정의 성인아이와 상담」, p.35

으로 취급되며, 대개, 명시 되어 있거나 언급되지 않는다. 일관성 있게 책임지는 사람은 아무도 없다.

② 경직된 가정

가족들이 느끼고 행동하는데 기초적인 규범이 되는 가족 규칙이 경직되어 비인간적이며 비타협적이고 바꿀 수가 없다. 이러한 가정은 누가 무엇을 원하는가에 따라 어떤 일이 결정되는 것이 아니라 가정의 법칙과 권위자가 어떻게 생각하는가에 따라 모든 일이 결정된다.

③ 밀착된 가정

이 가정은 가족에 대해 절대 충성하는 가정이다. 너무 밀착되고 엉켜 있어서 누가 누군지 알지 못하는 경우이다. 밖에서 보면 이러한 가족은 너무나도 다정다감하고 가까운 사이처럼 보이나 실제로는 일들의 한계가 분명치 않고 개개인의 정체성과 개개인의 삶이 다른 구성원들의 그것과 구분되지 않는다.

서로에게 지나치게 엉켜 있어서 한 사람의 경계가 어디서 끝나고 다른 사람의 경계가 어디서 시작되었는지 설명하기 어렵다. 밀착된 가정은 극단적인 친근감이라는 특징이 나타난다. 너무 지나치게 친근하기에 독립적인 표현이나 개별적인 행동은 가정에 충실하지 않은 것으로 간주된다. 밀착된 가정은 말 그대로 경계선이 존재하지 않는다. 밀착된 가정은 가족 외부 사람들에 대해서만큼은 눈에 띌 정도로 완고한 경계선을 가지고 있다.

④ 이탈된 가정

이탈된 가정은 친근감이나 충성에 대해 그다지 격찬하지 않는다. 이탈된 가정은 밀착된 가정의 반대의 모습으로 나타난다. 가족 구성원들이 서로 뿔뿔이 흩어져서 제 갈 길로 가는 가정을 말한다. 가족의 중심이 없고 가족의 구심체가 없다. 독립을 중요시하고 집 안에서의 관계보다 집밖에서의 관계를 더 중요시하며 가족이 무엇을 사로 함께하는 것에 익숙하지 않다.78) 가족에 대해 아는 것보다 친구들이나 이웃들에 대해 더 많이 안다. 이탈된 가정에서는, 가정 외부에서는 때때로 경계선이 거의 존재하지 않을 정도로 경계선이 유연한 반면 가정 내부에서는 경계선이 매우 엄격하게 집행된다.79)

4) 역기능 가정들의 공동유형

상황마다 모두 다르지만, 대부분의 역기능 가정은 몇 가지로 밝혀져 있는 범주 가운데 하나에 해당될 것이다. 이러한 공통적인 유형을 간단히 살펴보겠다.80)

① 외딴섬(Isolated Island)

구성원 각자는 서로서로 너무 떨어져 있다. 가정생활의 내면적인 역동관계라는 측면에서 보면, 그들은 서로에게 거의 완전히 분리되어 있다. 가장 심각하고 불안한 가족 역기능 패턴이며 가족 구성원에게 부정적인 충

---

78) 권희정, 「역기능 가정에서 자란 성인아이의 치유」, p.20
79) 데이빗 스툽외 공저, 「부모용서하기 나를 용서하기」, pp.95-105
80) Ibid., pp.108-110

격을 가장 많이 주는 패턴이다. 정서적으로 만족이 없고 실리적인 목적을 위해서만 존재할 따름이다. 정서적으로는 진공상태로 자라난 것이다.

② 세대간의 분열(Generational splits)

부모와 자녀 사이에 중대한 상호작용이 결핍되어 있다. 중대한 상호작용은 오로지 같은 세대 안에서만 경험된다. 이러한 유형은 정서적, 관계적 결속이 한 세대를 건너뛴다. 예를 들면, 부모와는 격리된 느낌이지만 할아버지, 할머니와는 정서적으로 깊은 따스함과 양육을 경험하게 되는 것이다.

③ 성별적인 분열(Gender splits)

분열이 가족 내에서 성별을 따라 일어난다. 아버지는 아들등과 함께 뭉치고, 어머니는 딸들과 붙어 다닌다. 물론 가족 전체는 함께 시간을 보내고 함께 활동을 한다. 그러나 정서적으로 의미심장한 상호작용이 성별의 경계를 넘어서는 일은 거의 없다. 아이들은 자신과 반대되는 성별의 부모와 형제들에게 적절하게 노출될 필요도 있다. 그러한 기회를 갖지 못한다면, 그들은 반대성별을 두려워하거나 혐오하는 사람으로 성장할지도 모른다.[81]

④ 융해된 한 쌍 (The fused pair)

가족 가운데 두 사람은 다른 사람들로부터 단절된다. 혹은 그들 스스로가 다른 사람들과 단절된다. 융해된 한 쌍은 핵을 이루며 나머지 가족들은 그 주위를 선회한다. 다른 가족 구성원들은 극단적으로 이탈되거나 분리된 가정을 경험한다. 그러나 서로 융해된 두 사람은 강력하게 밀착된 가

---

81) Ibid, p.111

정을 경험한다. 이러한 가정유형에서는 애착성 척도의 양쪽 끝 경향이 동시에 나타나는 색다른 현상이 나타난다.

⑤ 언덕위의 여왕(Queen of the hill)

한 사람이 완벽하게 군림하는 가정이다. 지배적인 인물은 주로 어머니인 경우가 대다수이다. 권력이 있는 곳과 책임자가 있는 곳에서는 실수란 없다. 문제가 생기거나, 어떤 것이 필요하거나, 허락을 받아야 하는 일이 생기면 꼭 그 한 사람에게 가져가야 한다.

⑥ 말 없는 독재자(The quiet dictator)

이러한 가정의 경우에는 군림하는 사람이 가족들을 지배하는 방법이 훨씬 더 교묘하고 조종적인 성격을 지닌다. "언덕위의 여왕"이 매우 단도직입적으로 드러내 놓고 가족들 위에 군림하는 한편, "말 없는 독재자"는 무대 뒤에서 움직이면서, 말없이 조심스레 줄을 잡아당기며, 다른 사람들의 감정을 솜씨 좋게 조종한다.[82] 그들에게는 흔들림 없이 완수해야 하는 완고한 가족역할에 의해 강요되는, 분명하고 강철에 싼 것처럼 단단한 규칙과 기대가 있다.

3. 역기능 가정의 성인아이

1) 성인아이의 정의

역기능 가정은 가족 구성원들 사이에 건강하지 않은 관계 유형이 존재

---
82) Ibid, p.113

하는 가정이며, 부모가 자녀의 정서적인 욕구를 충족시켜 주지 못하는 가정이다. 역기능 가정은 자녀를 제대로 양육하고 사회화시킬 만한 능력이 손상된 절도로 혼란스러운 가정으로 그 가정의 자녀는 신체적, 정서적, 영적으로 바르게 성숙할 수가 없다. 그리고 그들은 심각한 장애를 일으키기도 한다. 이와 같이 역기능 가정에서 자라난 모든 사람들을 성인아이라고 부른다.[83]

성인아이는 역기능 가정에서 성장한 관계로 참 자아를 잃어버리고 거짓 자아로 살아가고 있다. 이들의 삶은 연령적으로나 인격적으로 성인의 성숙함을 이루어야 할 때, 정서적으로든 영적으로든 어린아이의 성향을 벗어버리지 못한 사람들이다. 이들은 성인으로서의 삶에 적응하지 못하고 인간관계 속에서 상처를 입고, 입히며 파괴시키는 사람들이다.[84]

팀 슬레지(Tim Sledge)는 성인아이의 정의에 대하여 두 가지 측면에서 말하고 있다. 먼저는 성인의 문제를 나이에 맞지 않게 조숙하게 다루어야 하는 아이를 말한다. 이 성인 아이는 육신은 어리지만 정신적으로 너무 빨리 성장하는 아이로서 성인들이 해결해야 할 문제를 나이에 맞지 않게 조숙하게 다루어야 하는 아이를 말하고 있다. 그리고 또 다른 성인 아이는 해소되지 아니한 어린 시절의 문제를 아직 처리하고 있는 성인이라고 하면서 두 측면의 유형을 모두 성인아이로 보고 있다.[85]

즉, 성인이 여전히 아이 상태에 있으며, 그의 감정과 행동 중 많은 부분이 유년기의 흔적을 나타내고 있고 이는 성장 과정에서 경험했던 충격으

---

83) Charles Sell, 「아직도 아물지 않은 마음의 상처」, 정동섭? 최인희 역(서울: 두란노, 1992), p.7
84) 유정호, 「목회상담학에서의 성인아이의 치유」, p.9
85) 강경호, 「역기능 가정의 성인아이와 상담」, pp.114-115
86) Ibid, p.88

로 정서적 찌꺼기가 아직도 남아서 성인의 행동과 태도에 영향을 미치고 있다는 것을 의미한다.[86]

또한 성인아이들은 지나친 책임의식을 가지고 있고 지배적이고 충동적이며 강박적이고 일 중독증에 잘 걸리고 남을 즐겁게 하려고 애쓰거나 완전주의자가 되거나 결단을 내리지 못하는 사람이 된다.

2) 성인아이의 특징

성인아이는 정상적인 가정의 기능을 발휘하지 못하는 곳에서 성장함으로써 자신을 어른으로 여기는데서 갈등을 겪는다. 또한 어린 시절의 고통 속에 갇혀 그것에 영향을 받으며 부모에게 의존되어 있거나 부모로부터 달아나려고 하는 경향을 보이며 정상적인 것에 대하여는 확신을 갖지 못한다. 여러 가지 면에서 여전히 아이 상태에 있으며 그의 감정과 행동 중 많은 부분이 유년기의 흔적을 나타내게 된다.[87]

성인 아이는 아직도 해결되지 않은 어린 시절의 문제를 안고 있는 성인이다. 그는 아직도 끝나지 않은 놀이시간을 가지고 있으며 자신을 어른으로 여기는데 갈등을 겪는다. 또한 어린 시절의 고통 속에 갇혀 있고 그것에 의하여 아직도 지배를 받고 있다.[88]

알코올 중독가정의 성인아이들만을 연구한 윌슨에 의하며, 성인아이들은 정신적으로 혼란 증세를 보이며, 전부 아니면 전무라는 식의 사고를 하는 것이 특징이며 정서적으로는 거절, 실패, 상실, 연약함 등에 대한 두려

---

87) 폴투루니에, 「인간치유」, 권달천 역, (서울: 생명의 말씀사, 1996), p.115
88) 팀 슬레지, 「가족치유, 마음치유」, pp.143-144

움, 거짓된 죄책감과 존재에 대한 수치심, 아동기의 상실로 인한 슬픔, 우울감, 분노와 정서적 둔감이 특징으로 나타나며, 관계적으로 사람을 불신하여 이혼율이 높으며, 위기 지향적이어서 재미있게 노는 것을 감당할 수 없는 것이 공통점으로 나타나고 있다.[89]

그래서 성인아이의 특징을 팀 슬레지(Tim Sledge)는 다음과 같이 열거한다.[90]

① 성인아이는 무엇이 정상적인 행동인지에 대해 혼란스러워 한다.
② 성인아이는 처음 계획한 것을 끝까지 이행하는데 어려움을 겪는다.
③ 성인아이는 쉽게 진실을 말할 수 있을 때에도 거짓말을 한다.
④ 성인아이는 자신을 무자비하게 비판한다.
⑤ 성인아이는 재미있는 시간을 보내는데 어려움을 느낀다.
⑥ 성인아이는 자기 자신을 너무 심각하게 받아들인다.
⑦ 성인아이는 친밀한 관계를 맺기가 어렵다.
⑧ 성인아이는 자신이 통제할 수 없는 변화에 대해 과민반응을 보인다.
⑨ 성인아이는 끊임없이 칭찬과 인정을 받기 원한다.
⑩ 성인아이는 항상 자신이 남들과 다르다고 느낀다.
⑪ 성인아이는 지나치게 책임을 지려 하거나 지나치게 무책임하다.
⑫ 성인아이는 상대가 충성을 받을 자격이 없다는 증거가 분명한 때에도 지나치게 충성한다.
⑬ 성인아이는 충동적이다.

---

89) 정동섭, 「어떻게 사람을 변화시킬 수 있는가」, p.119
90) Ibid, p.195

이뿐 아니라 성인아이는 왜곡된 자아를 안고 살게 되는데 이러한 것들은 다음과 같은 문제들을 야기 시킨다.

① 완전주의
완전주의는 자신과 타인 그리고 세상의 완전함을 추구하는 극단적인 혹은 과도한 노력이다. 어떤 것에 흠이 있다면 전부가 다 나쁜 것이다. 완전주의는 타락 이전의 상태로 존재하라는 요구이며, 완전하지 않은 사람이나 사물에 대해 배척한다.

② 이상주의
이상주의자들은 장밋빛 유리창을 통해 세상을 본다. 이상주의자들은 아주 나쁜 상황에 처하게 될 수도 있는, 왜냐하면 그들이 처음에 부인하는 단점이 나중에 드러나 더 그들을 당황하게 만들기 때문이다.

③ 단점을 견뎌내지 못함
이것은 모든 거룩하지 않은 것에 대한 거부이다. 이 바리새인적인 인격은 인간의 나쁜 면을 싫어한다. "좀 더 거룩해져야 한다"는 증후군은 나쁜 것을 참지 못하며 거의 받아들여지지 않는다.

④ 연약함을 견뎌내지 못함
인간의 연약함은 이상적이지 않기 때문에 거부당한다. 이것은 인간관계의 모든 분야에서 어려움을 가져오고 어떤 연약함이나 무능함도 싫어한다. 이것은 교만한 것인데 왜냐하면, 우리는 모두 연약하고 그 연약함 안에서 하나님의 힘이 나타나기 때문이다.

⑤ 부정적인 감정을 견디지 못함

---

91) 헨리 클라우드, 「변화와 치유」, 양은순. 오부운역, (서울: 홈, 2001), p.274

부정적인 감정의 회피는 두 가지로 나타난다. 이러한 사람들은 분노, 슬픔, 실망 같은 불편한 감정들로부터 멀어지고 또 다른 사람들은 그들 안에 존재하는 이런 모든 것들은 부정한다.[91]

⑥ 정서적인 문제

정서적인 문제들은 느낌이나 감정과 연관되어 있다. 우울증과 과도한 변덕은 부정적인 감정을 다루지 못하는 결과로 올 수 있다. 만일 사람들이 슬픔과 분노를 잘 다루지 못하면 그들은 감정의 문제를 피할 수 없이 경험할 것이다.

⑦ 자화상 문제

좋고 나쁜 것을 다룰 수 없는 사람들은 인간관계에서 이상적이지 못한 자신의 모습 그대로 관계를 맺지 못하고 그 모습을 용납하지 못한다. 그들은 자신의 나쁜 면을 너무나 두려워하기 때문에 긍정적인 자화상을 가질 수 없다.

⑧ 불안과 공포

불안과 공포는 부정적인 것을 발견할 수 있다는 가능성에서 생겨난다. 사람들은 부정적인 느낌을 의식할 때 불안해진다. 혹 사람들은 누군가가 자신의 부정적인 면을 볼지도 모른다는 생각이 들 때 공포를 느낀다.

⑨ 섭식 장애와 약물남용

사람들은 고통스런 부정적 감정을 무마시키기 위해 먹거나, 마약을 하거나 술을 마신다. 예를 들면 실패에 대한 슬픔의 과정을 거치기보다는 술을 통해 이러한 부정적 감정들을 피하게 된다.

⑩ 자아도취

자애(Self-Love) 혹은 자신의 외모, 안락함, 중요성, 능력에 대한 지나친 관심이다. 이런 사람들은 이상화한 자신의 모습에 열중해 있다. 그들은 자신들이 그려놓은 이미지에 너무 집중하기 때문에 자신의 실제 모습을 잃어버린다. 사랑은 존재하지 않으며 감탄만을 중요시 여긴다.

⑪ 죄책감

"전적인 용납"을 경험해 보지 못하고 그 결과 죄책감이 그들을 괴롭힌다. 그들은 그리스도와 타인과의 사랑의 관계를 맺지 못하고 그들 자신의 좋고 나쁜 문제에 너무 열중해 있다.

⑫ 성적중독

충동적으로 행동하는 많은 사람들은 상실된 이상과 해결되지 못한 고통으로부터 도망친다. 그들은 성적인 이상론을 찾거나 성을 고통을 다루는 한 수단으로 사용하려고 한다.[92]

⑬ 깨어진 관계

사람, 직장, 전문직업, 배우자와 깨어진 관계를 지속적으로 갖는 사람들은 좋고 나쁜 것에 대한 문제를 심각하게 가지고 있다. 그들은 사람이나 상황에서 좋고 나쁜 것을 함께 받아들이지 못한다. 그들은 사람들을 전적으로 좋거나 혹은 전적으로 나쁜 것으로 본다.

⑭ 과도한 분노

좋고 나쁜 것을 가르는 사람은 과도한 분노의 문제가 있다. 그러한 사람은 쉽게 좌절한다. 나쁜 일이 일어날 때 그것에 대처할 좋은 것이 없다. 분노를 조절할 만한 사람이 그들에겐 없다.

⑮ 나쁘기만 한 자신

사람들은 때때로 그들 자신이 "나쁜 짐만 가진"사람이라고 믿는다. 자

---
92) 헨리 클라우드, 「변화와 치유」, p.276

신들의 약점만 보고 강점을 보지 못한다.

"좋은 점만 있는 자신"

이런 사람은 실수에 대해 책임을 지는 것에 방어적이다. 그들은 자신들이 "죄인"이라는 것을 포괄적으로 동의하지만 특정한 잘못에 대해서는 책임지지 않는다.

4. 성인 아이의 신앙생활의 유형

부모는 하나님의 그림자 역할을 한다. 영이신 하나님은 보이지 않지만 전능한 것처럼 보이는 부모가 아이의 말을 경청하고 시간을 보내 주었다면 아이는 하나님을 사랑으로 경청하고 시간을 내시는 분으로 보게 된다. 그러나 부모가 약속을 자주 어겼거나 엄격하였다면 하나님도 믿을 수 없는 무서운 분으로 인식되기 마련이다. 성인아이의 하나님 상은 부모의 문제에 의해 흐려지거나 왜곡되는 것이다.[93]

우리는 눈 속에 들어있는 들보 때문에 사물을 명확하게 바라보지 못한다(마:7:3-5).[94] 여기서 들보란 왜곡으로 인해 만들어진 비뚤어진 시각이다. 성인아이는 타인으로부터 사랑과 인정을 받고 이상적으로 보이려고 거짓된 자아, 즉 초인적 자신을 만들어 낸다. 실체적 자신의 모습을 타인이 사랑하지 않는다고 믿는다. 그러므로 성인아이는 자신의 초인적인 능력을 발휘해야만 다른 사람으로부터 사랑과 인정을 받을 수 있다고 생각한다. 이 왜곡된 생각은 하나님과의 관계에까지 연장된다. 성인아이는 하

---

93) 정동섭, 「어떻게 사람을 변화시킬 수 있는가」, pp.124-125
94) 헨리 클라우드·조 타운센드, op. cit., p.64

나님도 완전한 것을 요구하시는 절대 완전주의자로 본다. 그리고 그 분에게 오직 좋은 점만을 보여야 한다고 생각한다. 이럴 때 성인아이는 오직 초인적인 모습만을 하나님께 보이려고 한다. 참된 자신의 모습도 보이기를 싫어한다.[95] 하나님에 대한 우리의 왜곡된 견해로는 이러한 양상이 나타난다. 자존감이 낮고 자기 자신을 경멸하는 사람이 완전주의자로서의 삶을 살아가려 할 때 초인적인 자신의 모습을 추구하려고 한다. 그러므로 진정한 성인아이의 모습은 지금의 모습과는 다른 초인적 성인아이의 모습이다. 이러한 미묘한 방법으로 자신을 격하시키는 태도는 마음 깊은 곳에 지속적으로 참회하는 마음을 갖게 한다. 그것이 그가 하나님의 마음을 감동시키는 길이라고 생각하기 때문이다.

성인아이는 하나님께서 자신의 실제 모습을 보시지 않고, 그것과는 다른 초인적인 자신의 모습만을 보시기 바란다. 하나님께서 자신의 추한 모습을 받아주실 수 없다고 생각하고 또한 자신도 그것을 용납하기 어렵다고 계속 하나님께 말씀드린다. 그러므로 성인아이는 하나님의 사랑과 인정을 받기 위해서는 자신의 모습을 실제 이상으로 높이 돌려놓고 하나님의 마음을 감동시켜야만 된다고 생각한다. 이러한 비극의 원인은 어렸을 때에 받은 감정적인 타격으로 인하여 실제적인 자신의 모습이 쭈그러들어 자라지 못했기 때문이다.[96]

우리는 무엇을 왜곡하는가? 흥분과 목적을 상실함으로써 삶 자체를 왜곡한다. 우리는 하나님의 형상을 왜곡한다. 마치 깊은 계곡이 우리를 하나

---

95) 데이빗 A. 씨맨즈 「상한 감정의 치유」, p.155
96) 96)/ Ibid, p.157
97) 노만 라이트, 「당신의 과거와 화해하라」, p.237

님에게서 분리시키는 것처럼 하나님이 멀리 계시고 돌보지 않는 분인 것처럼 생각한다. 그리고 자신에 대한 관점을 왜곡한다. 우리들의 귀함과 가치 그리고 능력은 희망과 함께 사라져 버린다.[97]

> 저가 한 제물로 거룩하게 된 자들을 영원히 온전케 하셨느니라. 또한 성령이 우리에게 증거 하시되… 또 저희 죄와 저희 불법을 내가 다시 기억지 아니하리라 하셨으니(히 10:14-15,17)

많은 그리스도인들이 용서 받은 자리에서 죄가 있는 자리로, 다시 용서 받은 자리로 가는 회전목마에 머물고 있다. 그들은 결코 그들의 용납에 대해 안전하게 느끼지 못한다.

성인아이는 왜곡된 하나님의 견해를 가지고 있는데 다음과 같다.

① 하나님은 내게 좋은 것만을 기대하신다.

② 하나님은 내가 잘하면 용납하시고, 내가 못하면 거부하시고, 다시 잘하면 다시 받아주신다.

③ 하나님은 때때로 나 때문에 충격을 받으신다.

④ 내가 만일 －하면 하나님은 나를 거부하실 것이다.

⑤ 하나님은 내 단점을 지켜보고 있다.

⑥ 하나님은 미숙한 것을 나쁘다고 하신다.

⑦ 하나님은 내 갈등을 이해하지 못하신다.[98]

이러한 왜곡들은 실제적인 자아를 가둬두는 감옥이 된다. 사탄은 언제나 우리에게 거짓을 믿도록 우리를 속이려고 애써왔고 이러한 거짓과 왜곡을 통해 우리의 삶을 도적질한다. 우리는 그 거짓에 직면해야 하고, 예

---

98) 헨리 클라우드,「변화와 치유」, p,284

수님의 강력한 이름으로 꾸짖으며 그러한 거짓이 어디로부터 왔는지를 직시할 필요가 있다.[99]

완전주의자는 평범하다는 생각을 용납하지 않는다. 최고의(性)생활, 최고의 대화수준 그리고 제일 우수한 자녀들, 결혼에 있어서의 최고의 의사소통 그리고 최고급 요리에까지 이른다. 완전주의자가 다른 가족들에게 요구하는 기준은 견디기 힘든 것이다. 종종 완전주의자는 "모든 것을 다 하거나, 혹은 전혀 아무 것도 하지 않는다." 모든 것이 아니면 아무 것도 아니라는 이런 신념은 조금씩 발전하는 과정을 수용하기가 어렵다. 또 다른 신념은 "혼자 해나가는 것이다." 의견을 구해서는 안 된다. 또 다른 신념은 "어떤 일을 성취하는 바른길은 하나뿐"이라는 것이다. 그리고 보통 "둘째가 되는 것을 견디지 못한다." 이것은 그가 경쟁적임을 나타낸다. 게다가 그들은 종종 파국적으로 생각한다. 즉 작은 실수 하나를 가지고도 반사 작용이 어마어마해질 때까지 결과를 과장한다. 한 가지 사건에 대해 마치 그것이 종말의 시작이거나 파멸을 가져오는 것처럼 반응을 한다.[100]

이런 완전주의자의 삶을 살아가는 사람은 은총적 신앙보다 바리새인과 같은 율법적 신앙관을 가지게 된다. 이런 사람에게 가장 기쁜 소식이 있다면 "저 사람은 죄인이요, 당신은 의인이요"라는 말이다. 그는 기쁨으로 하나님을 섬기는 게 아니라 하나님이 무서워서 섬긴다. 그리고 완전한 신앙을 추구하다보니 실수라도 하게 되면 자기 존재에 대해 수치스럽게 생각하고 율법을 잘 지켰을 때는 뛸 듯이 기뻐하면서 율법을 지키지 못한 사람을 향해 호되게 비난한다. 그의 신앙생활은 여유와 향기가 없으며 늘 경직되어 있다.

---

99) Ibid, p.356
100) 노만 라이트, op, cit, pp.139-152

종종 부모들이 자신의 인생 가운데 박탈되었던 것을 자식에게서 보상받으려고 계속해서 자녀에게 뭔가를 상기시키고 교정해 줌으로써 자녀는 마침내 자신이 아무 가치도 없는 존재인 것처럼 느끼게 된다. 그러나 모든 자녀들은 어떤 방식으로든 지나친 강요에 저항하게 된다. 이들이 자라면서 저항은 여러 형태를 나타낼 수 있다. 그들은 성경의 가르침을 또 하나의 꼭 해야 하는 일의 목록으로 보고 하나님의 말씀에 저항할 수도 있다.[101] 먼저 그 강요에 순응적인 저항아는 누군가가 삶의 방향을 끊임없이 지시해주기를 바란다. 그가 스스로 주도권을 잡고 결정하는 것에 어려움을 느낀다. 이런 사람은 아마도 독재적인 교회에 매력을 느끼게 될 것이다. 스스로 성경을 연구하려 하지 않고 교회에서 가르치고 설교하는 내용을 그대로 받아들일 것이다. 그러나 하나님은 인간이 꼭두각시처럼 되기를 원치 않으신다. 그분은 당신이 강하고 독립적인 사람으로서 삶을 선택하고 결정을 내릴 수 있는 사람이 되기를 원하신다.

또 하나의 가장 보편적인 저항의 형태는 소극적인 반항이다. 소극적인 저항은 여러 가지 모양으로 나타난다. 가장 흔한 것이 미루는 것이다. 그래서 부모가 부를 때 가장 잘 쓰는 말이 "잠깐만"이다. 두 번째 부를 때는 "예, 가요"하고 말하지만 행동에 옮기지는 않는다.

소극적 공격성 행동의 또 다른 특성은 잘 잊어버린다는 것이다. 자기가 기억하고 싶지 않은 것은 그냥 잊어버린다. 또 다른 방법은 아예 듣지 않는 것이다. 그리고 의사 표현을 막연하게 하는 것도 저항하는 또 한 가지 방법이다.

이와 같은 저항은 신앙생황을 하면서 지속적인 경건생활을 하겠다는 결

---

[101] Ibid, p.163

단을 유보하게 만든다. 생활의 어떤 면이 그리스도인으로서 합당하지 않다는 각성은 당신으로 하여금 하나님의 말씀에 따를 것을 약속하도록 촉구할 것이다. 그러나 생활의 다른 영역에서와 마찬가지로 당신은 그 말씀뿐 아니라 이 약속에도 저항할 것이다. 하나님과 그의 말씀까지도 다른 사람을 대하는 것과 마찬가지로 대할 것이다.

과보호를 받았던 아이는 모든 것이 저절로 제공되기를 바란다. 그러나 너무 많은 것이 한꺼번에 주어지기 때문에 곧 지루하고 무관심해져 버린다. 의존적이고 수동적이며 스스로의 힘으로 어떻게 즐기고 필요를 채울 수 있는지 모르기 때문에 쉽게 좌절하게 된다.

과보호 속에서 자란 그리스도인은 자신의 생활양식을 신앙에서도 그대로 적용시키는 경향이 있다. 그들의 하나님이 계속해서 유익과 복을 주는 분이기를 기대한다. 그들은 하나님이 자녀들에게 주시기를 기뻐하는 것에 대해서만 강조하는 교회를 찾을지도 모른다. 그들은 신자의 역할을 강조하는 가르침에는 개의치 않는다. 행위나 다른 사람들에게 베푸는 것은 그들이 좋아하는 주제가 아니다.[102]

5. 성인아이의 목회적 돌봄

넓은 의미의 내적 치유는 성령의 역사 속에서 삶 전반을 통하여 하나님을 알아감으로 일어나는 거룩한 성화 과정이다.[103]

하나님은 결속된 인격이다. 성부 성자 성령께서는 언제나 연결되어 있

---

102) 노만라이트, 「당신의 과거와 화해하라」, pp.162-169
103) Ibid,, p.292

다. 이 삼위는 영원한 일체를 이루고 있다. 그러나 연합이 하나님의 기본적인 속성인 것과 마찬가지로 그 연합 안에 다양성이 존재한다. 성부 성자 성령은 분명히 구별된 인격이시다. 삼위는 자체 내의 경계선을 가지고 있다. 삼위는 동시에 각각 다른 장소에 존재할 수 있으며 관계를 잃어버리지 않고 서로 다른 일을 할 수 있다.104)

하나님은 우리와 분리된 인격이시다. 우리가 하나님의 형상대로 창조될 때 우리는 서로 별개의 존재로 창조되었다. 분리란 인간 정체성의 중요한 한 국면이다. 우리는 우리 자신의 정체성과 독립성을 잃어버리지 않고 타인과 우리는 우리 자신의 정체성과 독립성을 잃어버리지 않고 타인과 연결되어야 한다. 우리는 바로 이 점에서 '하나님과 같이' 되어야 한다. 우리는 '너를 잃지 않고 내가 되는' 기술을 터득해야 한다.105)

하나님께서는 자신을 명확하고 구별된 존재로 드러내며, 당신 자신에 대해 분명하게 책임지신다. 그분은 자신의 생각과 느낌과 계획, 허락하는 것과 허락하지 않는 것, 좋아하는 것과 좋아하지 않는 것 등을 우리에게 말씀하신으로써 당신의 인격을 규정하고 그 인격에 대해 책임지신다.106)

어떤 이들은 성경을 읽으면서, 성경이 "하라와 하지 말라"는 명령으로 가득 찬 책이라고 생각한다. 또 다른 이들은 그 속에서 인생의 철학과 지혜의 원리들을 발견한다. 그런가 하면 아직도 성격을 신화로 여기는 이들도 있다. 분명히 성경은 이 지구상에 존재하는 것들을 설명해주는 여러 가지 명령, 원리, 이야기들을 담고 있다. 그러나 우리들에게 성경은 관계성에

---

104) 헨리 클라우드, 「변화와 치유」, p.127
105) Ibid, p.128
106) 헨리 클라우드, 존 타운센트, op. cit, p.44

대해 말해주는 살아있는 책이다. 하나님과 사람들, 사람들과 하나님, 사람과 사람사이의 관계를 생생하게 보여준다. 성경은 하나님에 대한 책이다. 하나님께서는 이 세상을 창조하시고, 그 세상 속에 사람을 살게 하고, 사람들과 관계를 맺으신다. 비록 그 관계가 사람들의 죄악으로 훼손되지만, 하나님께서는 끊임없이 그 관계를 회복시키신다. 성경 전체의 내용은 사랑의 메시지를 우리에게 전해준다. 하지만 어떻게 그렇게 할 수 있는가?

하나님과 이웃을 사랑하는 것은 어려운 일이다. 사랑하는 일이 어렵고 중요한 이유 가운데 하나는 바운더리 문제 때문이다. 그것은 본질적으로 책임감의 문제이다. 우리는 우리가 마치고 다른 이들이 시작해야 하는 위치가 어디이고, 하나님께서 멈추시고 우리가 시작해야 하는 부분이 어디인지, 그리고 그에 대한 책임은 누구에게 있는지 잘 알지 못한다. 성경은 이러한 바운더리를 명확하게 구분하고 있다. 다라서 우리들은 이러한 사랑의 수고를 어디서부터 누가 시작해야 하는지 알 수 있다.[107]

하나님께서는 우리의 외면적인 순종보다는 마음 중심에 더 많은 관심을 갖고 계신다. 우리가 "아니고"라고 말하기를 두려워 할 때, 우리의 "예"는 손상을 입게 된다. 하나님께서는 두려움에서 비롯된 우리의 순종에는 별로 관심이 없다. 하나님께서는 사랑에서 비롯된 반응을 원하신다.[108] 하나님과의 책임감 있는 관계야말로 하나님과의 개인적인 친밀감을 누릴 수 있는 가장 적합한 채널이다.[109] 전인건강의 기둥이자 핵심은 인간의 영이

---

107) 헨리 클라우드, 존 타운센트, op, cit p.354
108) 헨리 클라우드, 존 타운센트, op, cit,, p.164
109) 토미테니,「다윗의 장막」, 이상준역, (서울: 토기장이, 2004), p.148
110) 정태기,「위기와 상담」, (크리스찬 치유목회 연구원, 1998),p.14.

다. 인간의 영은 신앙과 밀접한 관계를 가지고 있다. 한 마디로, 인간의 영은 하나님과 함께 할 때 활력을 갖게 되고 하나님과 멀어지면 생명력을 잃는다.110)

당신은 어린시절을 다시 살 수는 없다. 그러나 하나님과의 교제를 통해서 그 상실은 극복할 수 있다. 당신은 하나님의 자녀가 되는 기쁨을 얻을 수 잇다. 하나님의 자녀가 된다는 것은 먼저, 당신이 새로운 출발점에서 성장하는 자유를 가지게 되었다는 것이며, 두 번째로는 하나님이 함께 하므로 당신이 안전함을 의미하며, 세 번째로는 하나님은 또한 당신에게 미래의 상속권을 주신다는 것을 말한다. 이 상속권은 현재를 넘어선 영원한 것이다. 그것은 당신이 영원토록 그와 함께 걷고 그와 함께 살 것을 의미한다.111)

팀 슬레지는 다음과 같이 영적 치유에 관하여 설명하고 있다. 시간이 모든 상처를 치유하는 것은 아니다. 그러나 예수님은 그분의 영을 통해 역사하셔서 모든 상처를 치유할 수 있는 분이시다. 예수님은 지원그룹이나 그리스도인 상담자를 통해서 역사하시며 당신이 결코 알지 못했던 상처들을 치유하기 위해 독특한 방법으로 역사하실 수 있다. 당신 자신을 예수님께 복종시키는 것이 치유의 열쇠이다. 당신이 가지고 있는 과거의 아픔을 그분께 드리라. 과거는 흘러간 것이다.

지금은 지금이다. 다음과 같은 세 가지의 간단한 단계를 기억하라.

① 나는 할 수 없다 : 나는 나 자신을 치유할 수 없다. 나는 나의 과거를 지우거나 치유할 수 없다.

② 하나님은 하실 수 있다 : 하나님은 나의 삶에 치유를 가져오실 수 있

---
111) 팀슬레지, op, cit, p.152

는 분이시다.

③ 나는 하나님께 모든 것을 맡기겠다 : 나는 고통에 직면할 것이다. 나는 신뢰할 수 있는 사람들과 나의 고통을 나누겠다. 나의 이 모든 과정을 통하여 나의 고통스러운 과거를 그분께 맡기겠다.

치유과정의 어떤 부분은 심리학적이다. 그러나 치유과정의 기초는 영적인 문제이다. 그것은 자기를 포기하고 현재와 미래뿐 아니라 당신의 과거까지도 하나님께서 통치하시도록 그분께 모든 것은 맡기는 것이다.112)

크리스챤으로서의 진정한 치유의 목적은 무엇인가? 그것은 하나님이 창조하시고 의도하신 본래적인 참 인간의 축복된 모습을 되찾는 것을 의미한다.113) 빌리 그레함(Billy Graham)은 질병의 원인을 "우리 삶의 모든 병, 모든 잘못 또는 질환은 거슬러 올라가 보면 모두가 원죄 때문이다."라고 말했다. 이렇게 볼 때 치유란 창조 당시의 상황으로 돌아가 하나님과 관계 회복 뿐 아니라 모든 영역, 즉 육체적, 정신적, 사회적인 회복으로 이해되어야 할 것이다.114)

우리 각자는 하나님의 독특함을 세상에 알리려 왔고 우리는 이를 우리 자신의 독특한 모습이 됨으로 성취할 수 있다. 이는 우리가 우리 자신이 될수록 우리는 진실로 하나님의 형상을 띠게 된다는 말과 같다. 정말로 우리 자신이 되기 위해서는 우리의 영원한 임무와 운명을 받아들여야 한다. 이는 신성을 가지고 지극히 인간적인 모습이 되어야 성취될 수 있는 것인데 나는 예수님을 모델로 삼는다. 우리의 운명은 영혼의 아이에 의해서 알 수

---

112) Ibid, p.210
113) 최용자,「성인아이의 내적치유 방안에 관한 연구」, p.55
114) 이금자,「역기능 가정 성인아이 회복에 관한 기독교적 접근 방법의 연구」, 석사학위논문, (크리스찬 치유상담연구원, 2003), p.31

있다. 우리가 우리 안에 있는 수치심의 문제를 해결한다면, 다시 말해 우리가 자유롭게 된다면, 우리 안의 영혼의 아이를 풀어내어 우리 안에 있는 개성을 찾기 위한 여행을 떠날 수 있게 되며 진정한 우리의 모습이 나타날 것이다. 그러나 우리 안의 과거 충격적인 일로 인한 상처로 인하여 갈 길을 가지 못할지도 모르고 또 잠시 곁길로 빠질 지도 모른다. 그럴 때마다 영혼의 아이는 우리가 제 갈 길을 가도록 밀어줄 것이다. 우리는 슬픔에서 회복되어 또다시 여행을 시작한다. 다시 자아를 세우고 자신의 경계선을 세워가면서 정체성을 형성해 간다.

그러나 우리의 자아는 아무리 자아가 일치되어 완전히 회복된다 해도 언어, 문화, 시간에 제한 받는다. 우리의 진정한 자아는 영원하며 그 어떤 것에도 제한 받지 않으며 그 어떤 환경에도 변함이 없다. 그리고 그 진정한 자아는 바로 우리 안에 있는 영혼의 아이다. 명상이나 기도는 하나님으로부터의 사랑을 우리의 있는 모습 그대로 받아들이게 해서 하나님과 하나가 될 수 있게 해준다.

존 브래드쇼(John bradshaw)는 자신의 경험을 다음과 같이 기술하였다. 수치심이 내재된 사람으로 나는 명상에 들어가는데 부단히도 어려움을 많이 겪었단 나는 항상 경계하는 습관과 수치심을 커버하기 위해 과도한 이성을 사용했던 버릇 때문에 어린아이와 같이 순전한 마음으로 접근하기가 참 힘들었다. 하지만 계속해서 노력했고 결국에는 영혼의 아이를 만났다. 수치심이 내재된 사람으로 나는 내 안을 대면하기 싫어 항상 밖에서만 살려 했다. 영혼의 아이가 내게 준 말은 나를, 내 안을 사랑하라는 것이었다. 내가 진정으로 확장되고 성장하고 남을 사랑하려면 나를 먼저 사

---

115) 존 브래드쇼, 「수치심의 치유」, p.325

랑하는 방법 밖에는 없다는 것이다.115)

하나님으로부터 진정한 사랑은 모든 의식이 연합되게 해 준다. 우리 대부분이 수치심으로 자신을 부정하고 자아가 분열되어 있기에 명상은 하나님과의 축복된 관계 가운데서 당신 자신을 그대로 받아들여 하나로 일치될 수 있게 해 준다.116)

부모들은 하나님이 하시는 방법으로 자녀를 양육할 필요가 있다. 하나님은 실패를 부인하시지도 않으며 그것 때문에 우리를 치시지도 않는다. 하나님은 우리를 깨닫게 하신다. 그 분은 우리에게 진리를 보여주신다. "하나님의 자비는 우리는 회개로 이끄시기" 때문에(롬 2:4) 부드러운 사랑과 긍휼로 함께 해주신다. 하나님의 자비와 긍휼은 무거운 심판이나 정죄가 아니라, 실패와 단점을 다루도록 부드럽게 이끌어 주신다.117)

하나님의 방법은 우리를 죄책감으로 몰고 가지 않으신다. "율법이 가입한 것은 범죄를 더하게 하려 함이라 그러나 죄가 더한 곳에 은혜가 더욱 넘쳤나니"(롬 5:20). 죄책감을 주는 조정은 효과적이지 않다. 은혜만이 우리를 자유케 한다. '정죄함이 없는' 것은 힘 있는 것이다. 그것은 삶을 변화시킨다. 어떤 사람이 그가 무엇을 하든 정죄 받지 않는다고 느끼는 경지에 이를 수 있을 때 그는 더욱 더 사랑하는 사람이 되어가고 있는 것이다. 왜냐하면 '죄사함을 많이 받은 사람'이 사랑도 많이 하기 때문이다. 실패하는 사람의 실제의 모습을 향한 분노와 공격 대신 사랑의 목표를 향한 책망, 이것이 바로 이상적인 것과 실제적인 관계의 속성이다.118)

---

116) Ibid, p.318
117) 헨리 클라우드, op. cit., p.267
118) Ibid, p.5

그러나 역기능가정에서 자란 성인아이는 자녀로 하여금 수치심을 갖도록 만들었으며 자신의 실수뿐 아니라 타인의 실수도 비난하도록 가르쳤다. 그렇기 때문에 신앙생활도 중독적으로 한다. 열심히 봉사하고 성경말씀을 보지만 그 마음은 늘 공허하다. 내가 열심히 일하고 섬기고 봉사해야만 하나님께서 복을 주실 것 같고 혼내지 않을 것 같기 때문에 성인아이는 끊임없이 자신의 에너지를 고갈시켜나간다. 그곳엔 참된 만족이 없다. 그러나 이제 분명한 것은 그리스도 안에서는 정죄함이 없다는 것이다. 하나님은 우리를 선택적으로 사랑하시는 분이 아니다. 무조건 사랑하신다. 역기능 가정의 성인아이는 이제 그러한 생각을 벗어버리고 해방될 필요가 있다. 늘 사랑해 주시고 보살펴 주시며 친절하신 하나님의 참모습을 바라볼 필요가 있다.

아울러 영적치유의 한 방법으로 필자는 경계선에 대해 설명하였다. 경계선을 세우는 것이 우리나라의 문화 속에서 여러 가지 어려움이 있으리라 예상된다. 경계선을 세우려고 하면 여러 거부 반응과 저항들이 필연적으로 따라온다. 분노와 공격적인 태도도 그 과정 속에서 나타날 수 있다. 그러나 그 작업을 포기하지 말라고 용기를 주고 싶다. 온갖 반대와 저항이 닥쳐올 때는 성경적인 관점으로 그것들을 바라보기 바란다. 상대방과의 관계에서 불일치되는 요소들을 회유하지 말고 이중적 언어로 나타내지 말고 정직하게 말하는 능력을 겸비할수록 우리는 우리의 능력을 주님이 주시는 능력 안에서 맘껏 발휘할 수 있으며 타인을 존중해 줄 수 있는 시

정동섭은 성인아이를 치료하는 가장 좋은 방법은 독서요. 법과 상담과 지원그룹 안에서의 치료경험이라고 하였다. 지원그룹은 비슷한 처지에 있는 성인아이들이 모인 환경에서 자신의 문제를 솔직하게 들어 내놓고 말

할 수 있는 분위기를 제공한다. 그들은 감정과 경험을 나눔으로써 억압했던 고통과 직면하고 고통을 재경험하는 가운데 성령의 도우심을 받아 건강한 인격으로 회복될 수 있다고 하였다. 성인아이의 치료는 신체적, 심리적, 사회적, 영적 차원을 모두 다루는 전인격적 접근이어야 함을 강조한다.

상담심리학자들은 정신적으로 건강한 사람이 되기 위해서는 세 가지 단계를 거쳐야 한다고 주장한다. 먼저는, 자신의 약점과 강점을 객관적으로 진단하는 자기이해의 과정이 필요하다. 이때에 도움을 줄 수 있는 것이 설교나 강연, 또는 독서를 통한 자기성찰이다. 둘째는, 자기진단이 이루어진 사람이 거쳐야 할 관문은 자기용납이다. 자신을 있는 그대로 수용하는 결단이다(롬 15:7). 셋째는, 자기용납이 이루어진 사람은 자신을 개방할 수 있게 된다. 아픔이 치유된 데서 오는 기쁨과 희열이 너무나 크기 때문이다. 우리가 아무리 큰 정서적 상처를 입었다 해도 거기서 머물 수 없음은 상한 갈대를 꺾지 아니 하시며 꺼져가는 심지도 끄지 아니하시는 하나님의 사랑이 있기 때문이다.

하나님은 상한 심령을 찾으시며(시 51:17), 의원 되시는 우리 주님은 건강한 사람을 부르러 온 것이 아니요 병들고 상한자를 부르러 오셨다. 구원에로의 부르심은 온전함에로의 부르심이다. 전인 치유가 구원과 깊은 상관관계를 갖는 것은 그 때문이다. 이러한 전인 치유는 하나님이 만드신 가정에서부터 시작되어야 한다. 가정의 회복은 다음 세기에 요청되는 하나님의 분명한 소명이기 때문이다.

중년 부부의 위기의 돌봄

Care and Counselling
16. 중년 부부의 위기의 돌봄

　중년은 황금기이다. 그러나 중년은 외롭고 쓸쓸한 시기이기에 아무도 중년에 대해서 말해 주지 않는 시기이도 하다. 대부분 중년기 때에는 인생의 모든 것을 가져서 사업도, 재정도, 성취도, 사랑도 경험해 본 연령이다. 그럼에도 불구하고 이 모든 것을 다 겪고 나서 이것이 과연 인생일까? 깊은 회의를 갖는 기간이기도 하다. 그렇지만 중년기에는 육체적인 노쇠 현상을 경험하면서 피곤이 풀리지 않고 흰머리가 드문드문 생기고 얼굴에 주름살이 깊어 가는 시기이기에 젊은 시절의 싱그러움은 퇴색해 가고 가족을 부양하고 자녀를 양육하며, 노년기의 부모를 봉양하고, 직장이나 교회와 사회에 대한 의무를 수행하느라 정신이 없는 때이다.

　그렇지만 자신을 향해서 끝임 없이 자신의 모습을 돌이켜 보고 지금 어디에 와 있는지, 또 어디로 가고 있는지에 대한 질문으로 회의와 혼란을 겪으면서 지나간 세월을 아쉬워하면서 변해 버린 자신의 모습을 발견하고 심각한 충격을 받기도 하는 시기이다.

심리학에서는 중년기를 정의 할 때 결혼 한지 10년 이상 되면서 사회적인 지위도 확보되고, 자녀들도 많이 성장하여 스스로 판단을 할 수 있는 때에 겪는 개인과 부부의 위기 현상이라고 말한다.

사실 우리민족은 100년 전에도 사람들의 평균 수명이 여성의 경우는 51세였고 남성의 경우는 45세였다. 당시 전체 인구의 10%만이 현재 중년층에 속했기에 중년에 대한 관심이 적었다.[119] 그러나 지금은 평균수명이 연장되면서 연도별 평균수명의 추이를 통계청 자료에 의하면, 40여 년 전인 1960년에 우리나라 평균수명이 남자가 51.10살이고 여자가 53.7살이었던 것이 1999년에는 남자의 평균수명이 71.77살이고 여자는 79.22살로 각각 길어졌다.[120] 평균수명이 고작 50대에 머물렀던 50 - 60년대만 하더라도 중년기에 대하여 생각지도 못했었는데 평균수명이 70-80살이 넘는 현대에서는 중년층의 인구비율이 전 인구의 4분의 1에 해당할 만큼 증가하면서 이제 중년기에 있는 4분의 3의 인구에게 영향을 미치는 중요한 시기가 되었다.

오늘날 한국 사회는 급격한 변화가 일어나면서 과거 전통적인 모습들이 붕괴되고 사회의 여러 영역에서 새로운 형태의 사회문화가 형성되어가고 있다.[121] 그 대표적인 현상으로 산업화, 도시화, 소비화를 들 수 있는데, 그 결과 전통적인 대가족 제도에서 부부와 자녀들로 구성된 핵가족 제도로의 변화가 가속화되면서 그 역작용으로 이혼을 통한 가정의 붕괴가 급증하고 있다.

---

119) 임경수,「중년 리모델링」(서울: 도서출판 CUP, 2002), p.16
120) 통계청, "연도별 평균수명의 추이," http://www.nso.go.kr/newnso/main.html
121) 정정숙,「성경적 가정 사역」(서울: 베다니, 1996), p.29

1. 중년기 구분

중년을 젊지도 늙지도 않은 중간 지점으로 젊은 세대와 늙은 세대사이에서 샌드위치 노릇을 할 수밖에 없는 샌드위치 세대이다. 그래서 중년은 사춘기에 있는 십대의 자녀들과 나이 먹은 노부모 사이에 끼어 있어서 사추기(思秋期)라고도 부른다. 그렇지만 중년의 시기에 대하여 학자들 마다 상이한 견해를 제시하고 있다.

심리학자인 칼 융(Carl Jung)은 35-40세 사이에 중년기의 심리적 상처가 가장 심하다고 주장하고, 조웰(Joel)과 로이스 데이비츠(Lois Davitz)는 40-50세 사이에 발생하여 45세에 절정을 이룬다고 주장하였으며, 바바라 프리이드(Barbara Fried) 또한 40대에 위기가 발생한다고 주장하였다. 이러한 견해를 가지고 스톡포드(Lee Stockfoed)는 2,100명이 넘는 남녀를 대상으로 한 세 가지 연구를 시초로 34-42세의 관리자의 80%가 중년의 위기에 처해 있다는 결과를 제시 하면서[122] 중년기는 변화가 많은 시기라고 하였다.

이에 대하여 에릭슨(Erik Erikson)은 40세에서 50세까지를 성인기로 칭하면서 이 시기에 나타나는 특성으로는 생산성(Generativist) 대 침체(Stagnation) 또는 자기 열중(Self-absorption)이라고 칭하였다. 이 시기를 레빈슨(Daniel. J. Levinson)은 40-60세로 보고 4단계로 구분한다. 그것은 40-45세까지는 중년기에로의 전환기로, 45-50세까지는 중년 진입기로, 50대가 과도기로, 60대를 중년기 절정으로 구분하였다. 이 처럼 많은 학자들이 중년기에 들어서면 생리적 및 심리적 기능에 변화가 일어나고 생활양식과 사회역할의 재조정을 열망하며, 중년기 이전과는 달리

---
[122] 짐 콘웨이,「남자 나이 마흔이 된다는 것」, 한성열 역 (서울: 학지사, 1992), pp.27-28.

전통적인 방향으로 인생의 방향을 정리하려는 모습이 나타나기 때문이다.123) 그래서 중년기를 바라보는 시각이 사람에 따라서 35세에서 70세까지의 보기도 하지만 아래의 표에서와 보면 중년기 구분은 다양하다고 말할 수가 있다.124)

중년기 구분에 대한 다양한 견해

학자 이름	연도	중년기, 범위	조직적 정의
Jung	1933	30-40세	Midife Change
Erikson	1956	40-60세	Generativity vs Stagnation
Neugarten&Gutmann	1958	40-54세	Early Middle Age
Jaques	1965	35-45세	Middle Life Crisis
Deutscher	1969	사춘기 자녀 동거	Early Middle Age
Vincent		사춘기 자녀 동거	Late Middle Age
	1972	35-55세	Caught Generation
Havighurst	1972	35-60세	Middle Adulthood
Sheehy	1976	35-40세	Deadline Decade
Lowenthal et al	1976	막내자녀 고교재학	Postparental Couple
Duvall	1977	막내자녀 독립	Middle Aged Parents
Gould	1978	35-45세	MId Life Decade
	1978	40-45세	Mid Life Transition
Levinson		45-60세	Middle Adulthood
Thompson	1980	35-50세	Mid Life
Farrell &Rosenberg	1981	38-48세	Middle Aged
O' Connor	1985	35-50세	Mid Life

위의 도표에서 나타난 바와 같이 중년기 구분에 대해서 중년기 범위가

---

123) 정태기,「위기와 상담」,(서울: 크리스챤치유목회연구원, 1998), p,201.
124) 김명자,「중년기 발달」,(서울: 교문사, 1998), p,30.

유동적이며, 그 용어 또한 상이하게 중년기를 언급하고 있음을 볼 수 있다. 대체로 많은 학자들이 중년기의 범위를 35-60세 사이로 보고 있으며, 자녀의 독립 여부에 따가 그 시기가 구분되기도 하였다. 그러나 진정한 의미에서 중년기 위기는 마음의 상태이지 신체적인 나이의 문제는 아니다. 중년의 위기가 일찍 찾아올지 혹은 늦게 찾아올지는 개인 마다 약간의 차이가 있지만 자연스러운 발달상의 과정 속에서 누구나 나타나기에 피할 수 없는 현실이기에 받아들이는 태도가 필요하다

2. 일반 이론에서의 중년기 이해

중년기의 대한 학자들의 많은 견해가 있지만 최초로 중년기에 관한 개념을 발전시킨 사람은 스위스의 심리학자 칼 융이다. 그는 인간을 8가지 발달 단계로 분석한 에릭슨의 중년기 이해와 인생계절론 모델에서 생애주기(Life Structure)라는 개념을 사용하여 중년기의 이론을 정립해 놓았다.

1) 융의 중년기 이해

중년기에 관한 구체적인 개념을 최초로 발전시킨 사람은 칼 융으로 그는 인생주기를 태양과 비교하여 설명하였다. 그는 인생 전체를 태양의 하루 동안의 진로와 같은 180도의 부채꼴로 설명하였는데 그 부채꼴 모양을 4등분하여 유아 및 아동기, 청소년기와 성인초기, 중년기, 노년기로 나누었다.[125] 여기서는 중년기에 대한 것만 살펴보기로 한다. 융에 의하면 인생의 전반부는 아동기와 청년기 및 젊은 성인기로 나누어지며 이 시기는 자

---

125) 정태기,「위기와 상담」, pp.202-203

아 발달과 외적세계에의 적응이 목표이고, 후반부는 중년기와 노년기로 나누어지는데 자기(self)의 발달과 내적인 세계에 적응하는 것이 목적이다.126) 그러므로 중년기에 이를 때까지 개인은 대개 외적세계에 적응하는 데 힘써왔고, 그 결과로 그는 안정된 지위와 가정을 이루었으며, 권리와 의무를 가진 시민으로 사회에 적극적으로 참여하였다. 그래서 보편적으로 중년기는 생의 요구에 비교적 잘 적응하고, 비교적 직업적으로도, 가정적으로도 안정된 생활을 영위하게 된다.

그러나 태양이 지금까지 계속 솟아오르기만 했던 궤도에서 정오를 지나 이제는 내리막길로 들어서는 것과 같이, 중년기에 들어선 사람은 새롭게 정립된 가치관을 중심으로 자기의 삶을 수정하는데 지금까지 외적인 세계에 적응하느라고 소비하던 에너지를 새로운 가치, 즉 정신적인 가치와 영적인 가치에로 쏟기 때문에 가치관에 새로운 변화가 일어난다. 이런 정신적, 영적 가치는 오래 전부터 내재되어 있지만 젊은 청년기, 성인기에서는 가시적인 욕구 충적에 정신이 집중되어 있었기 때문에 잠을 자고 있었기에127) 처음에는 의식에 나타나지 않고 무의식 속에 잠재해 있기 때문에 변화에 적응하는 일은 더욱 어려울 수밖에 없었다고 보았다.

이처럼 융은 그의 심리학 이론에서 인생의 전반부에 사람들이 감당해 내어야할 과제와 인생의 후반부에 사람들이 감당해 내어야할 과제를 구별 지으면서 인생의 전반부에 취해야할 합당한 태도가 그대로 인생의 후반부에 옮겨지게 되면 그것은 곧 부적당한 것으로 드러나기 때문에 중년기에는 인생에 있어서 외적인 방향으로 향하던 에너지를 지적인 세계, 즉 정신

---

126) Ibid, p,203
127) Ibid,

적 영적 세계로 전환시키는 것이 가장 큰 과업으로 전환 된다고 보았다.128)

즉 이 말은 인생의 전반기에는 사람들이 외부세계와 밀접한 관계를 맺으면서 살았던 것처럼 인생의 후반부에는 내면세계의 요구에 귀를 기울이며 사는 세계라고 보았다.

2) 에릭슨의 중년기 이해

에릭슨은 인간의 발달 단계를 8단계, 영아기(0-1), 걸음마기(2-3), 학동전기(3-6), 학동기(6-11), 청소년(11-18), 성인초기(18-30), 중년기(30-65), 완숙기(65-)로 나누어 자아(self identity)를 이루어가는 것으로 보고 생의 전 과정에서 인간은 각 단계마다 겪어야 하고 겪어낼 수밖에 없는 발달의 위기(development crisis)를 서로 대립되는 양극개념으로 설명하였다. 그러면서 에릭슨은 각 단계마다 특정 발달 과업을 성취하느냐, 못하느냐에 따라 발달위기를 극복하느냐, 못하느냐가 되며, 따라서 발달의 정상 측면이나 비정상 측면이 나타난다고 보았다.129)

에릭슨에 의하면 청년기에 두 사람간의 친밀감을 확립한 사람은 두 사람 관계를 넘어 타인에게까지 그 친밀감이 확대되기 시작하기 때문에 가정에서는 자녀를 양육, 교육하고, 사회적으로는 다음 세대를 양성하는데 노력한다. 만약 이때 자녀가 없는 경우에는 사회봉사활동으로 생산성을 발휘한다.130)

중년기에 생산성이 발달하지 못할 때는 침체감이 나타난다. 여기서 침

---

128) Ibid
129) 이금만,「발달심리와 신앙교육」, (서울: 크리스챤치유목회연구원, 2000), pp.81-82.
130) Ibid, p. 92.

체감은 권태, 대인 관계의 빈곤, 심리성장의 결여 뿐 아니라 가정관리, 양육, 직업과업을 성공적으로 수행하지 못하겠다는 심리이다. 즉 타인들에 대한 관심보다 자신의 욕구에 더 치중하는 경향을 띠며, 이웃에게 관대하게 대하지 못한다.

에릭슨은 중년기의 덕목을 돌봄으로 보았는데, 가정과 사회의 전반적인 분야에서 중추의 위치에서 관계를 형성하고 나아가 생산성을 발휘하는 중년기의 과업을 제대로 수행하는 것의 중요성을 강조하였다.

3) 레빈슨의 중년기 이해

레빈슨은 융의 이론을 토대로 성인의 사회심리 발달 과정을 설명하였다. 인생계절론 모델에서 생애구조(Life structure)라는 개념을 사용하였는데, 이것은 일정한 시기에서 개인의 생활에 내재화된 유형이나 설계를 의미한다. 그는 개인의 인생주기에는 출생에서 사망에 이르기까지 개인적, 문화적 차이를 초월한 보편적 유형이 있다고 보고, 인생주기를 특정한 단계나 기간이 연속적으로 순서를 따라 지속되는 계절의 개념으로 접근하였다. 즉 인생 주기에는 아동, 청소년기, 성인초기, 성인중기, 성인후기라는 질적으로 상이한 4개의 계절이 존재하며, 각 계절은 나름의 독특한 특성이 있어서 각기 그의 위치에서 필요하며, 전체 인생 주기의 한 부분으로 나름대로 독자적인 공헌을 한다는 것이다. 또한 생애구조는 성인기를 통해 연속적 과정으로 발달해 간다고 보고, 이러한 과정에서 안정기와 전환기가 체계적으로 나타난다고 보였다.

중년기 전환기는 성인초기를 종결하고 중년기를 시작하는 교량단계로, 두 단계를 구분해 주는 동시에 연결해 주는 기반이며, 그 시기는 대략 40-

45세까지이다. 이 시기에 주된 과업은 성인초기에 생애구조에 대한 평가, 다가올 중년기에 대한 가능성 탐구, 새로운 생애구조 형성을 위한 선택 등이다.

중년기 생애구조에 대한 조정은 과거의 꿈에 대한 평가, 가치 있는 목표의 발견, 통합과 개별화를 통한 구체적 과정이다. 중년기 전환은 다음 단계를 보다 창의적으로 가능성 있게 맞이하느냐, 혹은 심리적 위축과 함께 절망감으로 맞이하느냐를 결정하는 결정적 시기라고 할 수 있다.

또한 레빈슨은 중년기 생애구조 형성을 위한 근거로 젊음과 노화, 파괴와 창조, 남성성과 여성성, 애착과 분리 등 자아 내부에 공존하는 양극성을 통합해 나갈 것을 제안하였는데, 중년기에 있어 양극성의 통합과 생애구조의 조정을 통해 개인은 보다 성숙해지고, 외부환경과 상호작용이 효율적으로 이루어진다고 하였다.[131]

3. 중년기의 증상

중년이 되면서 사람은 중년기의 증상이 자신도 모르게 나타난다. 이때 나타나는 현상을 연구하기 위해서 융은 획일적인 성공관과 인생관을 가지고 살다가 중년기에 이르러 알 수 없는 정신적 갈등과 신경증 또는 우울증을 가지고 살아온 사람들을 상담을 했다. 그 상담 결과 어떤 이유도 발견할 수 없었지만 내부적인 요인에서 원인을 발견하였다. 그것은 인생의 오전과 오후에 살아가야 할 원칙이 있는데 대부분의 사람이 중년인 인생의 오후가 되어서도 오전의 원칙인 성공과 성취만을 고집하며 살아가기 때문이

---
131) 김명자,「중년기 발달」, (서울: 교문사, 1998), pp.38-46

다. 따라서 이러한 성공 원칙이 인생의 오후를 지배해 버리기 때문에 알 수 없는 심리적 갈등이나 우울증 등이 발생하게 되는 것이다. 그래서 중년기가 되면 실존적 공허와 자신에 대한 관한 질문과 죄책감과 우울증이 나타난다고 보았다.

1) 실존적 공허감

대부분의 사람들이 중년기가 되면 뚜렷한 이유도 없이 가슴에 구멍이 뻥 뚫린 것 같은 느낌이 들기 시작하는데 이 구멍을 학자들은 실존적 진공상태(Existential Vacuum)라 부른다. 그러면 이런 진공상태는 왜 생기는 것일까? 이것은 지금까지 사회적 지위를 획득하기 위해 쏠리던 에너지가 어느 정도 목적지에 도달하면서 철수해 버리는 데서 비롯된다고 한다.

지금까지 추구해 오던 가치가 상실되면서 텅 빈 구멍이 생기게 되는데, 이 구멍은 젊은 시절 추구해 오던 물질을 가지고서는 채워지지 않는다. 오직 정신적 영적 가치로만 메워질 수 있는 공간이기 때문이다.

융에 따르면, 중년기 위기는 영적 위기이다. 중년기의 사람들은 지금까지 자신들의 삶을 유지해 주던 인생관이 다음에 오는 미래의 삶을 이끌어 가는데 미흡한 점이 없는가를 묻고, 이때 새로운 삶의 필요성을 느낀다면 다시 한 번 인생의 전환을 위해 새로운 인생을 출발해야 할 것인가를 선택해야 한다. 이 결정에 따라 중년기의 위기가 성장의 종결을 고할 것인지 아니면 새로운 도약의 시작이 될 것인지가 판가름 난다.

이런 면에서, 중년기에 처한 대부분의 사람들은 영적 가치나 영적 의미에 의해서만 충족될 수 있는 실존적 빈 공간을 지니고 있다고 볼 수 있다. 정신적으로 또는 영적으로 채워 주기를 바라는 빈 그릇을 소유하고 있는 중년층은 이미 무엇인가로 채워진 노인들에 비해 훨씬 쉽게 영적인 의미를 받아들일 수 있기 때문에 신앙생활과 선교 활동에 더욱더 매진 할 수가 있다. 좀더 깊이 생각하면, 중년기의 사람들은 영적인 양식을 이미 받아들일 준비를 하고 있기 때문에 적절한 시기에 자신들에게 생명의 양식을 제공해 줄 수 있는 사람을 만나야 한다. 만약 만나지 못하면 타락으로 빠져들거나 영적으로 허기진 채 늙어 간다는 사실이다.[132]

2) 과거와 미래에 관한 질문들

중년기의 사람들은 이전에 자신들이 세웠던 목표가 얼마나 성취되었는가, 또는 자신들이 귀중하게 여기던 가치들이 얼마나 실현되었는가하는 질문을 숙고하게 된다. 다시 말해서, 자신들의 인생을 재평가하는 괴로운 작업을 시작하는 것이다. 그러나 과거를 뒤돌아보면서도 마음에 흡족한 대답을 하기는 어렵다. 이런 질문이 계속되면서 중년은 위기의식을 느끼고, 자신의 자아에 대한 지금까지의 관념으로부터 벗어나서 보다 새로운 자신이 되어 보려고 한다. 나는 누구인가?, 나는 왜 그 일을 하게 되었을까?, 이것이 내 삶의 전부인가?, 나는 이제 어디로 가는 것일까? 이런 질문들이 끊임없이 중년기의 사람들을 따라다니며 괴롭힌다. 지금까지 아무리 만족스러운 삶을 살아 왔더라도, 중년기 때 위와 같은 질문에 시달리게 되면 비관적인 상태로 빠져 버리기 쉽다. 이때 깜깜한 밤의 심연을 헤매면서 새벽은 절대로 찾아오지 않을 것 같은 절망에 빠져드는 사람들도 많다. 과거에 그렇게 살지 않았더라면, 과거에 어떻게 했더라면, 지금 이렇게 되지는 않았을 것인데 하는 후회도 따라온다. 젊은이에겐 얼마든지 가능성의

---
132) 정태기, 중년이 사는 길. 글에서 발췌

미래가 펼쳐지지만, 중년기의 사람들에겐 마치 우리에 갇힌 가축처럼 꼼짝할 수 없는 환경이 기다리고 있기 때문에 이제는 직업이 마음에 들지 않는다고 해서 바꿀 수 도 없다는 사실이다. 그래서 과거와 미래에 관한 질문들을 통해서 중년기를 확립해 간다.[133]

3) 죄책감

중년기가 되면 자기의 지나온 날을 되돌아보면서 정도에 따라 가볍게, 아니면 심각하게 죄책감을 느끼는 것이 보통이다. 자신이 성공적인 삶을 살아왔다고 생각하는 사람은 지금까지 너무 자신에게만 신경을 쓰고, 다른 사람들에게는 무관심했던 것에 대해 죄책감을 느끼며, 실패했다고 생각하는 사람도 그 나름대로 과거의 실수에 대해서 후회를 하게 된다. 구체적으로 잘못한 일에 대한 죄책감은 고백과 보상과 용서를 통해서 해결될 수 있지만, 중년이 되기까지 노력을 해 왔는데도 자신의 꿈대로 살아지지 못했을 때 느껴지는 죄책감은 쉽게 사라지지 않는다. 특히 자식들이 부모의 마음대로 되어주지 않을 때 중년은 그것을 자신의 실패로 생각하고 상처를 받는다.[134] 그래서 중년기는 죄책감이 많은 시기이기 때문에 죄책감을 잘 극복해야 한다.

4) 우울증

젊은 시절 어떤 일로 인해서 죄책감이 떠나지 않고 자기 자신을 괴롭힐 때 우울증이 서서히 뿌리를 내리기 시작한다. 지나온 자신의 삶에 죄책감

---

133) Ibid
134) Ibid

을 느끼고, 그 결과 자기 자신에 대해 분노를 느낀 나머지 자신감과 영적 기능에 장애를 가져다주면서 일어나는 현상이 우울증이다. 대부분의 우울증은 주로 분노가 자기 안으로 향할 때 일어나는 증상이다. 또 자신에 대한 신뢰를 상실했을 때에도 우울증이 발생하는데 특히 자신의 생애 전반에 대해서 확신감을 잃어버리게 될 때 무력감의 수렁으로 빠져들어서 무력감을 느끼면 느낄수록 우울증은 더욱 심화되어서 결국엔 자신이 전혀 쓸모없는 존재가 되어 버린 것 같은 좌절을 경험한다. 이런 우울증은 신체적인 조건과도 관계가 있기 때문에 여기서 벗어나려면 개인적인 가치, 자기 자신에 대한 확신 그리고 자신의 역할을 다시 찾아내야 한다. 그리고 신체적, 정서적, 지적, 영적인 면에서 적극적으로 활동하게 되면 쉽게 사라질 수도 있다.

4. 중년기 부부 위기 배경

성경은 하나님께서 자기 형상대로 사람을 창조하시고 남자와 여자가 부모를 떠나 서로 연합하게 하심으로 가정이 세워졌음을 말한다. 최초의 부부 갈등은 아담과 하와가 에덴동산에서 하나님의 말씀대로 살지 아니하고 불순종했을 때 발생하였다. 성경에는 중년기 부부의 갈등 사례들이 다양한 형태로 나타난다. 성경에서는 이에 대해 어떻게 말하고 있는지를 살펴보고 또한 한국에서 중년기 부부 위기에 대한 전통적인 이해를 살펴보고자 한다.

1) 성경적 배경

오늘날 중년기 부부의 위기를 극복하기 위하여 성경에 나타난 부부들은 위기를 맞이하여 어떤 태도를 보였는지, 위기 극복을 위하여 어떤 노력을 하였는지 성경에 나타난 부부들의 사례를 살펴보도록 한다.

(1) 아브라함과 사라의 경우

아브라함과 사라의 경우 이 부부에게 위기가 찾아온 것은 둘 사이에 자녀가 없음으로 인한 부부간의 갈등이 원인이 되었다. 하나님께서는 아브라함에게 "내가 네 자손으로 땅의 티끌 같게 하리니"[135]라고 약속하셨다. 그러나 아브라함과 사라 부부에게는 자녀가 없었다. 이것을 정정숙 교수는 창세기 17장 17절을 근거하여 아브라함과 사라의 나이가 노년기에 해당되지만 그들이 겪고 있는 문제는 오늘날의 중년기 문제라고 주장한다.[136]

이미 사라는 아기를 가질 수 없는 나이가 되었고, 아브라함도 아버지가 될 수 없는 나리가 되었다. 이들 부부에게 신체의 노쇠현상은 모든 인간이 겪는 필연적인 것이고, 무리한 해석이 될 수는 있으나 중년기의 문제이다.

누구든지 중년기가 진행되면 젊음은 사라졌고 자신의 늙은 모습을 자각하고 고통스러운 감정에 휩싸이곤 한다.[137] 그러므로 아브라함과 사라 부부의 문제는 신체적 변화와 관련이 이러한 갈등의 요인을 제공하였다.

또한 아브라함과 사라 부부는 나이가 들어감에 따라 자녀를 얻을 수 있

---

135) 성경, 창세기 13:16
136) 정정숙,「성경 속의 가정」(서울: 베다니, 1995), p.21.
137) 정태기,「위기와 상담」, p.208.

는 가능성이 서서히 소멸될 때 생기는 불안감이 생기고, 그로인해 우울증이 생기고, 자신의 무능력함을 절감하게 되었다. 이것은 중년기에 나타나는 또 다른 현상으로 사라는 불안감과 초조감 때문에 성급하게 자녀를 얻으려고 자신의 여종 하갈과 동침하도록 남편에게 제안하였고, 아브라함도 그 제안을 받아들여 하갈과 동침하여 아들을 낳았다. 이후 여종 하갈은 잉태지 못하는 사라를 멸시하면서(창 16:4), 이 부부의 갈등은 더욱 심화되었던 것이다.

그러면 아브라함과 사라 부부가 자녀 문제로 인한 갈등으로 위기를 맞이했을 때 이 위기를 어떻게 극복 하였는가 살펴보면, 이들 부부는 부부 대화대로 이삭을 사라로 하여금 낳게 하므로 부부갈등의 근본적인 원인을 일시에 해소시켜 주셨다. 이는 "아브람이 여호와를 믿으니 여호와께서 이를 그의 의로 여기시고"[138]에서 말씀한대로 아브라함이 하나님의 약속을 믿고 순종한 결과라고 할 수 있다. 아브라함과 사라는 부부의 갈등을 신앙과 부부대화를 통하여 잘 극복 되었던 것이다.

(2) 다윗 왕의 경우

다윗에게는 여러 명의 아내 미갈, 아비가일, 밧세바 등이 있었다. 밧세바 사건은 다윗의 중년기에 일어난 사건이다(삼하 11:1-5). 이때 다윗의 나이는 적어도 47세가 넘는 시기였다. 암몬과 전쟁이 일어났을 때 다윗 자신은 전쟁에 출전하지 않았고, 그의 심복인 요압과 부하들만 출전시켰다(삼하 10:1-14, 11:1). 나라는 안정되어 있었기 때문에 다윗은 나라의 치리에 집중했고, 또한 중년기의 풍요롭고 한가한 시간을 즐기고 있었다(삼하

---
138) 성경, 창세기 15:6.

11:2). 바로 이 때 다윗은 밧세바의 유혹에 의해 간음을 하게 되었고, 그 일을 숨기려고 우리아를 전쟁터에 앞장 세워 전사케 했다.

정태기 교수에 의하면 "중년기가 되면 지금까지 외부로 향했던 생명 에너지의 흐름이 내면으로 바뀐다. 이런 생명 에너지의 방향 전환은 그 목표를 의미 있는 삶과 영적인 삶에 둔다"라고 말했다.[139]

다윗은 이때 제2의 전환기를 맞은 중년기로서 지금까지 외적인 자위를 획득하기 위해 쏟던 에너지가 목적지에 도달하면서 인생의 공허감을 느끼며 그 무언가를 찾게 된 것이다. 중년기에는 물질이나 외적인 것을 가지고는 그 빈 공간을 채워주지 못하고 오직 정신적이고 영적인 의미로만 채워줄 수 있다.

다윗은 중년기를 맞아 성적인 쾌락을 추구하여 죄를 짓게 된 것이다. 이러한 다윗의 모습을 하나님께서는 악하게 보셨고(삼하 11:27), 범죄 이후부터 다윗의 가정에 끊임없는 위기들이 도래하였다. 그것은 징계의 형태로 다윗과 밧세바 사이에 태어난 아이가 죽게 되고(삼하 12:14), 다윗의 자녀들의 성적인 범죄들이 나타난 것을 보면 알수가 있다(삼하 13장). 그리고 당시 일반적인 관습의 전래를 떠나 큰 아들들 보다, 자기가 편애하는 밧세바의 아들인 솔로몬이 왕위를 이어받게 된 것을 보면 이것도 다윗의 통치 말년에 다윗의 아들들 가운데 제일 연장자인 아도니야가 스스로 왕이 되려는 시도(왕상 1:5)와 같은 다윗에 가정에 또 다른 갈등을 초래하는 배경이 된 것이다.

오늘을 살아가는 우리에게 다윗과 밧세바의 사건은 중년기에 오는 위기의 실상을 보여주는 사례이다. 다윗이 밧세바를 만난 사건은 짧은 쾌락에

---

139) 정태기,「위기와 상담」, p.214.

비하여 그 고통은 너무나 컸고, 그 여파가 이스라엘 전체에 미쳤다. 그러나 다윗은 나단 선지자가 죄를 지적해 줄 때 즉시 회개하는 신앙적 모습을 보였다. 이것은 중년기의 육체적, 정서적 요인에서 비롯된 위기를 회개라고 하는 영적 생활을 통해서 해결 받은 모습을 보여준 대표적인 사건이다.

(3) 아나니아와 삽비라의 경우

신약 성경에 등장하는 부부 가운데 부부관계에서의 위기를 잘 극복하지 못하고 실패로 끝을 맺은 부부는 아나니아와 삽비라 부부이다. 아나니아라는 이름의 뜻은 "하나님은 은혜로우시다"란 의미이며, 히브리어 '하나니아'는 헬라식 표기이고, 삽비라는 이름의 뜻은 "아름다움", "청옥"이라는 뜻을 가지고 있다.140) 이들 부부는 자신들의 이름처럼 은혜로우신 하나님 앞에서 아름다운 삶을 살 수 있는 훌륭한 배경을 가지고 있었기에 가장 이상적인 그리스도의 몸인 초대교회의 일원으로서 교회에 바칠 자신들의 소유로 된 토지가 있을 정도로 물질적 축복도 받았던 사람들이다. 그러나 이들 부부는 좋은 배경에도 불구하고 초대교회 내에서 비극적인 결과를 맞이한 불행한 부부가 되고 말았다.

그 원인을 살펴보면 첫째, 이들 부부는 헛된 욕망을 추구했던 것이다. 당시 이들 부부처럼 자신의 소유를 팔아 교회에 바친 바나바는 자신의 이름처럼 "권위자" 즉, '위로 혹은 권면의 아들'141)이란 의미를 가진 자로 자신의 이름에 걸맞게 당시 교회 내에서 "성령과 믿음이 충만한 자"(행 11:24)라는 칭송을 받았다. 이 사실을 보고 바나바에 대한 기록(행 4:36-

---

140) 강병도 편저,「호크마 종합 주석」신약 제 5권 (서울: 기족지혜사, 1991), p.123.
141) Ibid, p.110

37) 다음에 바로 아나니아와 삽비라 부부 이야기(행 5:1-11)가 등장하는 것을 보면, 바나바에 대한 교회의 칭송이 이들 부부에게 교회 내에서 자신들도 칭찬 받고 돋보이고 싶은 욕망에 사로잡히도록 적지 않은 영향을 끼쳤던 것이다.

둘째, 이들 부부는 서로에게 돕는 배필이 되지 못하였다. 성경은 이들 부부의 범죄를 "함께 꾀하여"(행 5:9)라고 표현하고 있는데, 여기서 사용된 헬라어는 '쉼포네오'(sumfwnevw)로서 너희들 사이에 동의가 있었다'는 뜻이다.142) 남편과 아내가 함께 소유를 판돈의 일부를 감추었고 이는 부부가 서로 "동의"하여 범죄를 한 것이다. 부부란 살아가면서 동반자로서 서로의 약점을 보완해주고 돕는 배필이 될 때 건강하고 행복한 가정을 이루는 것이다. 이들 부부를 통해서 정상적인 부부 역할이 가정에 얼마나 중요한 영향을 미치는지를 보여주고 있다.

셋째, 이들 부부는 신앙생활에서 실패하였다. 아나니아와 삽비라 부부는 "그 땅 판 값이 이것뿐이냐?"143)는 베드로의 질문에 그들의 잘못을 시인하고 회개하여 용서함을 받고 하나님 앞에 바로 서야만 했다. 성경은 이들 부부가 행한 잘못을 가리켜 성령을 속인 죄(행 5:3)라고 말씀하고 있다. 이들 부부는 하나님 앞에서 정직하지 못했고, 영적 생활에 무관심했다.

한 마디로 아나니아와 삽비라 부부의 사건은 헛된 욕망, 돕는 배필로서 부부 역할을 다하지 못함과 신앙생활의 실패가 부부의 관계를 위기에서 실패하도록 하는 중요한 요인임을 보여주는 사례이다.

---

142) Ibid, p,127
143) 성경, 사도행전 5:8

5. 중년기 부부 위기 극복을 위한 목회적 돌봄

중년은 가정, 교회, 사회, 국가를 이끌어 가고 있는 민족의 기둥이다. 중년의 기둥이 흔들리면 가정도 교회도 국가도 함께 흔들릴 수밖에 없다. 그래서 중년을 살리는 일은 가정, 교회, 사회, 국가를 살리는 일이다. 중년이 흔들리는 것은 육신의 문제라기보다는 정신과 영의 문제이다.

중년의 정신과 영을 건강하게 유지할 수 있는 길은 삶의 의미를 느끼며 사는 것이다. 삶이 신바람 난다면 중년은 늙지 않고 영원히 젊음을 누리며 살 수 있을 것이다.

중년의 삶에 신바람을 일으키는 첫 번째 길은 하나님과의 관계에서 얻어지는 궁극적인 삶의 의미다. 다음으로 생활 속에서 얻어지는 사랑의 의미이다. 사랑의 의미는 다른 사람들과의 만남, 예술과의 만남, 자연과의 만남에서 오는 사랑의 의미이다. 중년이 힘든 생활 속에서 남다른 생명력을 누리며 살기 위해서는 마음 터놓고 깊은 이야기를 나눌 수 있는 사람을 몇 명은 만나야 한다. 그들이 배우자와 가정 식구들이면 더할 나위가 없다. 그리고 중년은 찬양, 그림, 글 악기 등 어떤 분야든 예술에 심취할 수 있으면 삶에 활력을 얻을 수 있다. 그 다음 중년은 자연과 자주 접해야 한다. 중년에게 아름다운 자연과의 만남은 아픈 사람에게 효과가 큰 보약을 복용하는 것과 같다. 둘째로 중년의 생명력을 누리기 위해서는 노동에서 의미를 느껴야 한다. 기쁘고 즐거운 마음으로 일할 수 있어야 한다. 지금 하고 있는 직업이 힘든 일이라면 별도로 보람을 찾을 수 있는 신나는 일을 찾아야 한다. 그러면 어떻게 중년의 위기를 극복하고 스스로를 잘 돌볼 수가 있을까? 중년기의 위기를 극복할 수 있는 삶의 방법은 다음과 같다.

1) 인생의 분명한 목표를 가져야 한다

인생이 목표를 상실하게 될 대 인간은 노쇠하여 진다. 거의 모든 사람은 가정과 자녀를 위한 40세 고개까지 목표가 있으나 이후에는 이 목표를 상실하고 허무와 회의에 빠지는 경우가 많다. 우리는 이러한 모든 것을 극복하고 활기찬 인생으로 계속 목표를 세우되 영원한 나라에 이룰 수 있는 목표를 가져야 할 것이다.

2) 모든 염려와 근심을 하나님께 맡겨야 한다

너희는 마음에 근심하지 말라 하나님을 믿으니 또 나를 믿으라 내 아버지 집에 거할 곳이 많도다(요 14:1-2). 이 땅에 영원히 안주할 땅은 없다. 그러므로 이 세상서 죽음으로 포기해버릴 세속적인 것에 메어 근심하거나 걱정하지 말아야 한다.

3) 자기 자신을 긍정해야 한다.

행복과 불행 성공과 실패는 자기 자신의 자체에 있다. 이 땅의 모든 인생은 자기 긍정에서 되어 지고 있기 때문에 인간이 자기 자신을 긍정하게 되면 꿈을 갖게 되고, 전능하신 하나님이 창조의식을 가지고 열등의식과 우울증을 극복하고 활기찬 인생을 살아 갈수 있기 때문이다.

6. 중년위기의 탈출법

게일 쉬히는 중년 남자들에게 위험한 시기(Danger Zone)를 잘 넘기려면 지금까지 살아온 라이프스타일을 바꾸면서 유쾌한 중년 이후의 삶을 살 수 있기 위해서 다음과 같이 살아야 한다고 지적한다.

첫째, 운동을 해야 한다.
둘째, 날카로움을 유지하라.
셋째, 두뇌를 놀리지 말라.
넷째, 정신적 만족을 추구하라.
다섯째, 끊임없이 사랑하라.

중년은 인생의 열매를 거두는 수확의 계절이다. 중년을 행복하게 보내려면 '중년 시간표'를 준비해야 한다. 행복한 중년을 위한 일곱 가지 비결을 소개한다.

① 인생의 계획을 세우라. 지나온 삶을 반추해보고 남은 삶의 목표를 설정한다.
② 질투심을 버려라. 중년의 불행은 대부분 질투와 비교의식에서 비롯된다
③ 너무 서두르면 건강과 친구를 잃는다. 기대가 충족되지 않는다고 자주 화를 내면 외톨이가 된다.
④ 참견자가 되지 말고 후원자와 격려자가 되라.
⑤ 과거에 연연하지 말라. '왕년에…'로 시작되는 인생고백을 흥미 있게 들어줄 사람은 아무도 없다.
⑥ 감정을 솔직하게 표현하라. 위선과 거짓은 정신건강을 해치는 악성 바이러스다.

⑦ 아내를 부드럽게 보살펴라. 갱년기에 접어든 아내는 당신보다 더 우울해한다.

인생의 반려자를 행복하게 해주는 것이 곧 자신의 행복을 찾는 길이다.

돌봄의 방문과 상황 종결

Care and Counselling
17. 돌봄의 방문과 상황 종결

목회자들이 돌봄의 사역을 시작 할 때 첫 보고는 구역장들이나, 또는 부교역자, 심방을 통해서 어려움 당하는 성도들을 접하게 된다. 이때 대부분이 목회자의 심방으로 첫 돌봄이 시작된다고 할 수가 있다. 물론 예수님을 믿기 위해서 도움의 손길을 청하지 않는 한 심방으로부터 돌봄이 시작된다고 할 수가 있다. 이렇게 시작 된 돌봄이 어떻게 시작해야 할지 궁금하다. 그래서 일문일답의 형식으로 다음과 같은 방법으로 돌봄을 시작해야 한다.

1. 피돌봄자와 얼마나 자주 만나야 하는가? (만남의 횟수)

일주일에 한번 만나는 것을 원칙으로 한다. 만남과 만남 사이에 한 번이나 두 번 정도 전화를 걸 수 있다. 그러나 예외도 있다. 피돌봄자가 위기의 상황이라면 자주 만날 필요가 있을 것이다. 모든 문제가 해결되었고 종결이 가까이 오면 덜 만나도 무방하다.

2. 피돌봄자와 어디서 만나야 하는가?

대게는 피돌봄자의 집에서 만나야 한다. 그러나 집에서 만나기 어려운 상황이라면 교회나 공개된 장소에서 만날 수도 있다.

3. 일단 돌봄의 관계가 시작되면, 누가 돌봄 방문을 주도해야 하는가?

누가 주도해도 상관이 없다. 주로 돌봄자(목회자)가 주도하게 된다. 규칙적인 시간을 정하는 것이 좋다. 그러다가 혹 상호간에 일이 생기면 조절할 수 있다.

4. 돌봄 방문의 적절한 시간은 언제인가?

한 시간에서 한 시간 반으로 한다. 그러나 사안에 따라 느릴 수도 있고 줄일 수도 있다. 예를 들어서 피돌봄자가 자녀를 잃어버렸다. 그러면 사건이 해결될 때까지 좀더 머무를 수 있다. 병원에 입원한 피돌봄자인데 상황이 매우 좋지 않다. 그런 경우에는 10분이나 15분으로 족하다.

5. 얼마나 많이 만나야 하는가?

어떠한 피돌봄자 인가에 따라 전체 만남의 횟수는 다양하다. 배우자로부터 상처를 입은 경우라면 1년이나 2년 정도 돌보아야 할 것이다. 새롭게 이사 온 사람이거나 새롭게 교회에 등록한 사람이라면 2-3개월로 족할 것이다.

6. 기록들을 어떻게 비밀로 지킬 수 있는가?

다른 사람이 접근 가능하거나 눈에 띄는 장소에 기록들을 두지 말라. 가능하면 폴더로 간직하는 것이 좋다.

7. 피돌봄자가 연락해 올 수 있는 시간은 언제로 하여야 하는가?

돌봄자가 피돌봄자에게 전화를 걸 수 있는 시간과 걸어서 곤란한 시간을 알려주는 것이 관례이다. 그러나 비상 상황에는 언제든지 전화를 걸라고 용기를 주는 것이 좋다.

8. 피돌봄자에게 긴급한 상황이 발생하면 어떻게 하여야 하는가?

긴급한 상황이 발생하면 가능한 돌봄자가 가서 사태를 분석하며 피돌봄자와 함께 있어 주는 것이 원칙이다(성도라면 담임목사에게 알려 주는 것이 좋다).

9. 가급적 피해야 하는 돌봄에는 어떠한 것이 있는가?

심각한 중증의 우울증이 있거나, 자살, 타살의 의도가 있는 피돌봄자는 돌봄의 범위를 넘어선다. 반드시 전문가에게 위임하여 돌봄을 받도록 해야 한다. 돌봄자가 목회자가 아닌 성도들이라면 일상적인 돌봄을 요구할 때, 시장을 봐달라든지, 집을 봐달라든지, 잠깐 아이를 봐달라고 할 때는 돌봄의 경계를 분명히 할 필요가 있다. 처음에 서운한 것이 나중에 돌봄이 깨지는 것보다 낫다.

10. 돌봄자나 피돌봄자가 돌봄 방문계획을 취소해야하는 상황이 발생하면 어떻게 하여야 하는가?

돌봄자에게 돌봄 방문을 취소해야 할 경우가 생기면 미리 사전에 연락을 취하여 충분히 설명하여 오해가 없도록 양해를 구하여야 한다. 그러나 돌봄 방문은 최우선 순위에 두어야 한다. 피돌봄자의 경우에도 마찬가지이다. 돌봄자에게 사전에 연락을 취하여 설명하여 오해가 없도록 양해를 구하여야 한다. 그러나 돌봄 방문은 최우선 순위에 두어야 한다. 피돌봄자가 계속하여 방문을 취소하면, 정온적으로 그 이유를 물어야 한다.

11. 카드나 편지, 전화, 이메일을 통한 대화는 괜찮은 것인가?
  적절할 범위에서 크게 문제가 될 것은 없다. 그러나 카드, 편지, 전화, 이메일이 얼굴을 맞대고 만나는 돌봄 방문을 대신해서는 안 된다.

12. 피돌봄자가 선물을 주려고 하면 어떻게 해야하나?
  어떠한 경우에도 돌봄의 대가로 선물이나 기타의 것을 받을 수는 없다. 아주 작은 것이라도 조심하여 피돌봄자에게 부담이 되지 않게 해야 한다.

1. 첫 돌봄 방문을 실시하기
  돌봄자는 처음 방문이나 그 이후 언제든지 긍휼히 여기는 마음이 있으며, 믿음이 충만하고 돌봄의 기술을 숙지한 자로, 신뢰할 만하며, 그리스도 중심의 사람이어야 한다.

  첫 돌봄 방문을 정하는 다섯 단계
  1단계 기도하라.

2단계 첫 만남을 빠른 시간 내에 가지라.

3단계 첫 돌봄 방문을 결정에 주저함을 보일 때 잘 반응하라.

4단계 피돌봄자가 만나기를 거절할 때 잘 반응하라.

5단계 특별한 장소나 시간을 결정하라.

첫 만남을 갖기 위한 일곱 단계

1단계 긴장과 흥분을 잘 다스리라.

2단계 자신을 소개하라.

3단계 있는 그대로의 자신의 모습을 보여주라.

4단계 본론에 들어가기 전의 가벼운 대화.

5단계 비밀 지키기와 감독 회의에 대해 설명하라.

6단계 본론에 들어가기.

7단계 잘 들어 주라.

2. 돌봄의 모범 기도

우리를 돌보시는 하나님, 주님의 돌봄을 성도에게 전하도록 하셔서 섬길 수 있는 기회를 주심에 감사를 드립니다. 성도를 축복하시고 함께 계시사, 주님이 늘 가까이 계심을 알게 하옵소서, 이제 시작하려는 우리의 돌봄 관계를 통하여 주님의 구원하시고 치유하시는 사랑을 베풀어 주옵소서, 주님을 알릴 수 있는 재능과 태도를 허락하여 주시고, 배운 돌봄의 지식을 잘 선용하게 하옵소서, 앞으로 우리의 돌봄 관계를 통하여 큰일을 이루실 주님을 찬양합니다. 예수님의 이름으로 기도합니다. 아멘.

3. 돌봄의 종결

종결이란 돌봄 관계를 아름답게 마감하는 과정이다. 매우 단순한 과정 같이 보이지만, 사실은 많은 도전이 기다리고 있는 과정이다. 먼저 평범하게 진행되는 돌봄 관계의 종결을 이렇게 하라.

1) 성공적인 돌봄 관계를 위해서는 종결은 필수적이다

아무리 좋은 출발을 보였고, 열정적으로 돌봄을 해왔다 하더라도, 아름다운 종결로 돌봄을 마감하지 못하면, 성공적인 돌봄이라 할 수 없다. 마감이 형편이 없게 되면, 돌봄의 큰 효과를 기대할 수 없다.

아름다운 종결의 과정 속에서만, 돌봄자나 피돌봄자가 건강하게 작별인사를 할 수 있게 되고, 보다 건강한 단계로 성장해 갈 수 있다. 그래서 아름다운 종결이 없다면, 돌봄자나 피돌봄자가 돌봄 관계 속에 뒤엉켜서, 결국은 돌봄의 목적을 상실하게 된다.

2) 종결은 상실이다

돌봄의 종결의 때가 다가오면, 피돌봄자는 아래의 중요한 부분들을 잃어버리는 것처럼 느끼게 될 것이다. 만약 피돌봄자가 종결을 상실로 이해를 하게 되면, 피돌봄자가 때에 따라서는 돌봄자 까지도 슬픔의 감정을 느끼게 된다. 이 때 슬픔의 3단계(충격, 반동, 회복)를 잘 거치며 건강하게 극복하도록 돌봄자가 도와 주어야 한다.

① 충격

종결이 임박하였음을 인지하게 되면, 피돌봄자나 돌봄자가 종결은 없을 것처럼 아니면 아직도 먼 미래의 이야기처럼 가장하기 쉽다. 그리고 종결을 좀처럼 대화의 주제로 삼지 않으려고 노력하게 된다. 바로 종결이 가져오는 충격 때문이다.

상실이 충격으로 받아지게 되면, 부정이나 흥정의 모습을 보이게 되며, 현실을 직시 하지 않으려고 한다.

② 반동

돌봄 관계가 종결하여야 한다는 사실에 대해서 돌봄자나 피돌봄자는 분노를 느낄 수도 있다. 죄책감을 느낄 수도 있다. 상실에 대한 반동의 단계이다.

③ 회복

돌봄 관계를 아름다운 마감으로 종결한다는 것은 새로운 미래로 들어가는 관문이다. 피돌봄자는 정상적인 삶으로 돌아와서 새로움에 도전하는 삶을 살게 될 것이고, 돌봄자는 어느 정도의 시간이 경과하면 새로운 피돌봄자를 돌보라는 위임을 받을 것이다. 그러므로 돌봄 사역에 있어서 아름다운 종결은 돌봄 사역 전체의 성패가 달려있는 실제적인 요소이다.

3) 종결은 성도인 경우 목회자의 지도를 받아야 한다.

종결은 조급하게 서두르거나, 질질 끌어서 그 적절한 때를 놓치면, 아름다운 종결을 이루기 어렵다. 그러므로 종결의 바른 시기를 결정하기 위해서는 목회자의 지도를 받아야 한다.

4. 종결 시기를 결정하기

　피돌봄자가 아래와 같은 말이나 행동을 하면 종결의 때가 거의 이른 것으로 보아야 한다. 그래서 종결의 때를 알려주는 단서를 찾는 다면 다음과 같다.

　1) 처음 돌봄을 받기 시작할 때는 상상도 할 수 없는 일을 하기 스스로 하기 시작한다. 예를 들어 규칙적으로 일하기 시작하거나, 식구들과 의사소통을 시작하거나, 배우자의 사별 이후 스스로의 새 생활을 개척해 나가거나, 이혼 후에 얻게 된 감정을 잘 다스리며, 재혼을 생각하며, 그리고 더 이상의 우울 증세도 보이지 않는다.

　2) 현재의 돌봄 속에서는 꼭 해결되거나 상의하여야 할 사항이 피돌봄자 안에서 크게 눈에 띄지 아니한다. (피돌봄자가 숨기는 것이 없다는 가정하에)

　3) 피돌봄자가 순전한 행복을 보여주고 있다. (거짓되거나 위장된 행복이 아닌 경우를 말한다)

　4) 피돌봄자가 이전보다 덜 울거나, 더 이상 울 필요를 느끼지 않는다.

　5) 피돌봄자가 이미 일어나 상실을 현실로 받아들인다.

　6) 피돌봄자가 돌봄자의 돌봄을 받도록 원인을 제공한 위기는 이제 과거사가 되어 버렸다. 예를 들어 수술이 성공적으로 끝나던가, 피돌봄자의 재취업으로 인하여 우울증이 소멸되거나 기타 등등이다.

참고문헌

〈국내서적〉

강경호, 「역기능 가정의 성인아이와 상담」, (고양: 한사랑 가족 상담연구소), 2002
「구역 예배 공과」, (서울: 대한예수교 장로회 총회 출판부), 1986
김유숙, 「가족상담」, (서울: 학 지사), 2000
노종해, 「한국 감리교회의 성격과 만족」, (서울: 성광문화사), 1983
이기춘. 「한국적 목회신학의 탐구」, (서울: 감리교신학대학출판부), 1991
이봉구, 안재복, 「속회 조직과 관리」, (서울: 감리교 교육국), 1979
임택진 외 5인 공저, 「모범 구역장」, (서울: 소망사), 1981
정동섭, 「어떻게 사람을 변화시킬 수 있는가」, (서울: 요단), 1996
정태기, 「위기와 상담」, (서울: 크리스찬 치유목회 연구원), 1998
채부리, 「속회 안내」, (서울: 감리회 교육국), 1979
최정성, 「구역관리와 교회성장」, (서울: 엘멘 출판사), 1993

⟨외국서적⟩

Charles L. Rassieur, *Stress Management for ministers* (Philadelphia : The Westerminster Press), 1982

Gorsuch, Nancy J, *Pastoral Visitation*. Minneapolis: Fortress Press), 1999

John, Calvin, Inst, Ⅳ,1, 4

Hans Selye, *The Stress of Life* (New York : McGraw-Hill Book Company),1984

Harry G. Goodykoontz, *The Minister in the Reformed Tradition* (Louisville : John Knox Press), 1963

H. J. Freudenberger, "The staff burn-out syndrome in alternative institutions," Psychotherapy : Theory, Research and Practice (12, 1975)

Oden, Thomas C. *Pastoral Theology* (San Francisco: Harper), 1983

R. M. Oswald, *Clergy Self-Care* : Finding a Balance for Effective Ministry (New York : The alban Institute), 1991

Seward Hiltner, Ferment in the Ministry (New York : Abingdon Press), 1969

Thomas C. Oden, *Pastoral Theology* (San Francisco: Harper), 1983

W. H. Willimon, *Clergy and Laity Burnout* (Nashville : Abingdon Press), 1989

〈번역 서적〉

브루스 리치필드 외 공저, 「하나님께 바로서기」 (서울: 예수전도단), 2000.
토미테니, 「다윗의 장막」 이상준역, (서울: 토기장이), 2004
존 브래드 쇼, 「가족」, 임옥희 역, (서울: 학지사), 1987
찰스 셀, 「아직도 아물지 않은 마음의 상처」 정동섭, 최민희 역,
 (서울: 두란노), 1992
찰스 거킨. 「살아있는 인간문서 안석모 옮김, (서울: 한국 심리치료연구소)
  , 1998
팀 슬레지, 「가족치유 마음치유」 정동섭 역, (서울: 요단 출판사), 1996
폴투루니에, 「인간치유」, 권달천 역, (서울: 생명의 말씀사), 1996
헨리 클라우드, 「변화와 치유」양은순?오부운역, (서울: 홈), 200
    Charles Sell, 「아직도 아물지 않은 마음의 상처」, 정동섭? 최인희 역
    (서울: 두란노), 1992
Don Hawkins, Paul Meier, Frank Minirth, Richard Flounoy,
How to Beat Burnout, 김은철 역, 탈진된 마음의 치유 (서울: 규장),
    1995
John A Sanford, Ministry Burnout, 심상영 역, 탈진한 목회자들을
    위하여, (서울: 도서출판 나단), 1995
Louis McBurney, Counseling Christian Workers, 윤종석 역,
    사역자상담, (서울: 두란노), 1995
Howard Clinebell, Well Being, 이종헌, 오성춘역, 전인건강,
    (서울: 한국장로교출판사), 1995
Michael P. Nichald C. Schwartz, 「가족치료」 김역애 외 7인역
    (서울: 시그마 프레스), 2002

Urban T. Holmes, Spirituality for Ministry, 김외식 역, 목회와 영성,
 (서울 : 대한기독교서회), 1988
W. E. Oates, When Religion gets Sick, 정태기 역, 신앙이 병들 때,
 (서울: 대한기독교출판사), 1987

〈잡지〉
김종렬, "교회 갱신을 위한 바른 목회자상," 신학과 목회 제IX집,
  (경산: 연남신학대학교), 1995
박광철, 효과적인 구역 운영을 위한 심방제도 갱신「목회와 신학 5」,
  2002
송정명,「구역 운영과 소그룹」, "월간 목회", 통권 54호, 1981
이용원, "목사와 스트레스,"「신학과 목회」, 제 VI집,
  (경산: 영남신학대학교), 1992
유재성, "장기상담에서 단기상담으로",「복음과 실천 29」, 2002 봄호
_____, "공동체적 돌봄으로서의 목회심방",「복음과 실천 30,」
  2002 가을 호
정태일, "심방이 부담스럽습니다",「현대 종교」,1996. 4,
황성주, "성경은 예방의학 교과서입니다."「빛과소금」, 제128권 1995년
  11월호
_____, "목회자의 건강, 라이프 스타일에 달려있다."「빛과 소금」,
  제132권, 2000년 6월호
G. R. Collins, "burn-out : The Hazard of Professional Helpers,"
  Christianity Today (21, 1997)

S. Daniel & M. Rogers "Burn-out and Pastorate : A critical review with implication for pastors," Journal of Psychology and Theology, (Fall, 1981)

〈논문〉

권희정, 「역기능 가정에서 자란 성인아이의 치유」졸업논문,
　　　　(서울: 크리스찬 치유상담 연구원), 2004
김경옥, 「역기능 가정 성인아이의 정서적 특징과 신앙생활에 관한 연구」,
　　　　석사학위 논문, (서울: 총신대학교 선교대학원), 2003
이금자, 「역기능 가정 성인아이 회복에 관한 기독교적 접근 방법의 연구」,
　　　　석사학위논문, (서울: 크리스찬 치유상담연구원), 2003
유정호, 「목회상담학에서의 성인아이의 치유」, 석사학위논문,
　　　　(대전: 목원대학교신학대학원), 2001